AF470053

Cymru'r Cynfas

Pymtheg Artist Cyfoes

HYWEL HARRIES

Y Lolfa

ar y clawr:
YR WYDDFA O'R GLYDER FACH
David Woodford
(pastel, 1978)

I CARRIE A CAROL

Argraffiad cyntaf: Rhagfyr 1983

Rhif Llyfr Safonol Rhyngwladol: 0 86243 054 2

Argraffwyd a chyhoeddwyd yng Nghymru
gan Y Lolfa Cyf., Talybont, Ceredigion SY24 5HE;
ffôn Talybont (097086) 304.

Dyluniwyd gan yr awdur

CYNNWYS

CYFLWYNIAD

Yn Amlwch yn grwt roeddwn i yn gwybod yn iawn am William Roberts ac am Lew Llwyfo. Roedd un yn bregethwr o fri. Roedd y llall yn fardd yn ei ddydd. Roedd eu henwau'n cael eu cadw'n fyw. 'Chlywais i yr un gair am William Roose, hogyn o'r un dre, a roddodd inni bortread trawiadol iawn o wyneb John Elias mewn paent. Dim ond artist oedd o!

Mae'n ddigon gwir, wrth gwrs, mai barddoniaeth, yn anad un o gyfryngau eraill celfyddyd, fu dewis Awen y Cymro erioed. O ddyddiau Taliesin ac Aneirin yn y cychwyn un, dychymyg a dawn y bardd a fu ar y blaen yn mynegi gorfoledd a galar y gymdeithas Gymraeg a throi brithwe'i hymatebiadau hi i amgylchiadau beunyddiol ei byw yn dystiolaeth gofiadwy am fawredd a thrueni dyn. Ond tybed na fu i'n traddodiad Ymneilltuol ac eisteddfodol ni roi gormod o fri ar y celfyddydau llais ar draul artistiaid eraill a fu'n gweithio â charreg a phren a phaent? Yn sicir fe ffeiriwn i heddiw holl epigau a phryddestau Llew Llwyfo am un portread olew gan William Roose.

Ceisiodd Owen M. Edwards unioni rhywfaint ar y cambwyslais, mi wn. Yn y Cymru Coch ac yng nghyfrolau bychain Cyfres y Fil rhoddodd ef le i ddarluniau gan Arthur E. Ellis a S. Maurice Jones, yn ogystal â rhoi sylw i ddiwyg ac i olwg llyfr. Ond araf iawn fu Cymru i ddilyn ei arweiniad yn hyn o beth. Eithriad prin oedd llyfryn fel un T. Mathews, Arluniaeth Edgar H. Thomas, yn 1914 yn trafod gwaith arlunydd yn Gymraeg. Parhaodd Syr Ifan ab Owen Edwards waith ei dad yng nghylchgronau'r Urdd, ond eithriad eto —eithriad gwerthfawr iawn— oedd Camre Celfyddyd Edmund D. Jones yn 1938.

Mae pethau wedi newid yn ystod y chwarter canrif diwethaf, mae'n wir. Mae mwy a mwy o Gymry'n ymweld ag orielau mawr y byd. Mae mwy nag erioed o orielau yma yn ein gwlad ni. Mae atgynhyrchiadau o gampweithiau'r oesoedd ar gael yn weddol rhad ar gardiau ac mewn llyfr. Daeth paentiad a cherflun yn bwnc ac yn ddelwedd gan ein beirdd, gan Euros Bowen ac Alun Llywelyn Williams i enwi dim ond dau. Mae gweithiau arlunwyr a cherflunwyr yn nes at ein cyrraedd ac yn fwy o ran o'n byw nag erioed o'r blaen. Ac eto, ac eithrio cyfieithiadau mewn catalogau swyddogol dan nawdd Cyngor Celfyddydau Cymru, peth prin o hyd yw trin a thrafod arlunio a cherfluniaeth yn Gymraeg. Eithriadau yw llyfrau Ellis Gwyn Jones ar Richard Wilson, David Meredith ar Michaelangelo, a Myfi Williams ar Arlunwyr Mawr y Byd.

Dyna un rheswm da dros groesawu'r gyfrol newydd hon o Wasg y Lolfa gan Hywel Harries. Mae'n gyfraniad mewn maes lle mae'r gweithwyr yn brin. Mae rheswm arall hefyd. Mae Hywel Harries yn cyflwyno pymtheg o artistiaid sy'n dehongli Cymru a'i bywyd mewn paent neu mewn dyfrlliw ar hyn o bryd. Ac mae'n eu cyflwyno'n ddiymhongar a chlir, gan adael i'r artistiaid eu hunain a'u gweithiau siarad yn uniongyrchol wrthym ni. Cefais i bleser a boddhad yn y llyfr. Fe gewch chwithau hefyd, rwy'n siŵr.

Ebrill 1983 **Bedwyr Lewis Jones**

RHAGAIR

Llyfr ar artistiaid Cymreig: ble mae dechrau, a phwy y dylid eu cynnwys? Ai cychwyn gyda Richard Wilson yn y ddeunawfed ganrif? Neu gydag Augustus John, dipyn yn ddiweddarach? A ddylid rhestru Graham Sutherland, ar sail y lluniau o'i waith a ysbrydolwyd gan yr hen Sir Benfro? Problem, felly, i ddechrau. Ym myd llên, mae'r tir yn sicrach: oni fedr awdur ei fynegi ei hun yn Gymraeg, nid yw'n haeddu ei gynnwys mewn cyfrol o lenyddiaeth Gymraeg. Safon ei waith yw'r unig linyn mesur. Ond ym myd y celfyddydau gweledol, nid yw iaith y crëwr nac yma nac acw.

Beth felly yw artist Cymreig? Un sy'n medru'r iaith? Un o dras Cymreig? Un yn byw o fewn i ffiniau Cymru? Un sydd â'r ddawn i adlewyrchu Cymreictod ar ffurf haniaethol, neu i ddehongli tirwedd Cymru trwy gyfrwng arbennig?

O gofio bod bron bawb a dywyllodd ddrws ysgol wedi cael cyfle i ymddiddori mewn rhyw agwedd neu'i gilydd o'r celfyddydau gweledol, ac o gofio hefyd nad oes prinder ymgeiswyr am leoedd yn ein colegau celf yng Nghymru, gellid meddwl mai gwaith hawdd fyddai dod o hyd i gant neu ragor o enwau i'w cynnwys mewn detholiad fel hwn. Ond nid felly. Un peth yw hyfforddiant yn y grefft o beintio a dylunio. Peth arall hollol yw'r cymhelliad anochel sy'n gyrru dyn i fentro dilyn cwrs sy'n ei wneud yn was i'w dynged ei hun yn hytrach nag yn feistr arni. I ychydig bach iawn yr ymddiriedwyd hyn.

Mae'r gwrthrych gweladwy, y paentiad, yn gyfuniad o ddau beth, y ffurf a'r cynnwys. Cyfraniad cyfriniol yr artist yw'r cynnwys: rhaid wrth ymdrech arbennig ar ran y gwyliwr i'w werthfawrogi. Dibynna'r ffurf ar faint gofal yr artist wrth ymgodymu â'r 'nwyddau coginio' y mae'n dewis eu defnyddio i gynhyrchu'r gwrthrych; daw hyn â ni at y cyfrwng.

Trwy gydol hanes celfyddyd ein gwareiddiad, rhyw ddyrnaid o gyfryngau sydd wedi ennill eu plwy i gwrdd â gofynion yr artist, yn eu plith dyfrlliw, pastel, tempera, paent olew, ac ers y chwedegau, paent acrylig. Yr un, mwy neu lai, yw'r stwff lliwiedig —y pigment— o gyfnod i gyfnod, er bod amgenach dewis ar gael i ni heddiw nag oedd gan Michelangelo yn agos i bum canrif yn ôl.

Mae i'r artist felly ei ddewis o liwiau, ei balet, ac hefyd ei ddewis o gyfrwng; ac er bod rhai yn medru eu mynegi eu hunain mewn mwy nag un cyfrwng, cysylltir artist fel arfer ag un cyfrwng arbennig.

Denwyd llawer i artist, o ddyddiau Rembrandt ac Albrecht Dürer ymlaen, gan dechnegau eraill lle y ceir cyfle i atgynhyrchu nifer cyfyngedig o brintiadau. Collir y nodwedd unigryw, ond daw personoliaeth yr artist i'r amlwg ym mhob copi. Ymhlith y cyfryngau dyblygedig hyn mae ysgythriad, engrafiad, prendoriad, lithograffi a serigraffi. Bonws arbennig yn y cyfryngau hyn, yn enwedig i'r sawl sy'n casglu lluniau, yw'r prisiau atyniadol a ofynnir am weithiau sy'n cario llofnod yr artist, er nad ydynt yn gwbl unigryw.

Yn ôl felly at y dewis: at bwrpas y gyfrol hon, dewisais gynnwys artistiaid cyfoes sy'n parhau i gynhyrchu; sydd yn bennaf yn cynhyrchu darluniau îsl yn y cyfryngau a nodwyd uchod, ac y sydd, trwy ymroddi a bod yn ufudd i'w gweledigaeth dros gyfnod hir, yn hytrach na thrwy ennill rhyw boblogrwydd dros nos oherwydd gimic arbennig, wedi cyfoethogi maes y celfyddydau gweledol yma yng Nghymru yn ystod trydydd chwarter ein canrif.

Ni chynrychiolir yn y gyfrol gelfyddyd bop nac op, haniaetholdeb digyfaddawd, peintio ymyl-caled nac unrhyw un o'r mudiadau rhyngwladol hynny sydd wedi denu cynifer o'n hartistiaid yn ystod y chwarter canrif diwethaf. Dewiswyd yn hytrach o blith y rheiny y mae cyfeiriad atynt yn yr adroddiad

Y Celfyddydau yng Nghymru, 1950-75, a gyhoeddwyd gan Gyngor y Celfyddydau yn 1979:

Y mae yng Nghymru sylfaen galonogol o artistiaid ymroddedig sy'n byw ac yn gweithio yma am na fynnent weithio yn unlle arall. Dichon na newidiant gwrs hanes, ond y maent yn rhoi parhad i werthoedd traddodiadol ac yn darparu celfyddyd sy'n ddealladwy i gyhoedd ehangach y dichon eu bod yn amheus neu mewn penbleth ynglŷn ag arbrofion cyfoes. Weithiau'n arlunwyr proffesiynol, weithiau'n amaturiaid dawnus megis aelodau'r gwahanol gymdeithasau celf, darluniant fywyd Cymru yn ffyddlon ac yn gariadus mewn iaith a ddeëllir gan bawb.

Mae'n siwr y bydd crychu aeliau beirniadol hwnt ac yma, o ganfod anwybyddu enw hwn neu'r llall o blith y rhai sy'n llafurio yn y maes celfyddydol yng Nghymru heddiw. Ond detholiad personol a mympwyol yw hwn: syrthiodd fy newis ar y rhai y mae yn eu gwaith apêl arbennig i mi, ac y mae ei arwyddocâd o fewn terfynau fy nghrebwyll.

Petai'r gyfrol a'r dewis yng ngofal rhywun arall, hwyrach taw gwaith pymtheg gwahanol hollol fyddai dan sylw. Os symbylir rhywun gan hyn o eiriau i gydio yn ei bensil neu ei deipiadur i lunio detholiad arall, bydd un o amcanion yr awdur a'r cyhoeddwr wedi ei sylweddoli.

Cydnabyddaf fy nyled i Robat Gruffudd, Gwasg y Lolfa, am fy nghomisiynu i ymgymryd â'r gyfrol; i'r Athro Bedwyr Lewis Jones am ei gyflwyniad; i Rhidian Griffiths, o staff y Llyfrgell Genedlaethol, am ystwytho fy Nghymraeg; i John Rowlands, Athro Celf Ysgol Penweddig, Aberystwyth, am awgrymiadau gwerthfawr tuag at yr eirfa; i'r Cyngor Llyfrau Cymraeg am eu nawdd hael i'r gyfrol; ac wrth reswm i'r artistiaid am eu cydweithrediad.

Hywel Harries

1983

FEL'ROEDD HI

Yn ôl John Ruskin, cofnododd y gwareidd-iadau mawr eu hanes mewn tair llawysgrif: llyfr eu gweithredoedd, llyfr eu geiriau, a llyfr eu celfyddyd; a honnai mai'r olaf sy'n haeddu'n hymddiried llwyraf iddo. Os gwir hynny, tawedog iawn fuom fel cenedl am gyfnod go faith.

Swyn a chyfaredd geiriau, hyfrydwch odl a chlec —dyna'r pethau a garwn ni'r Cymry. Iaith ddieithr inni yw iaith arlunio —lliw a ffurf. Gwyddom yn iawn beth yw prydferth-wch sain ond nid ydym mor fyw i brydferth-wch natur— ei ddisgrifio mewn geiriau neu fiwsig a wnawn, nid ceisio ei bortreadu ar gynfas.' Dyma eiriau Myfi Williams yn ei llyfr Arlunwyr Mawr y Byd.

Er inni arddel Richard Wilson yn dad tir-luniaeth, nid yn unig yng Nghymru ond hefyd ym Mhrydain, ychydig iawn fu ei ddylanwad ar ei gyd-Gymry; ac i artistiaid dŵad y mae'n dyled am y portreadu fu o'r wlad a'i phobl am gyfnod maith. Mae'n wir inni gael pobl fel Thomas Jones a Moses Griffith o bryd i'w gilydd i brofi nad oedd talent, dyhead na nawdd wedi llwyr ddiflannu o'r tir, ond eithriad yn hytrach na'r rheol oeddynt hwy a'u tebyg. Cynigiwyd llawer rheswm am y tlodi celfyddydol a nodweddai Gymru: y glust yn hytrach na'r llygad yn gyfrwng cyfathrebu a rhannu profiadau; gormes dylanwadau Piwritaniaeth ac Anghydffurf-iaeth; diffyg nawdd o du'r uchelwyr; tlodi a phrinder cyfleusterau i ehangu gorwelion; y complecs o israddoldeb a ddaw o'r mentaliti gwarchaeol y mae hanes wedi ei wreiddio ynom.

Troediodd Turner a Rowlandson ein tir yn eu tro, gan adael ar eu hôl record o dopograffi llecynnau sydd erbyn heddiw wedi hen newid eu gwedd. Ysbrydolwyd peintwyr mewn dyfrlliw, yn eu plith David Cox, gan y gwyll-tineb a oedd yn prysur ddiflannu yn eu bro eu hunain o dan drais y Chwyldro Diwydiannol. Yn wyneb hyn, mae'n anodd dirnad ar ba sail y cymharai'r Archesgob Herring bondi-grybwyll dirwedd Cymru yn ystod yr un cyfnod â "sbwriel y greadigaeth"!

Yn y cyswllt hwn, mae'n ddiddorol nodi mai paentiad a wnaed yng Nghymru —Castell Dolbadarn— a gyflwynodd Turner fel ei gampwaith Diploma ar ei etholiad i'r Academi Frenhinol yn 1802.

Erbyn diwedd y bedwaredd ganrif ar bymtheg, gyda dyfodiad y rheilffordd yn hwyluso teithio, agorwyd y llifddorau i lu o artistiaid, enwog ac anenwog, i ddod i Gymru. Ymhlith grŵp o'r rheiny a ddenwyd i ddyffryn Conwy o gylch yr wythdegau, fe dyfodd y syniad o sefydlu Academi Gymreig ar batrwm yr un a sefydlwyd yn Llundain ychydig dros ganrif ynghynt. Mewn cyfarfod mewn gwesty yng Nghyffordd Llandudno ym mis Tachwedd 1881, trodd y syniad yn ffaith, ac ymhen tipyn cafwyd sêl y Frenhines Fictoria ar y fenter. Gyda'i phencadlys yn y Plas Mawr, Conwy, mae'r Academi yma newydd hwylio i mewn i'w hail ganrif, i bob ymddangosiad yn llwyddiannus ddigon. Cofnodir i'r ferch gyntaf a wnaeth gais am aelodaeth, yn fuan iawn wedi sefydlu'r Academi, greu embaras i'r swyddogion am nad oedd derbyniad i ferched hyd hynny wedi haeddu ystyriaeth.

Fe ellid tybio bod aelodaeth o Academi yn nod i anelu ato ym myd yr artist. Ysywaeth, daeth y term 'academig' i lawer yn gyfystyr â delwedd farwaidd, a chŵyn barhaol yr Academi Gymreig yw bod cyn lleied o artist-iaid Cymru yn ymddiddori yn ei gweithgar-eddau. Fel adar o'r unlliw, tuedda artistiaid i heidio at ei gilydd, ac yng Nghymru, fel yn y byd yn gyffredinol, cawn grwpiau ar bob llaw, pob grŵp yn adlewyrchu ei naws arben-nig ei hun.

I gwrdd â'r cyhuddiad fod yr Academi yng Nghonwy yn rhy Seisnig ei naws, gwahodd-wyd Augustus John i fod yn Llywydd arni yn 1934, ond oherwydd tyndra rhwng gwarchod-

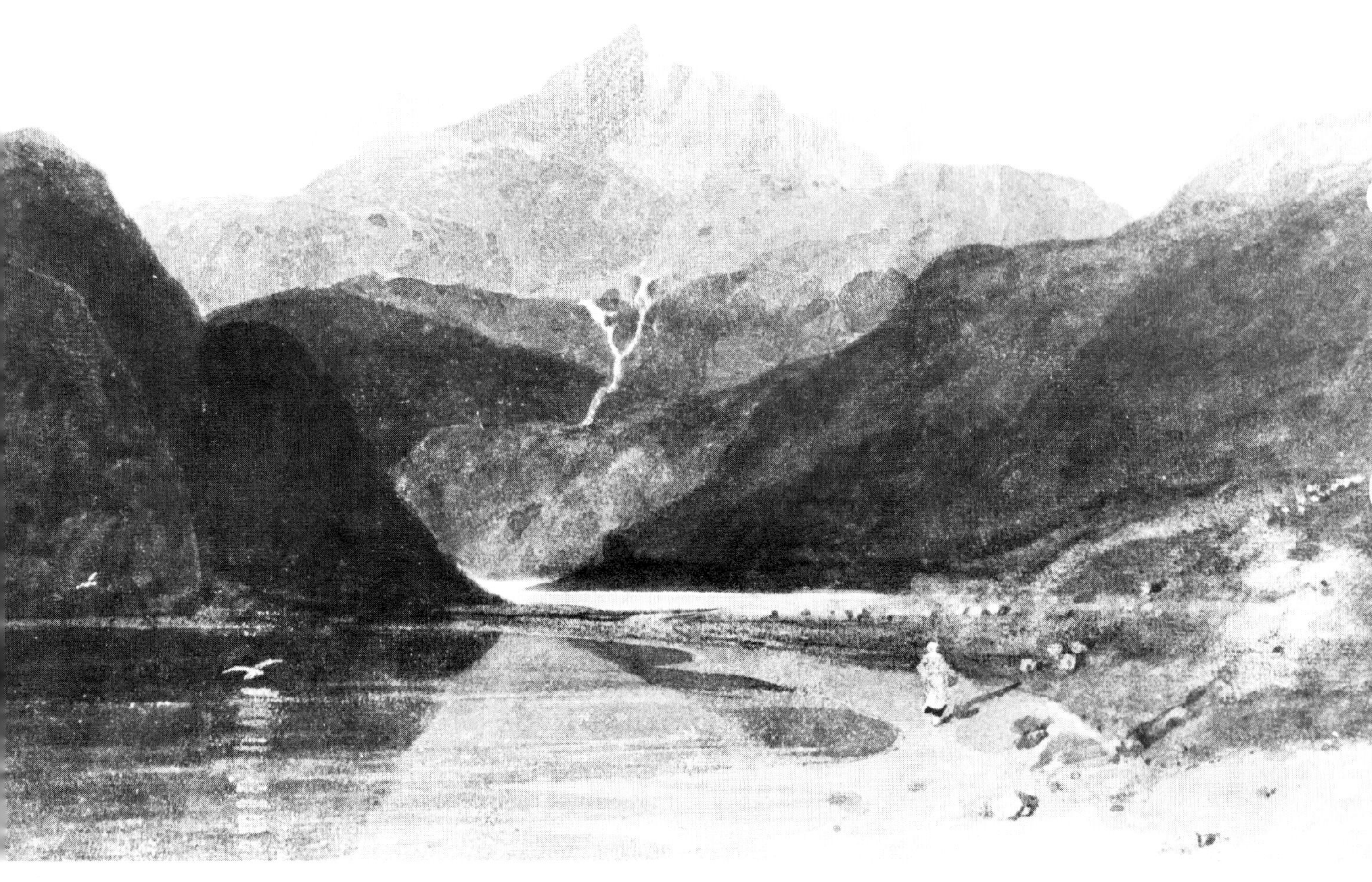

YR WYDDFA
(dyfrlliw)
John Sell Cotman
(1782–1842)

wyr traddodiad a'r modernwyr ymhlith yr aelodau, ni fu John wrth y llyw ond am brin bedair blynedd. Erbyn y cyfnod hwn yn y tridegau, 'roedd John ar y brig yn y celfyddydau ym Mhrydain, os nad dramor, ac wedi dod â Chymru i'r amlwg yn y celfyddydau cain. Mewn cyfnod byr, gryn dipyn cyn hyn, yn union o flaen y Rhyfel Byd Cyntaf —ac yntau yng nghwmni ei gyd-Gymro John Dickson Innes a'r Awstralydd Derwent Lees— yr oedd wedi ei ysbrydoli yng nghyffiniau'r Arenig yn ardal y Bala i greu corff o ddarluniau na wellwyd arnynt, debygwn i, hyd ddiwedd ei oes hir.

I un garfan o artistiaid, syniad delfrydol yw sefydlu Academi, ond i garfan arall, anathema yw meddwl am y fath beth. Pictiwr arall hollol a gynigir o'r Academi Frenhinol Gymreig —y 'Cambrian'— yn nhudalennau'r arolwg ar y celfyddydau yng Nghymru y dyfynnwyd ohoni eisoes:

Yn 1881 gwnaethpwyd ymdrech uchelgeisiol gan artistiaid i godi arian ar gyfer academi gelf yng Nghaerdydd, ar lun yr Academi Frenhinol yn Llundain. Ond methiant fu'r ymgais ac er iddi dderbyn statws frenhinol gan y Frenhines Fictoria, symud wnaeth yr Academi Frenhinol Gymreig dlawd, ac i bob pwrpas, aneffeithiol, i Gonwy, lle mae wedi aros byth er hynny. Ni fu'n ganolfan ddysgu celfyddyd erioed, ac erbyn hyn, clwb braidd yn geidwadol ydyw, yn gwasanaethu arlunwyr o Ogledd Cymru a Glannau Merswy, a safle ar gyfer arddangosfeydd blynyddol.

Awdur y geiriau yna ydyw Eric Rowan, aelod o Grŵp 56 Cymru —grŵp a gymerodd ei deitl o flwyddyn ei sefydliad, ac sy'n cynnig cyfle i nifer cyfyngedig o artistiaid cydnaws eu hanianawd a'u hestheteg. Noddwyd y Grŵp yn helaeth gan Gyngor y Celfyddydau ac yn arbennig gan Sefydliad Gulbenkian. Er bod llawer o'u cynnyrch y tu hwnt i ddirnad trwch y boblogaeth, eto honna rhai (yn enwedig aelodau'r Grŵp eu hunain) mai eu gwaith hwy yw'r unig fynegiant o unrhyw safon y medr Cymru gynnig i'r byd ym myd celf.

I gymryd lle nawdd yr uchelwyr, daeth goleuni ac arian yn y blynyddoedd diweddar o gyfeiriad byd masnach, ac o gyrff megis Cyngor y Celfyddydau a'i bwyllgorau rhanbarthol. Ond hyd yn oed wedyn, nid pob artist sy'n cael ei fodloni, am mai bodau dynol yn y pen draw sydd yng ngafael llinynnau'r pwrs, i roi neu i ymatal yn ôl y weledigaeth a'r mesur o ddeall sydd ganddynt.

Er gwaetha'r difrïo fu arni o safbwynt y celfyddydau gweledol, fe wnaeth yr Eisteddfod Genedlaethol ymgais deg, dros y blynyddoedd diweddar hyn, i anrhydeddu artistiaid ac i dynnu sylw'r werin at eu gwaith. Hyrddiwyd ati droeon y cyhuddiad o fod yn or-amaturaidd ac yn rhy barod i ddyrchafu cynnyrch a fyddai ond yn eilradd mewn cyd-destun ehangach. Ymgais i gwrdd â'r cyhuddiad oedd cynnig, am y tro cyntaf yn Llanrwst yn 1951, Fedal Aur am waith o safon arbennig yn y Celfyddydau Cain. Ysywaeth, llwyddiant cymysg dros y blynyddoedd fu i'r fenter honno, ac wedi cyfnod o gynnig ac o beidio â chynnig y Fedal, ac arbrofi â dulliau megis anrhydeddu artist o hir sefydliad gydag arddangosfa arbennig, ni ddaeth hyd yma unrhyw gynllun parhaol sy'n ennyn sêl bendith pawb. Yn y pen draw, am mai creaduriaid od, ar lawer ystyr, yw artistiaid, dichon nad oes yna'r un ateb boddhaol.

O ddechrau'r pedwardegau ymlaen, gwelwyd mewnlifiad o'r Cyfandir o artistiaid alltud megis Heinz Koppel, Fred Uhlman, Frederick Könekamp a Joseph Herman, a hwythau yn eu tro yn dylanwadu ar do newydd o artistiaid Cymreig ifanc megis Ernest Zobole a Charles Burton; yn wir, bu Grŵp y Rhondda yn bod am gyfnod. Yna, yn y chwedegau, yn sgîl y chwyldro a orfodwyd ar y Colegau Celf ar ôl adroddiad Summerson, daeth apostolion fel Tom Hudson ag efengyl newydd, yn seiliedig ar gyrsiau'r Bauhaus yn y dauddegau, yn gadarn yn y ffydd fod dyfodol y celfyddydau'n dibynnu ar ryw batrwm arbennig o addysg gelf sylfaenol.

Erbyn hyn, a ninnau'n tynnu at ddiwedd ein canrif, mae llawer o'r brwydrau ym myd celf wedi eu hymladd a'u hennill, ac nid oes brinder cyfleusterau hyfforddi ac arddangos. Cyfeiriwyd eisoes at yr Academi Frenhinol; mae hefyd Gymdeithas Dyfrlliw Cymru, Grŵp Cymru (a fu gynt yn Gymdeithas Gelf De Cymru), Grŵp Gogledd Cymru, ac ers 1975, y Gymdeithas Arlunwyr a Dylunwyr yng Nghymru, gyda changhennau hwnt ac yma.

Yn wir, y broblem gyfoes yw ceisio didoli'r gau a'r gwir, a chanfod yn y jyngl y llef ddistaw, fain sydd â rhywbeth gwirioneddol werthfawr i'w ddweud.

Keith Andrew

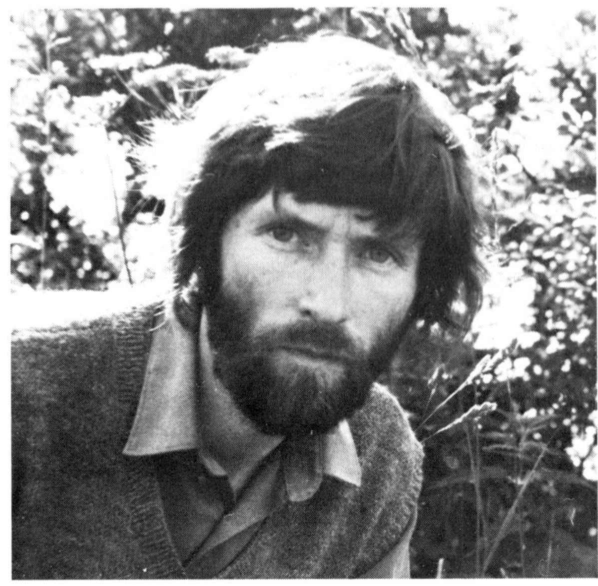

O ddyddiau Joseph William Turner a Thomas Rowlandson a'u tebyg, ddwy ganrif yn ôl, denodd Cymru lawer iawn o artistiaid o Loegr. Diddorol yw canfod hwnt ac yma mewn Orielau Celf ledled Prydain ddarluniau o Gymru yn yr oes a fu sydd yn ddogfennau diddorol o'r gorffennol, ond heb fod bob amser yn eu hanfod yn gampweithiau artistig. Yn wir, cynnyrch artist ar ymweliad yw'r darlun mwyaf adnabyddus i'r mwyafrif llethol o Gymry, sef 'Salem'. Peintiwyd hwn yn negawd cyntaf ein canrif gan Sidney Curnow Vosper, a ymlwybrai o bryd i'w gilydd i gyffiniau Harlech, ar wyliau o'i fro enedigol yn Plymouth.

Go brin y bu i un o'r ymwelwyr hyn aros yng Nghymru, ac ymgartrefu yma; ond yn ein dyddiau ni, daeth Cymru yn gartref mabwysiad i lu o grefftwyr ac artistiaid. Syrthiodd y rhain, am wahanol resymau, o dan ledrith y nodweddion arbennig a gawsant yn y wlad a'i phobl. Un ohonynt yw'r artist ifanc Keith Andrew, a ymsefydlodd ar Ynys Môn ryw wyth mlynedd yn ôl, ac sydd bellach wedi bwrw ei wreiddiau'n ddwfn yn naws a diwylliant yr ynys.

Ysfa anniwall i gynhyrchu gwaith creadigol, unigryw yw'r sbardun sy'n symbylu pob artist o'r iawn ryw; ei freuddwyd yw ennill ei fywoliaeth ar werthu cynnyrch ei ddwylo i gyhoedd y mae ei waith a'i arddull yn apelio atynt. Ond, o safbwynt gwir fodlonrwydd i'r crëwr, nid bendith ddigymysg yw gwireddu'r freuddwyd hyd yn oed. Mae'r cymhelliad i brynu darluniau yn elfen amrywiol iawn: y pris o fewn terfynau'r boced; y lliwiau'n cydweddu â'r papur wal; anrheg unigryw i greu argraff yn y derbynnydd; ystyried darlun yn fath o fuddsoddiad i'r dyfodol.

Dichon mai'r anrhydedd a werthfawrogir fwyaf gan artist yw ennyn nawdd oriel neu sefydliad fel Cyngor y Celfyddydau. Ond yn baradocsaidd iawn, pan ddigwydd hynny, mae rhyw ymbellhau oddi wrth y dyn cyffredin yn dilyn. Ysywaeth, nid yw'r darn papur y mae artist yn ei dderbyn ar derfyn gyrfa lwyddiannus mewn Coleg Celf yn basbort o fath yn y byd i fywoliaeth trwy werthiant; o safbwynt sicrwydd economaidd, yr unig gwrs sy'n cynnig ei hun yw'r swydd o athro celf mewn ysgol neu mewn Coleg Celf, gan gau'r ddolen olaf mewn rhyw gylch seithug.

Mae yna rai sy'n hoffi dysgu, ac yn cael boddhad arbennig mewn arbrofi â dulliau o

gyferbyn:
BUDDAI A DRWS
(dyfrlliw)

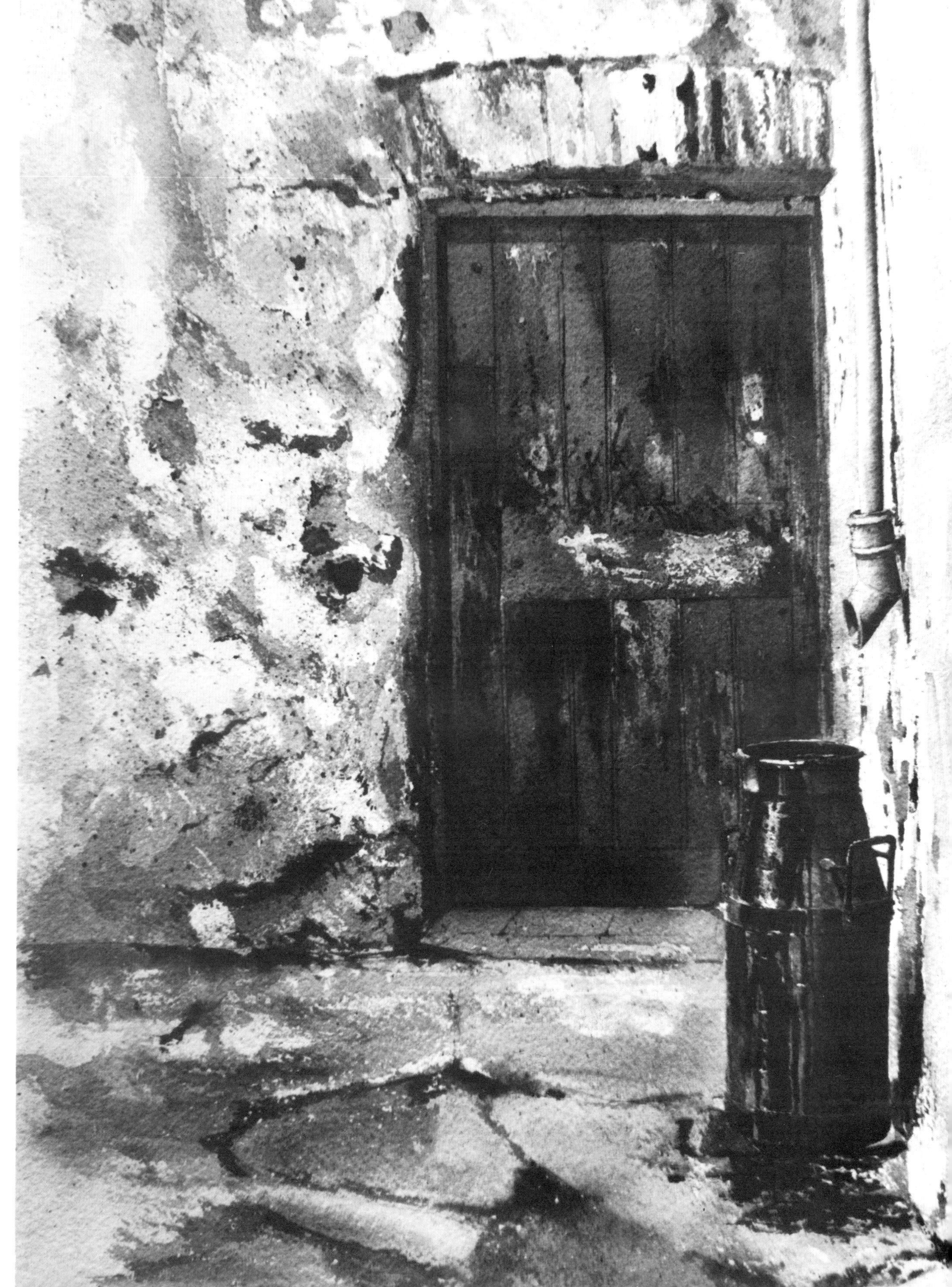

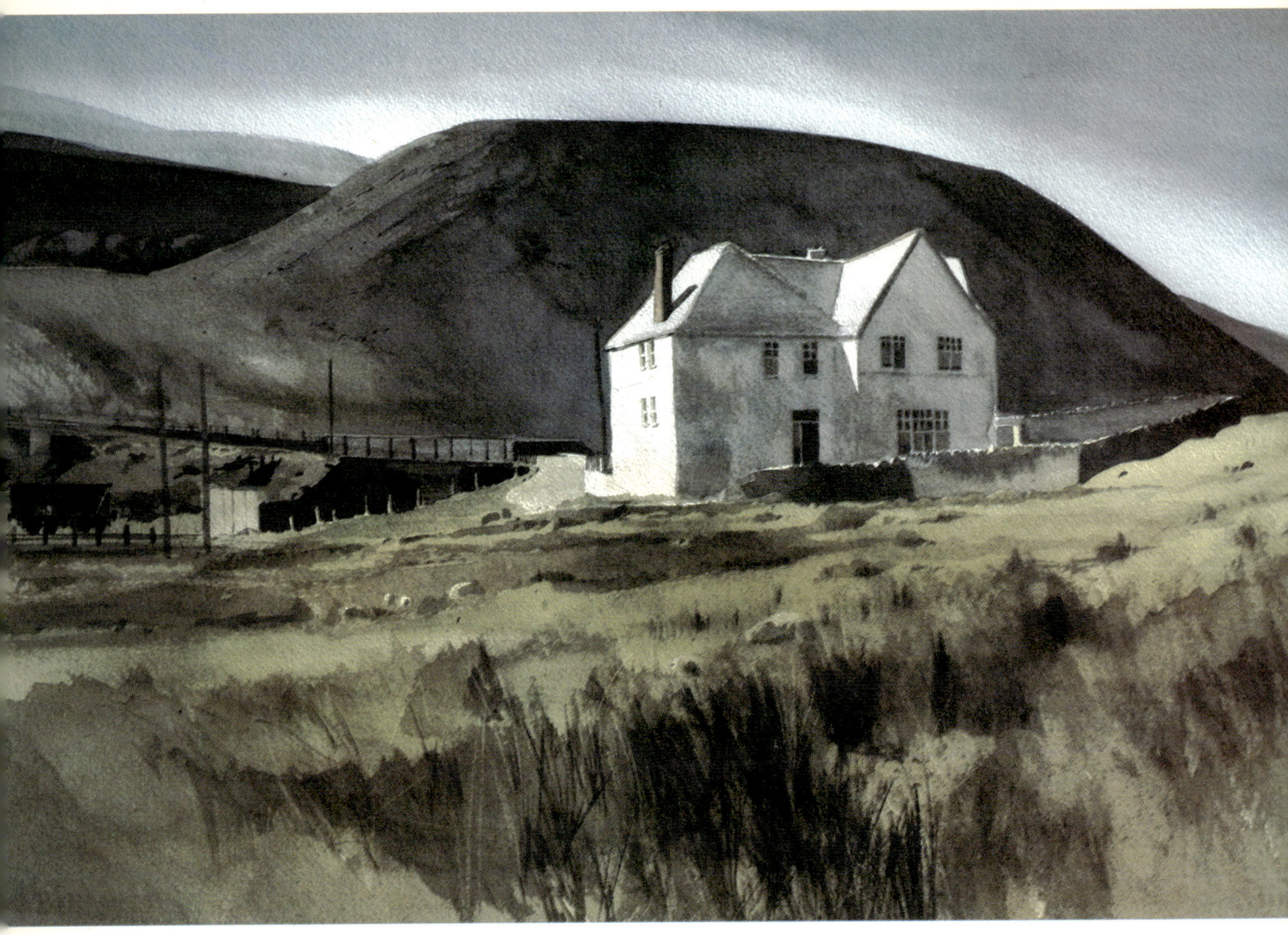

SLOPE INN, SEVEN SISTERS
(dyfrlliw)

gyfathrebu, ac mewn astudio'r amryfal ffyrdd y mae eraill yn gweld y byd ac yn ceisio eu mynegi eu hunain. Mae eraill, wedyn, yn fwy unplyg ac yn fwy mentrus, gyda'u bryd ar ddatblygu eu dawn i'r pegwn eithaf, a mentro popeth yn yr hyder y bydd derbyniad i'w gwaith gan y cyhoedd. Un felly yw Keith Andrew.

Brodor o Lundain yw'r artist yn wreiddiol, ac yng Ngholeg Celf Ravensbourne y dysgodd ei grefft. Yn dilyn dyddiau coleg, bu'n gweithio am wyth mlynedd fel cynllunydd graffeg yn y byd masnachol; ond alarodd ar y math o waith a ddisgwylid ganddo o dan amgylchiadau stiwdio —cydymffurfio â gofynion pobl eraill— ac fe drodd ddalen newydd pan ymsefydlodd gyda'i deulu ar Ynys Môn.

I fod yn fanwl gywir, i gydymffurfio â theitl y gyfrol hon ni ddylid cynnwys Keith Andrew na chwaith un neu ddau arall, am mai dyfrlliw ar bapur yw eu cyfrwng dewisedig, yn hytrach na phaent olew ar gynfas. Beth ddylwn i ei wneud —newid y teitl, ynteu eu dileu o'r gyfrol? O barch at yr artistiaid a'r teitl, ni chymerwyd y naill gam na'r llall.

Cyfrwng yw dyfrlliw sy'n galw am fedr arbennig, ac sy'n addas iawn i gofnodi effeithiau sydyn a byrfyfyr ym myd natur: cymylau ar wib neu ddŵr yn ymderfysgu. Gwnaeth Constable a Turner ddefnydd helaeth o'r cyfrwng fel sail i gynhyrchion mwy swmpus mewn olew. Mae'n gyfrwng nad yw'n caniatáu rhyw lawer o ailfeddwl, a rhaid wrth bendantrwydd a medr i fanteisio ar effeithiau sy'n aml iawn yn ddamweiniol. Ffresni, felly, yw'r hanfod, a dyna'r elfen sy'n amlwg yn narluniau Keith Andrew —ffresni a welir hyd yn oed mewn atgynhyrchiad ffotograffig o'i waith.

Pobl â'u llygaid ar y gorwel pell fel rheol yw artistiaid mewn dyfrlliw. Nid yw'n rhyfeddod mai pencampwyr y cyfrwng hwn oedd John Sell Cotman a'i debyg ar wastadeddau Swydd Norfolk yn agos i ddwy ganrif yn ôl; yn wir, y mae Keith yn cydnabod ei ddyled i'r meistri arbennig hyn. Tirluniau fel rheol a gysylltir â dyfrlliw, ac fe ddarlunir ar

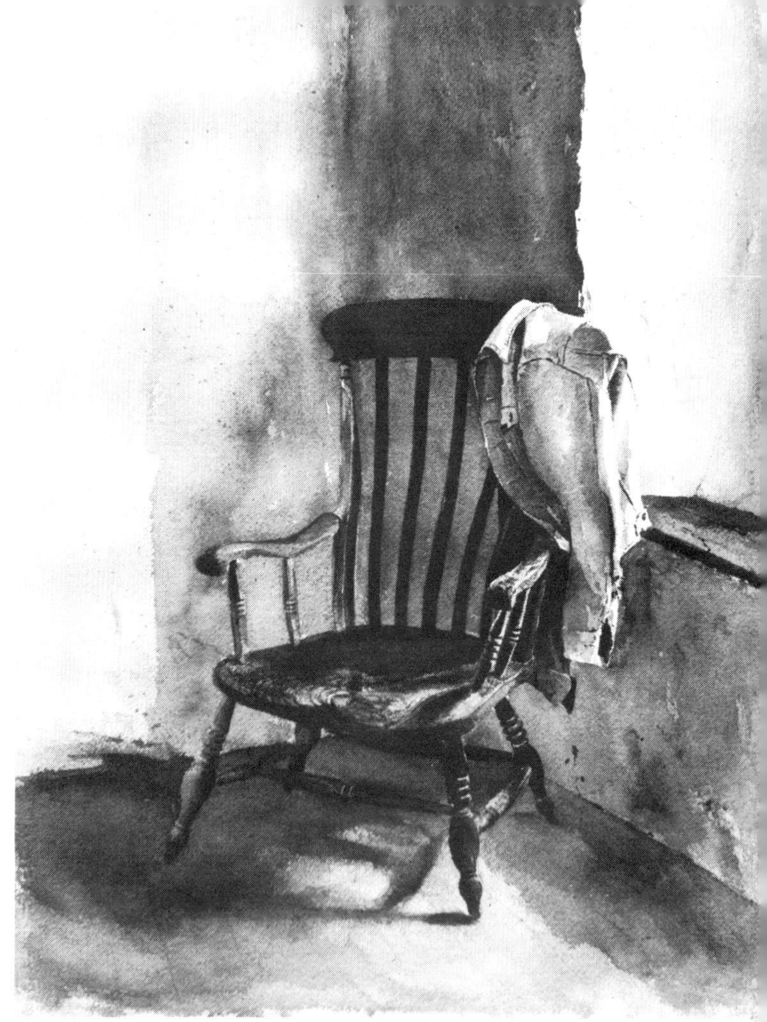

CADAIR
(dyfrlliw)

LÔN AR YR YNYS (dyfrlliw)

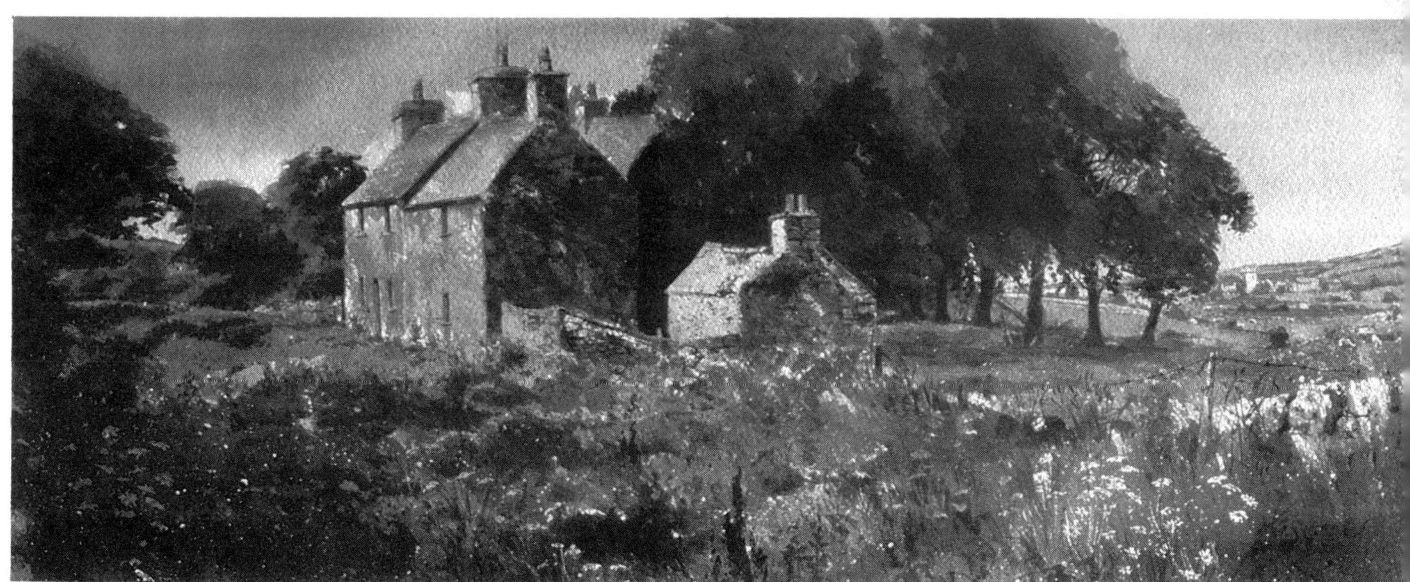

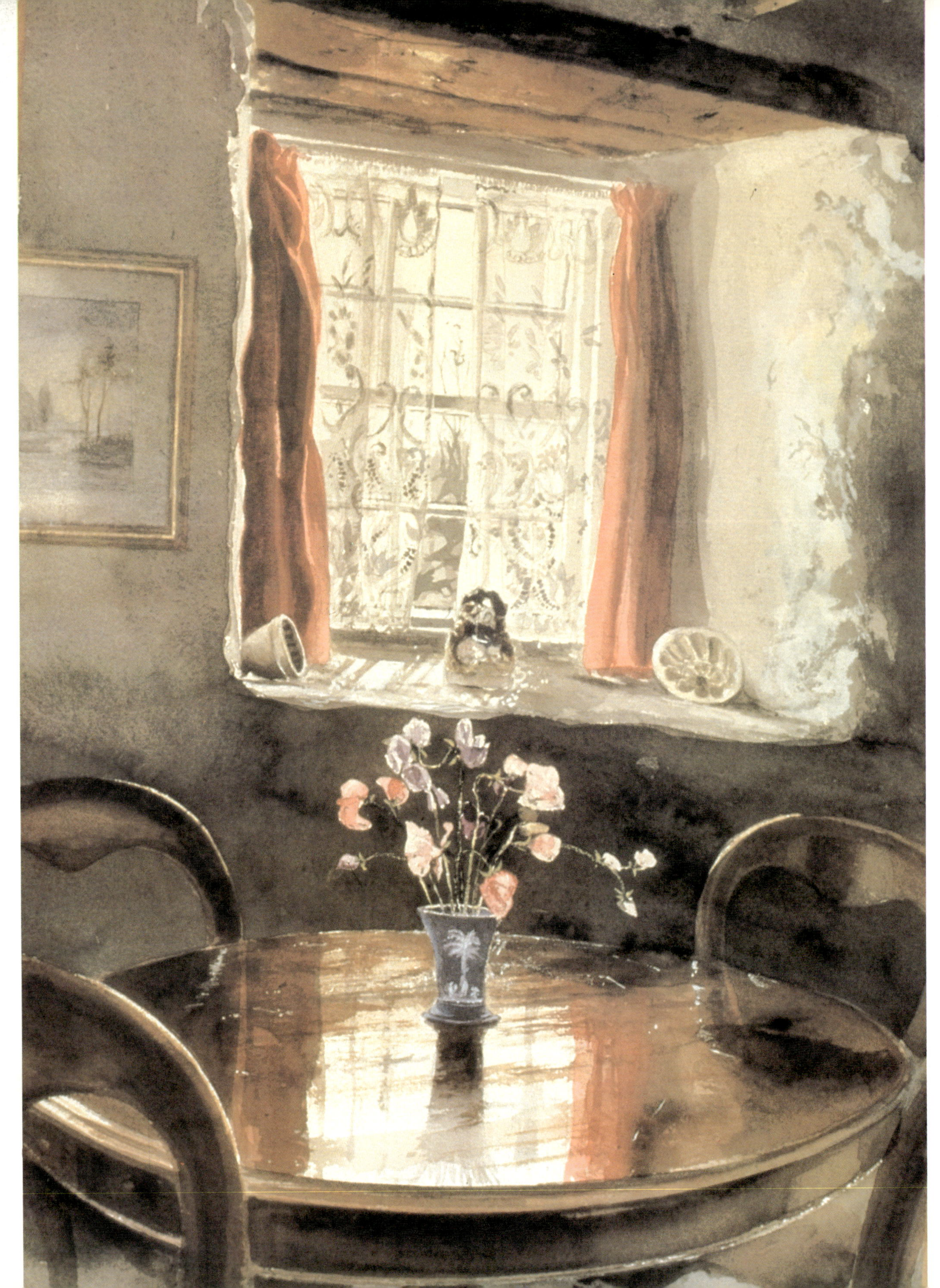

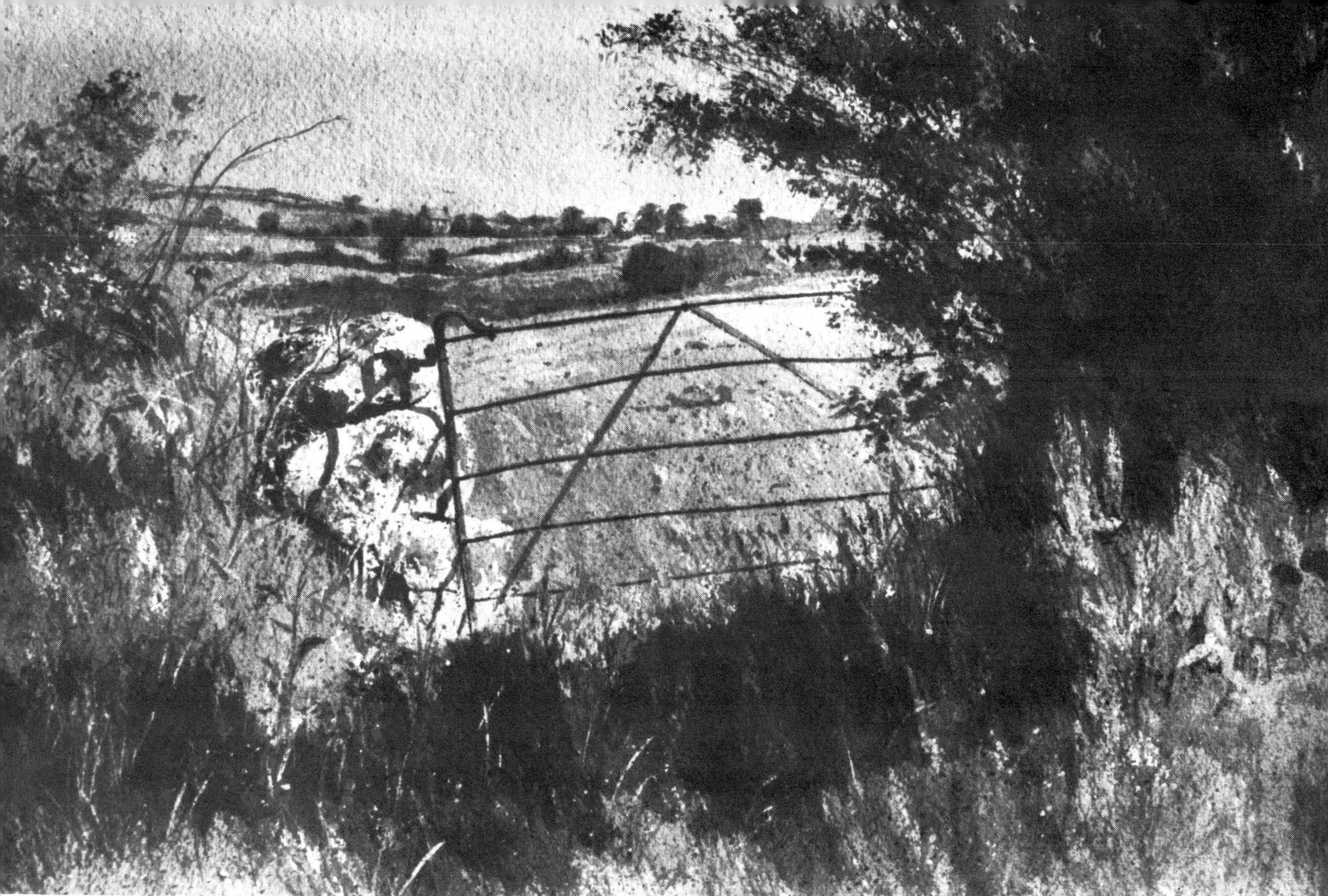

gyferbyn:
GWYNDY BACH
(dyfrlliw)

LLIDIART,
BODYCHEN
(dyfrlliw)

y tudalennau hyn esiamplau o'r testun hwn; ond nodwedd ddiddorol yng ngwaith yr artist yma yw'r testunau di-nod a ddewisir ganddo o bryd i'w gilydd, fel y gadair freichiau a'r blodau ar fwrdd a ddangosir yma.

Daeth gwaith Keith i'r amlwg trwy gyfrwng arddangosfeydd ledled Cymru, gan gynnwys arddangosiad arbennig yr yr Eisteddfod Genedlaethol yn Abertawe yn 1982; derbyn-iwyd ei waith gan yr Academi Frenhinol yn Llundain; fe'i anrhydeddwyd gan etholiad i aelodaeth yr Academi Frenhinol Gymreig, a bellach cynrychiolir ei waith yng nghasgliad parhaol y Llyfrgell Genedlaethol yn Aberystwyth. Ei ddyhead yw gweld sefydliad yng Nghymru sy'n arbenigo ar arddangos a gwerthu printiadau (mae'n arbenigo hefyd ar ysgythriad) a gweld yr Arddangosfa Gelf a Chrefft yn yr Eisteddfod Genedlaethol yn tyfu i statws gyfuwch â'r Academi Frenhinol yn Llundain.

Swyddogaeth bennaf artist, ddwedwn i, yw galluogi pobl i weld â llygaid newydd, megis, y pethau y bu inni eu pasio ganwaith heb yn iawn sylwi arnynt. Dyna'r elfen a welaf i'n fwyaf amlwg yng ngwaith yr artist ymroddgar hwn, a chytunaf â'r geiriau hyn a sgrifennodd Kyffin Williams amdano mewn catalog yn ddiweddar:

Mae'n amlwg yn mwynhau ein hynys, ac ni fedrwn ni lai na mwynhau ei waith yntau; calondid felly ydyw canfod, gyda threigl y blynyddoedd, ei dŵf fel artist. Erbyn troad y ganrif, mi fydd iddo enw sylweddol.

George Chapman

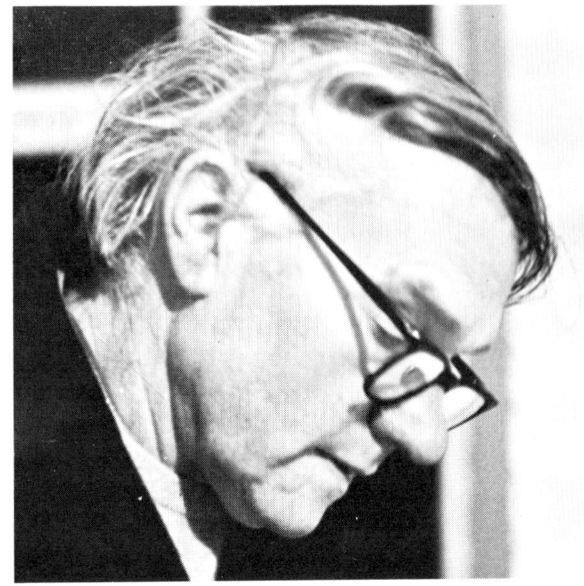

O bryd i'w gilydd, cawn hanes am artistiaid a ddarganfu eu hunain, megis, ar amrant mewn man arbennig, ac a gafodd weledigaeth glir o gwrs eu bywyd o'r foment honno ymlaen.

Un felly yw'r artist George Chapman, sydd bellach wedi ymgartrefu yn Aberaeron. O dras Sgotaidd, fe'i hyfforddwyd ar ben ei daith greadigol yn Ysgol Gelf Gravesend yn Swydd Caint; dywed iddo ddarganfod ei hun yno, am mai arlunio oedd yr unig ddawn a ddeuai i'r amlwg yn y cyfnod hwnnw. Fel yn hanes Keith Andrew, cychwynnodd ei yrfa mewn stiwdio gelf fasnachol, ac er mor ddienaid y medr gwaith mewn amgylchfyd felly fod, eto mae'n cymell unrhyw laslanc artistig sy'n dymuno bod yn sicr o'i fywoliaeth i ddal ati. Ond i gadw ei gyneddfau creadigol yn effro, parhaodd Chapman i gynhyrchu gwaith yn ei oriau hamdden. Wedi casglu cronfa ddigonol, yn ôl i goleg ag e —y tro hwn i'r ysgol enwog yn Llundain a sefydlwyd gan Felix Slade ac sy'n cadw enw'r sylfaenydd hyd heddiw, y 'Slade', bellach yn rhan o Brifysgol Llundain; yno y gloywodd y Cymro Augustus John ei ddawn. Aeth oddiyno i'r Coleg Celf Brenhinol yn Ne Kensington. Haera mai mantais bennaf colegau o'r fath oedd cael cyfle i gwrdd ag artistiaid eraill, yn hytrach na'r addysg ffurfiol a roddid.

Mae rhyw elfen gyfriniol o olyniaeth yn bodoli ym myd celf, ac fe all gwaith artist o'r oes a fu siarad yn huawdl â disgybl o gyffelyb fryd dros agendor y blynyddoedd. Gall darlun o law, er enghraifft, gan Michelangelo neu Leonardo da Vinci fod yn llawn cymaint o wers i ddisgybl ag yw hyfforddiant athro cig-a-gwaed. Cydnebydd ymron pob artist —ac eithrio'r rhai sy'n honni eu bod yn artistiaid o'u gwneuthuriad eu hunain— ei ddyled i artist neu artistiaid eraill, byw neu farw, ac nid yw George Chapman yn eithriad. Yn ôl ei dystiolaeth ei hun, y dylanwad cynharaf arno oedd gwaith Walter Sickert a'r cymrodyr hynny a ffurfiai'r Euston Road Group.

Dyma'r cyfnod —diwedd y pedwardegau— yr ymsefydlodd Chapman ym mhentref Great Bardfield yn Swydd Essex, pentref a ddaeth yn gyrchfan i drefedigaeth o artistiaid, gyda phob un yn elwa ar gefnogaeth ei gilydd. Ond diflasodd ar y dylanwadau hyn, a cheisiodd arbrofi â dulliau mwy personol a gwreiddiol. Fe'i denwyd tuag at y grefft o ysgythru, a chynhyrchodd fath o brintiadau nad oedd yn galw am ail-a thrydydd-redeg y plât metel o dan y wasg; fel rheol, golygai pob lliw rediad arbennig o dan roliau'r wasg ysgythru.

Ond 1953 oedd y flwyddyn dyngedfennol

yn ei hanes. Ar daith siawns ar ddiwrnod gwlyb ar hyd Cwm Rhondda, gyda'r bwriad o chwilio am fferm ddefaid yn y Canolbarth, fe'i trawyd gan y patrymau aml-onglog a wnâi geriach y pyllau glo a thoeon tai'r gymdogaeth lofaol yn erbyn yr awyr fwll. A dyna agor y llifddorau i weledigaeth newydd; llifodd darlun ar ôl darlun o'i îsl am gyfnod helaeth. Dangoswyd cynnyrch y cyfnod hwn droeon mewn orielau preifat yn Llundain, ac anfarwolwyd y filltir sgwâr hon o Sir Forgannwg y tu allan i Gymru, fel yr anfarwolwyd cyrion Salford gan Lawrence Stephen Lowry tua'r un cyfnod. Ond nid Llundain yn unig a'i anrhydeddodd; yn 1957, dyfarnwyd iddo Fedal Aur yr Eisteddfod Genedlaethol yn Llangefni, ac mewn ffurf arall, fe'i anrhydeddwyd pan wnaed ffilmiau arbennig o'i waith gan ddwy sianel deledu yn 1961 ac 1962.

Profiad ysgytwol i artist yw'r ymdeimlad a ddaw i'w ran o dro i dro o golli'i weledigaeth, ac edwino o'r ysfa i barhau yn ei waith; yn niwedd y chwedegau dyma'n union a ddigwyddodd i George Chapman. Profasai'r un peth yn y pumdegau cynnar, ond agorodd y Rhondda ffenestr bryd hynny. Cyfnod an-

HOPSCOTCH (olew)

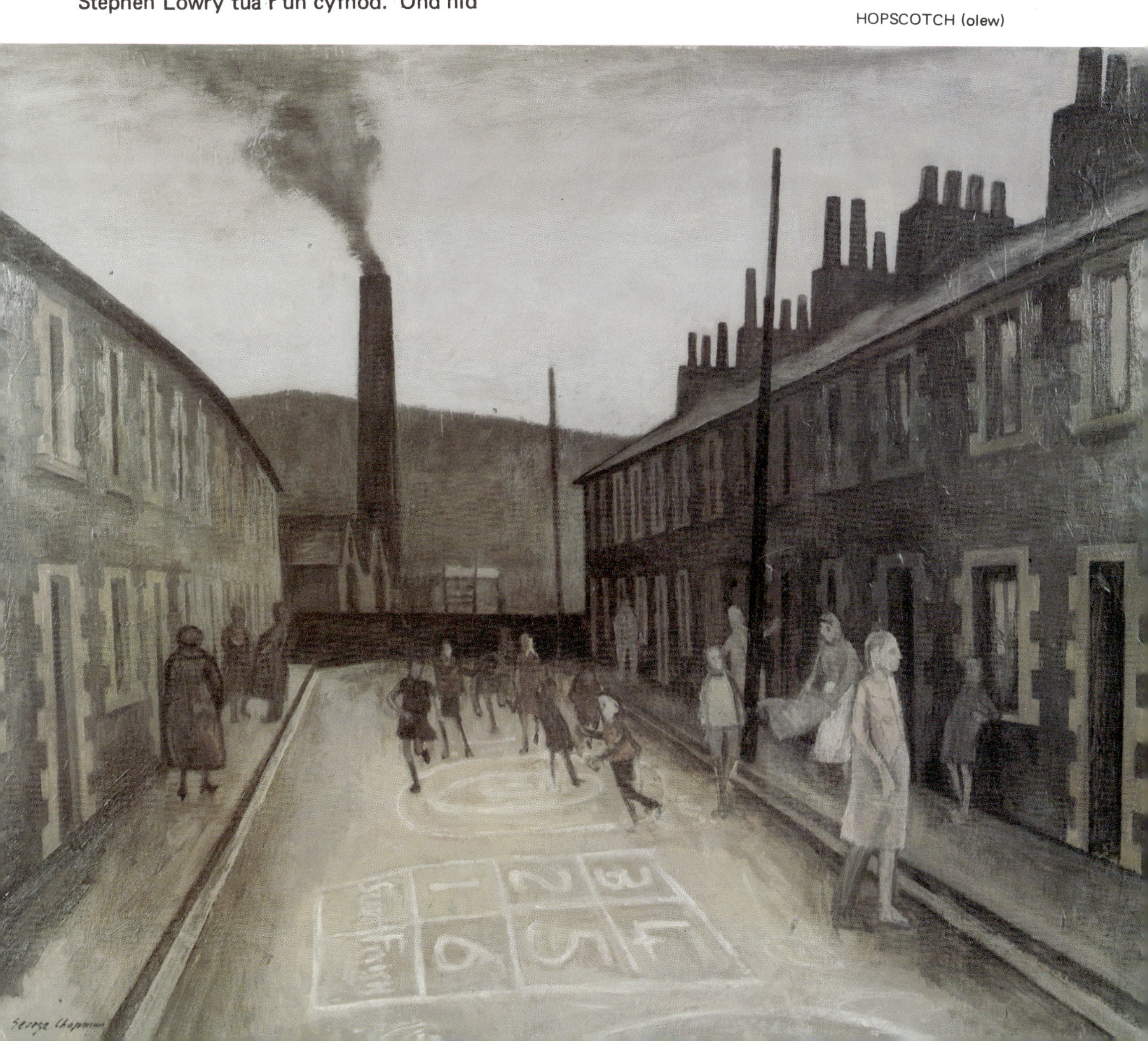

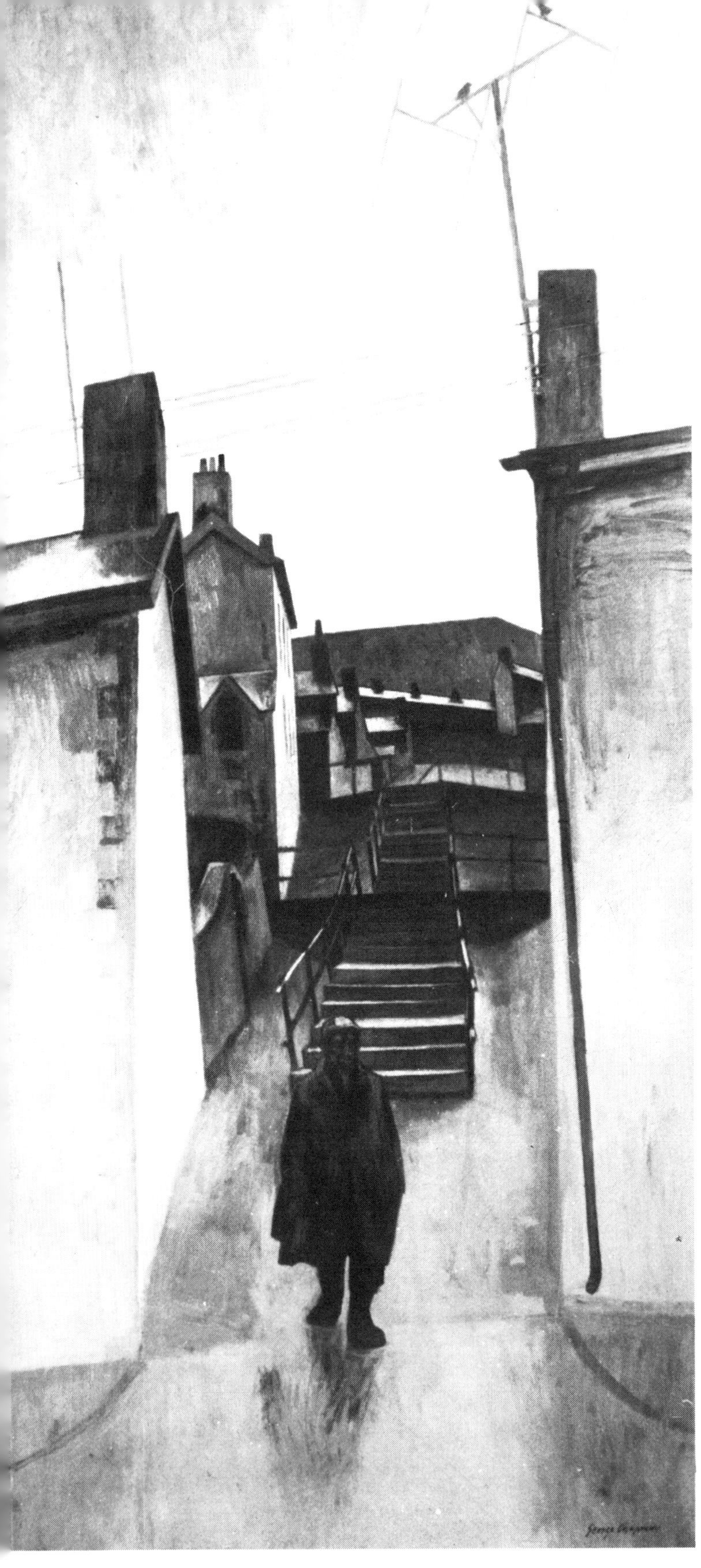

ffrwythlon fu'r saithdegau bron at eu diwedd; ond ailgynheuwyd y fflam pan adnewyddodd ei berthynas â'r un hen gwm, a oedd mewn cyfnod o ugain mlynedd wedi gweld newid tipyn ar ei wedd; wedi dysgu gwersi trychineb Aberfan, caed gwyrddni eto lle bu moelni. Bu cynnyrch y weledigaeth newydd gyfryw ag i alluogi Cyngor y Celfyddydau i gael gafael ar gyflenwad digonol o weithiau newydd i wneud arddangosfa deithiol o waith yr artist, ac yntau bellach wedi cyrraedd oed yr addewid.

Yn ugeiniau'r ganrif ddiwethaf, ymsefydlodd grŵp o artistiaid dan arweiniad Samuel Palmer ym mhentref Shoreham yng Nghaint, i fyw a gweithio am gyfnod byr mewn llecyn a adwaenent fel "Dyffryn (eu) Gweledigaeth", a dyna, yn bwrpasol ac effeithiol iawn, deitl yr arddangosfa ddiweddaraf hon o ddarluniau George Chapman.

Yn y darluniau diweddar yma, arbrofodd yr artist ar y modd y gwêl y llygad y byd anianol o'i amgylch. Fe'n cyflyrwyd oddi ar ein mebyd, trwy gyfrwng cynnyrch y camera, i feddwl am yr hyn a wêl y llygad fel rhyw banorama clir, gyda phob manylyn, ble bynnag y bo, o fewn siâp hirsgwar y ffotograff, mewn ffocws perffaith. Ond nid felly y gwêl y llygad. Y cwbl a welwn yn eglur yw'r hyn sy'n union o flaen cannwyll y llygad, a niwlog iawn yw'n hamgyffred o'r hyn sy'n digwydd ar ymylon maes ein hedrychiad, heb inni droi'r llygad i chwilota ymhellach. Arddengys y darlun 'Y Stryd Gul' ffrwyth astudiaeth yr artist o'r ffenomenon hon; amlinellir yn lled fanwl yr hyn sy'n digwydd yn hollol o flaen y llygad, ond ein dychymyg ni yn unig sy'n rhoi bod a chnawd i beth bynnag sydd ar ymylon y llun. Dyma beth ddywed yr artist ei hun am yr agwedd yma o'i waith:

Wrth edrych ar y tai yn union o flaen fy llygaid, fe gollir sylwedd y bobl a'r pethau sy'n agos ata i; yr hyn sydd o ddiddordeb imi'n unig sydd yn glir, ac fe gollir y gweddill mewn rhyw niwl.

Y DAITH
TUAG ADRE
(olew)

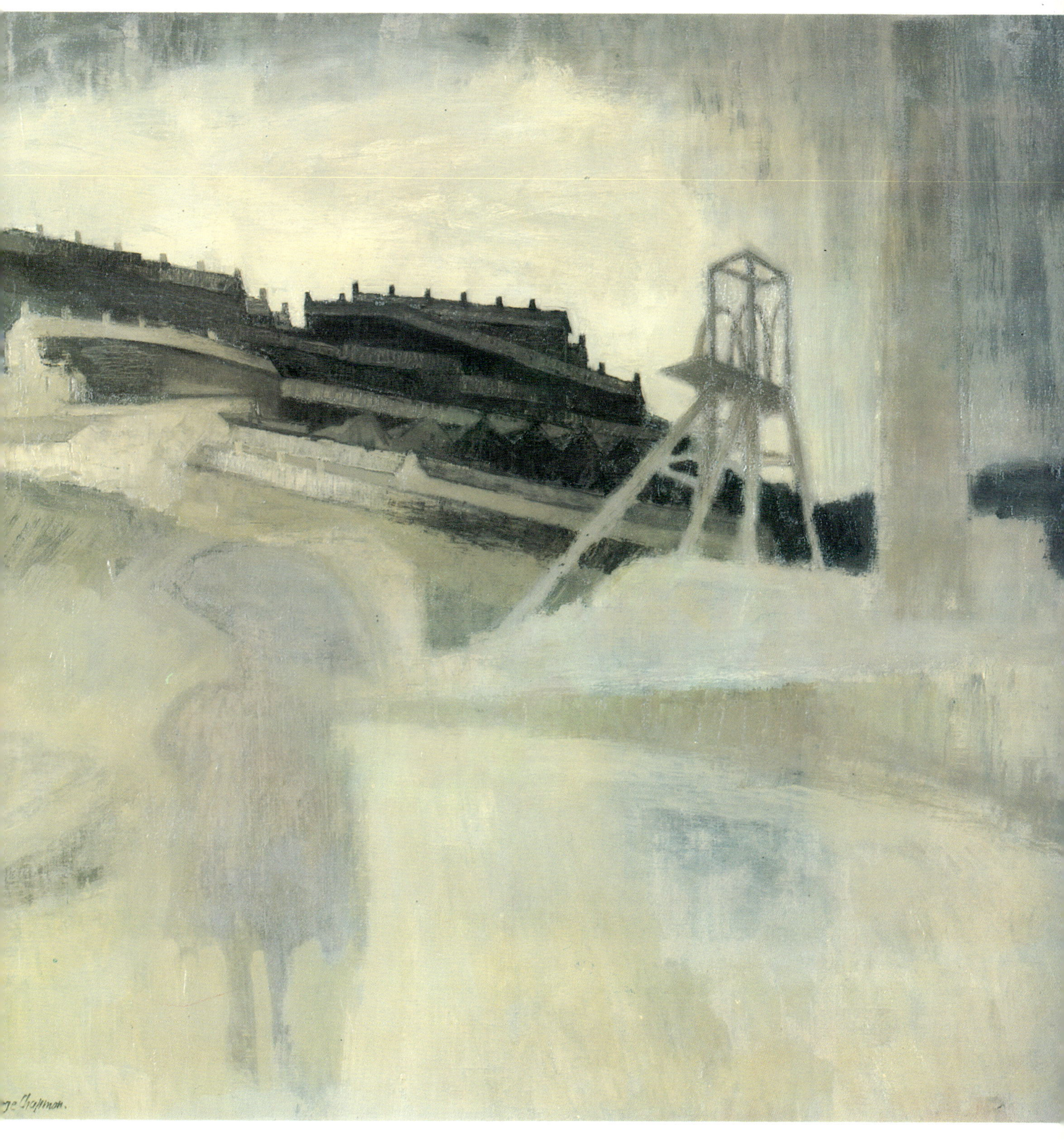

TREF AR Y BRYN
(olew)
1962

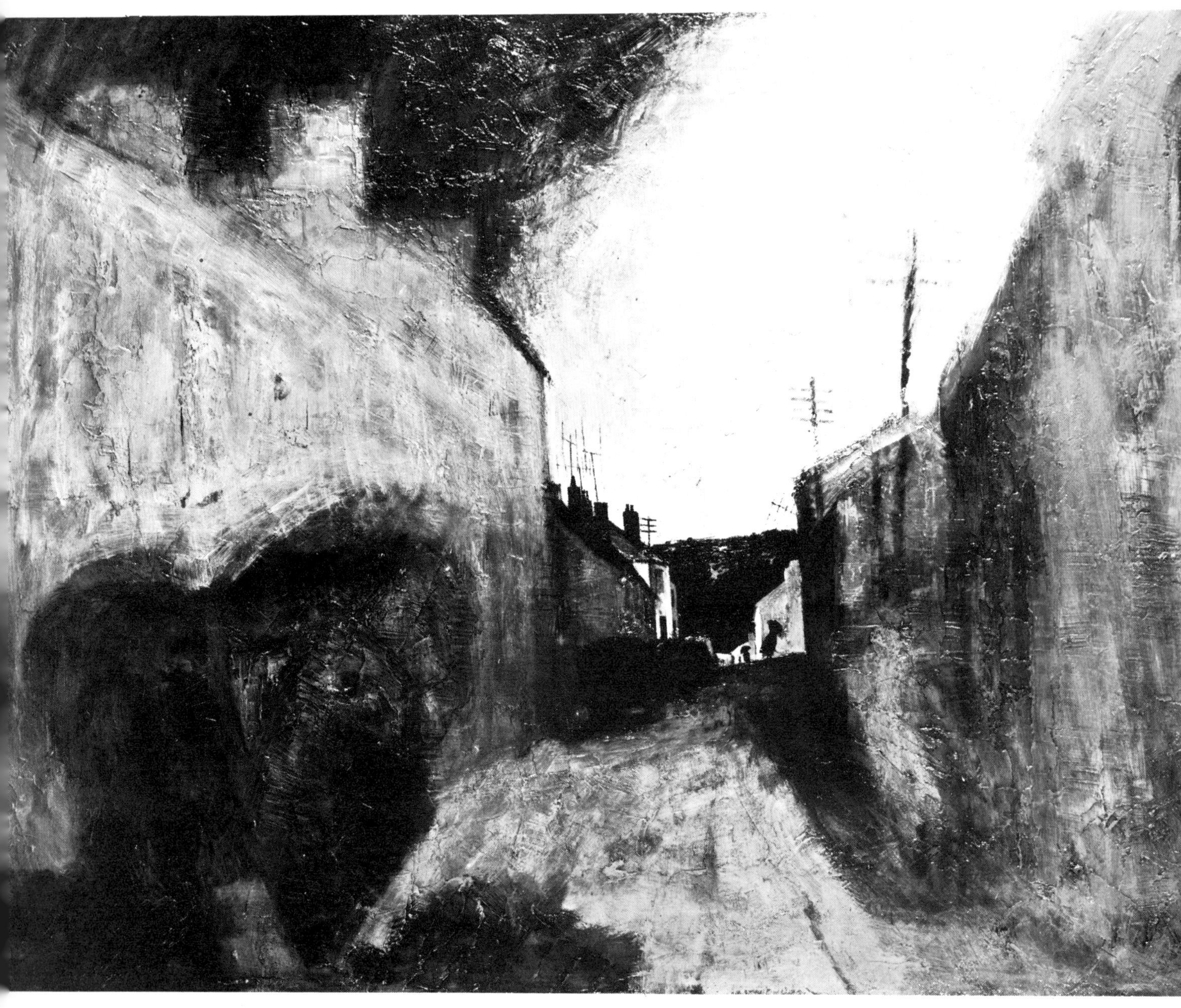

Y STRYD GUL
(olew)
1964

Fe ellir darllen rhyw bropaganda politicaidd i mewn i luniau fel y rhain o eiddo George Chapman, gan dybio ei fod yn feirniadol o'r gyfundrefn a roddodd fod i'r syrthni a ddarlunir, fel yn hanes Jean François Millet yn Ffrainc, ganrif a chwarter yn ôl; ond yn ei eiriau ei hun, mae'r artist yn gwadu hynny:

Nid oes gennyf sylwadau cymdeithasol i'w gwneud yn fy lluniau; fel artist, derbyniaf bethau fel y maent. Cyhyd ag y parhaf wneud fy ngwaith yn deilwng, fe ddaw'r feirniadaeth gymdeithasol, a chaniatáu bod angen y fath beth, i'r amlwg sut bynnag.

John Elwyn

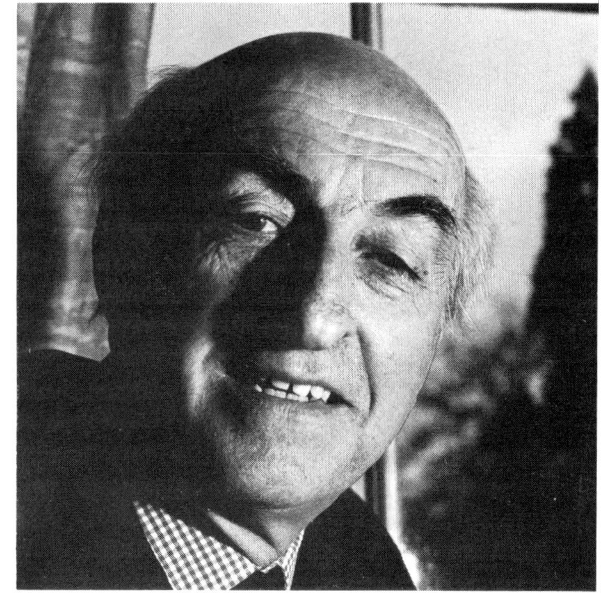

Trafodwyd hyd yma enghreifftiau o'r artistiaid hynny a ddenwyd i Gymru i ymsefydlu yn ein plith. Gormodiaith fyddai eu galw'n Gymry yn ystyr gyffredin y gair, ond fe'n cyfoethogwyd fel cenedl a gwlad gan yr amlygiad gweledig hwnnw o'u dawn, mewn dulliau a chyfryngau sy'n goresgyn gwahaniaethau iaith.

O bryd i'w gilydd, deuir o hyd i sefyllfa wahanol —lle mae'r traffig yn y cyfeiriad arall: artistiaid â'u gwreiddiau'n ddwfn yn naear Cymru, ac yn medru'r iaith, ond a ddewisodd, neu a orfodwyd gan amryfal resymau, i adael tir eu gwlad ac ymsefydlu y tu hwnt i'r ffin.

O blith y garfan arbennig yma, cawn ar y naill law y rhai sy'n ymdoddi bron yn ddiarwybod i ddiwylliant di-Gymraeg, gan uniaethu eu hunain â rhyw elfen ryngwladol ddiwreiddiau, a'u cynnyrch o'r herwydd yn adlewyrchu nemor ddim o'u Cymreictod.

Yna, ar y llaw arall, cawn y rheiny sydd fel petaent yn gwireddu'r ddihareb "Gorau Cymro, Cymro oddicartref"; er gwaetha pellter daearyddol tir eu henwlad, maent yn cadw eu perthynas a'u hymwybyddiaeth o Gymreictod yn fytholwyrdd, ac yn cael eu hysbrydoliaeth o'u hatgof am ddyddiau a fu. A dyma ddod at John Elwyn.

Mae'n cydnabod ei wreiddiau yng Nghastell Newydd Emlyn, o deulu oedd yn gysylltiedig â'r diwydiant gwehyddu yn nyffryn Teifi. Derbyniodd ei addysg gynnar yn ysgol gynradd Adpar ac yn Ysgol Sir Llandysul. Oddi yno aeth i Ysgol Gelf Caerfyrddin yn gynnar yn y tridegau, ac ymhellach i Goleg Celf Bryste. Ennill ysgoloriaeth o'r fan honno i'r Coleg Brenhinol yn Llundain, lle torrwyd ar draws ei gwrs gan yr Ail Ryfel Byd. Wedi graddio yn niwedd y pedwardegau, fe'i apwyntiwyd i'w swydd gyntaf yng Ngholeg Celf Portsmouth, lle treuliodd bum mlynedd hyd at ei apwyntiad i'r swydd yng Ngholeg Celf Caerwynt (Winchester) y bu ynddi hyd ei ymddeoliad yn gymharol ddiweddar.

Fel yn hanes llawer i artist o'i genhedlaeth, tystia i'r diffyg hyfforddiant ym myd celf a gynigiwyd o dan ambarél Addysg yn ei ddyddiau cynnar. Er gwaetha'r ysbryd arloesol a fodolai yng Nghymru ym myd addysg yn gyffredinol, cymerodd gryn amser i'r celfyddydau gweledol i ennill eu plwyf ym meysydd llafur ein hysgolion iau a chanol. Yn wir, nid pob prifathro yn y stratwm arbennig hon, i'r dydd heddiw, sydd yn gosod y pwnc ar raddfa gyfesur â'r pynciau eraill.

Ym mwrlwm byd celf Llundain y profodd John Elwyn gyntaf yr ymdeimlad o wacter bywyd heb angor bendant, ac yno y daeth yn ymwybodol iawn mai'r angor hon yn ei hanes

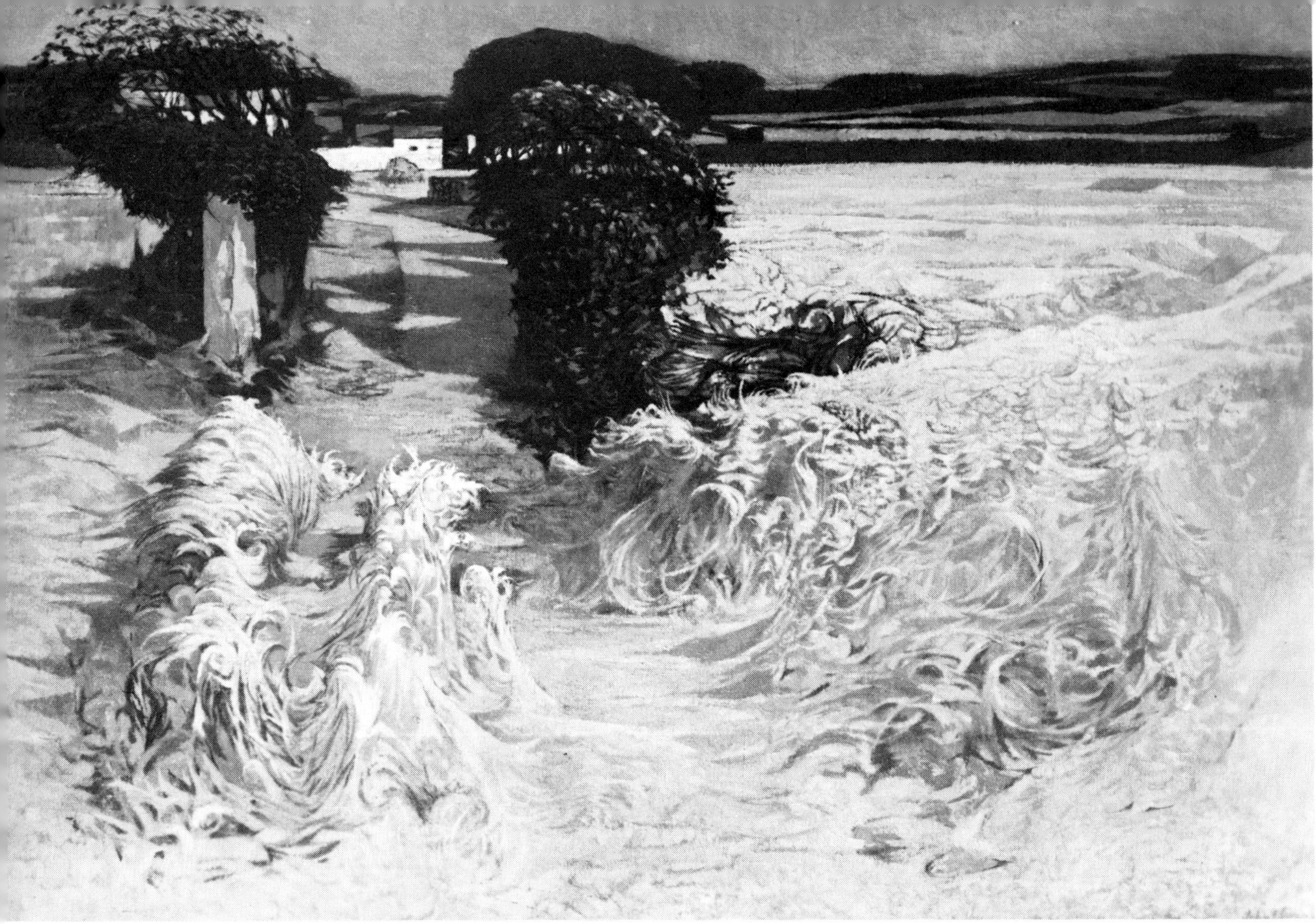

uchod:
TAWELWCH
MELYN
(olew)
1957

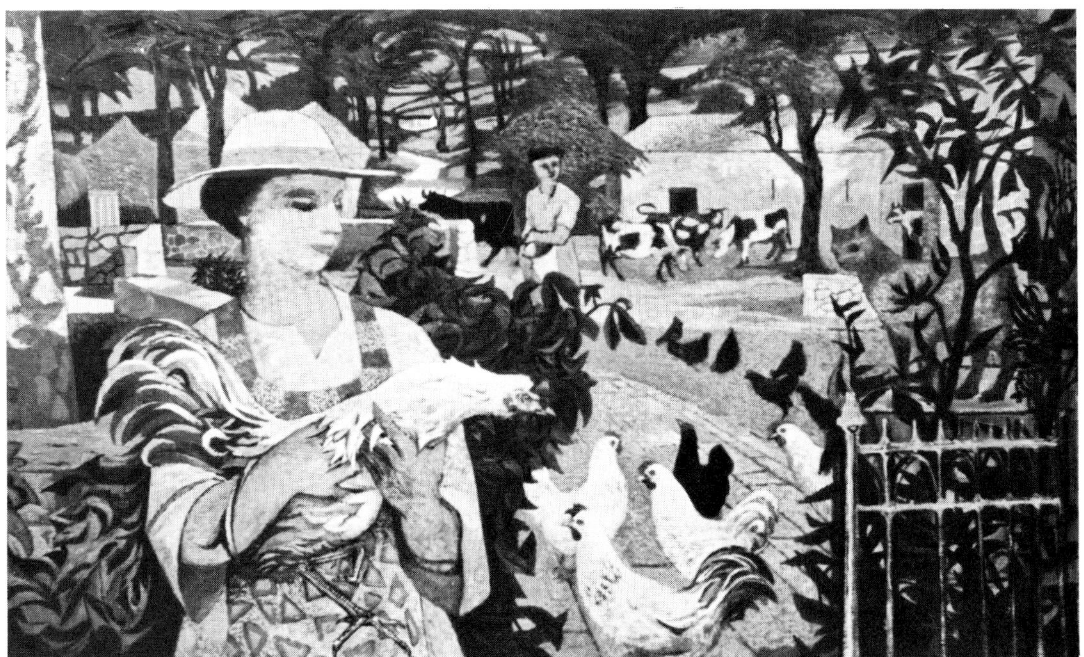

Y CEILIOG
DOF
(olew)
1953

gyferbyn:
SULIAU
MEBYD
(olew)
1949

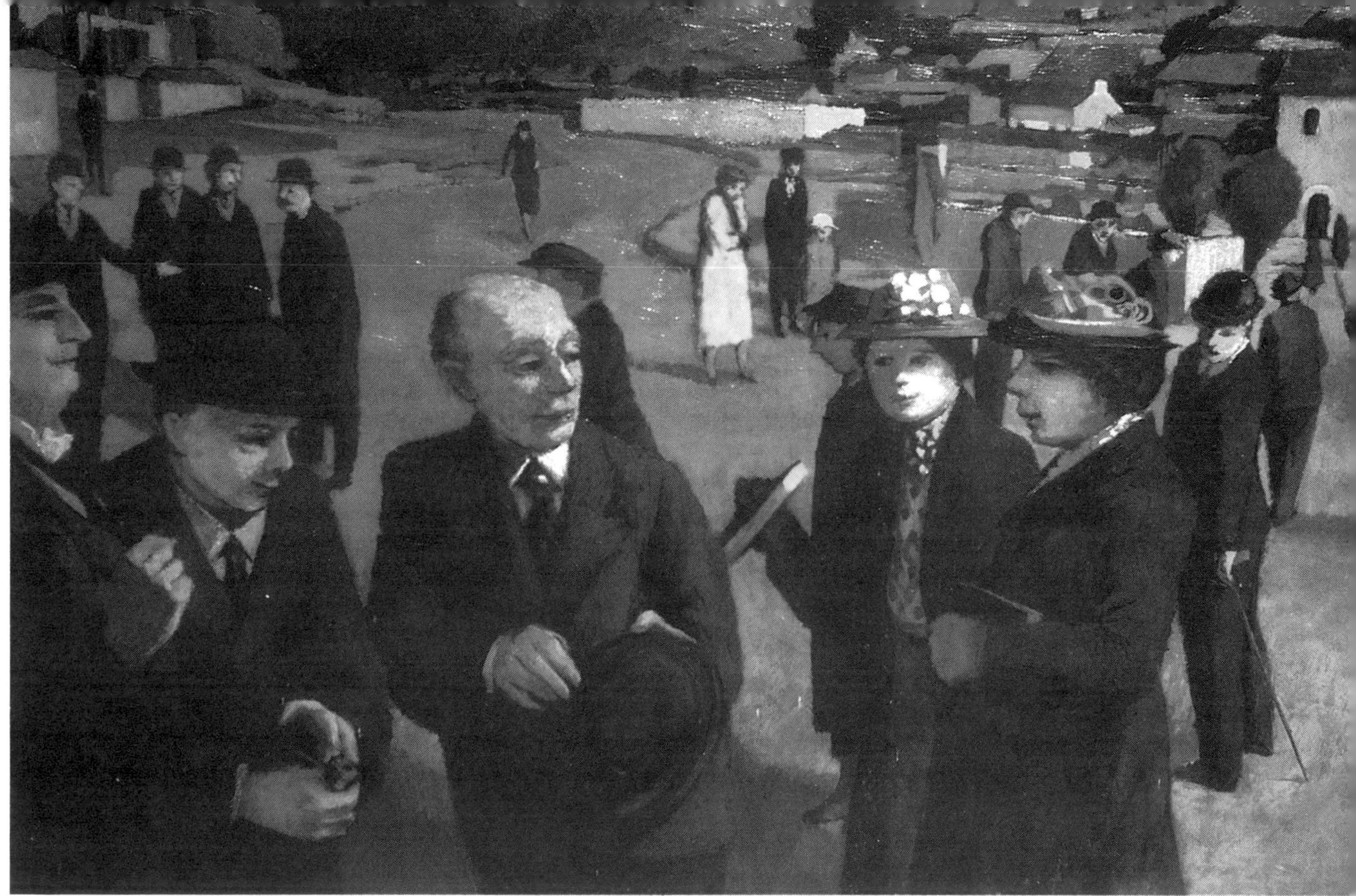

ef oedd y Cymreictod a'i anwesai yn nyddiau ei lencyndod ar lannau'r Teifi. Wrth olrhain datblygiad ei waith ei hun yn ystod ei yrfa fel artist, fe genfydd dreiglad araf o un dylanwad i'r llall. Adlewyrcha ei luniau cynharaf yn y pumdegau ryw atgof o weithgareddau a digwyddiadau cefn gwlad; mynychu'r capel ar y Sul . . . y gwyliau crefyddol . . . angladdau. Yna, yng nghanol y pumdegau, fe'i denwyd gan ddelwedd y Gymru ddiwydiannol, ac fe gofir yn dda am y lluniau o'r glöwyr a'u hamgylchedd a beintiodd yng nghyffiniau Pontrhydyfen yng Nghwm Nedd. Yn y chwedegau gwelwyd newid yn ei waith, pan fentrodd i fyd haniaethol, lle ceisiodd ddadansoddi ei deimladau mewn lluniau nad oeddent mor ffigurol eu delwedd na chyn hawsed eu dehongliad â'r rhai a welid ganddo cynt. Erbyn y chwarter olaf hwn o'n canrif, 'does dim ymfflamychol o newydd mewn celfyddyd haniaethol —gwelwyd yr arbrofion cyntaf cyn belled yn ôl â degawd cynta'r ganrif. Ond fe ddenir llawer i artist o'r iawn ryw i arbrofi ar hyd llinellau haniaeth, ac hyd yn oed yn yr arbrofion hyn o waith John Elwyn, mae mwyneidd-dra ei bersonoliaeth a naws unigryw llethrau dyffryn Teifi yn amlygu eu hunain yn rymus iawn.

Anaml iawn y bydd yn peintio yn union o flaen ei olygfa —sur le motif yn nhermau Monet a'i gyfoedion, ganrif yn ôl; gwell ganddo weithio o frasluniau neu o lygad y cof, ac i'w gadw ei hun yn y naws briodol wedi dychwelyd i'w stiwdio, dywed fod darllen barddoniaeth o waith ei gyd-Gymry o gymorth mawr iddo.

Yn hanes llawer i artist, rhyw lwybr di-droi'n-ôl yw'r datblygiad o waith ffigurol i waith haniaethol, ond ni wêl John Elwyn ddim o'i le mewn ailgydio mewn hen fformat, wedi cyfnod o arbrofi. Ers y saithdegau, dychwelodd eilwaith i gynhyrchu gwaith a symbylwyd gan hud a lledrith yr hen sir.

Mae parch mawr i'w waith yma yng Nghymru, fel y tystia'r detholion ohono sydd i'w weld yng nghasgliadau'r Llyfrgell Genedlaethol, yr Amgueddfa Genedlaethol, Gregynog a chanolfannau eraill. Ond nid

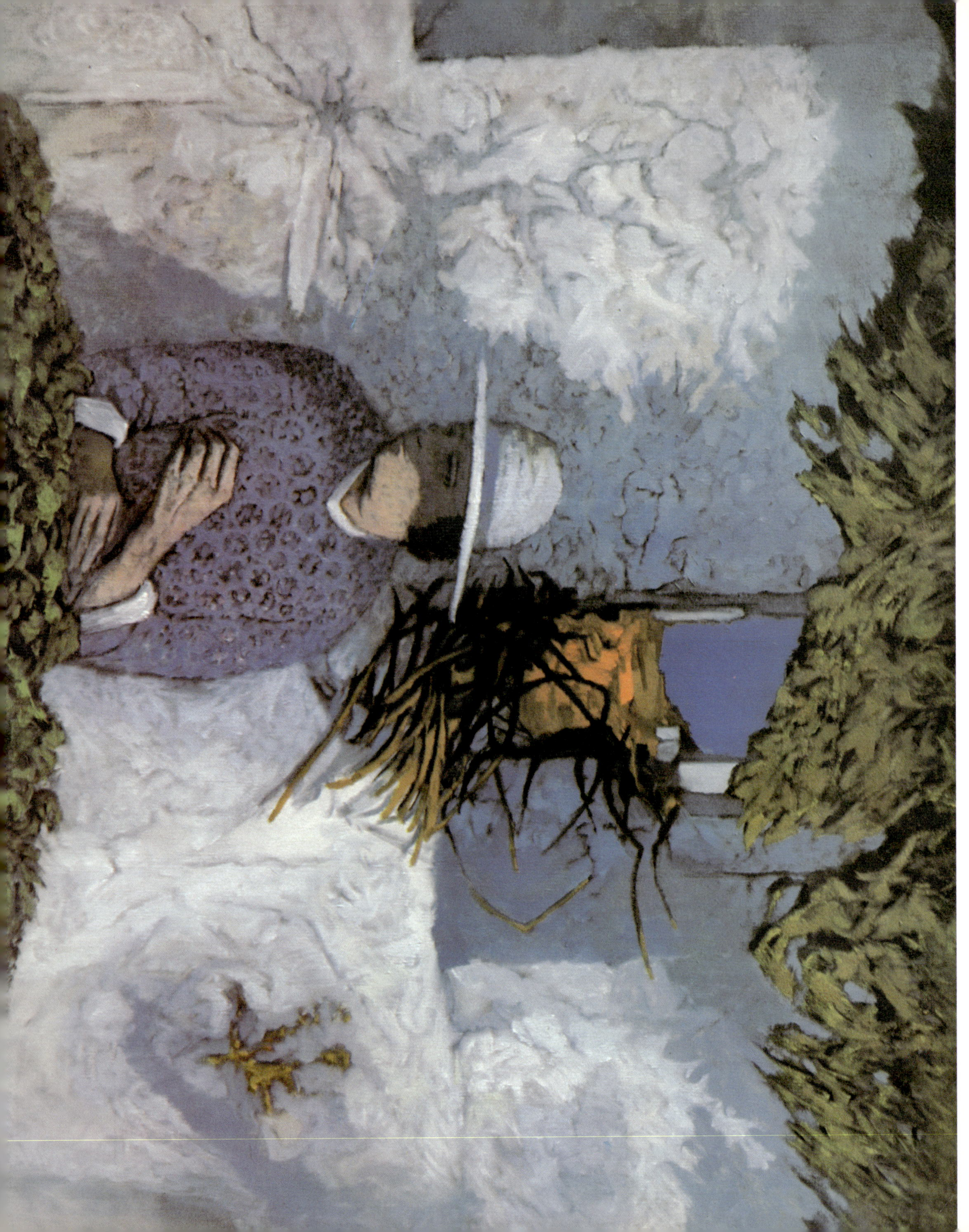

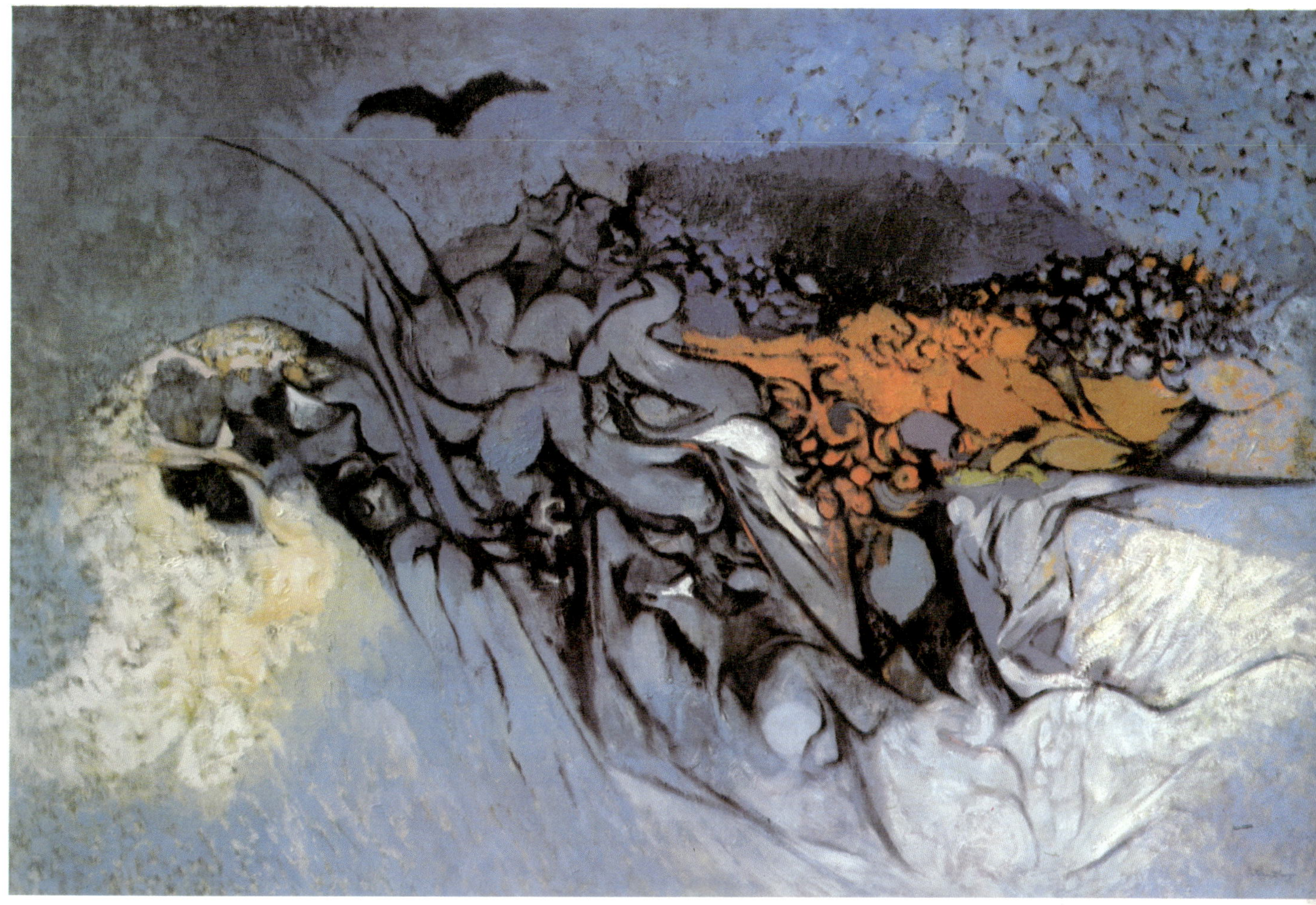

gyferbyn:
ATGOFION
(olew)
1976

FERNHILL
(olew)
1977

parch plwyfol yn unig sydd iddo: prynwyd ei waith gan unigolion a mudiadau ar draws y byd, cyn belled â Phersia a Phacistan.

Mae'n aelod anrhydeddus o'r Academi Frenhinol Gymreig, ac o Orsedd yr Eisteddfod Genedlaethol; 'roedd yn un o dderbynwyr cynharaf Medal Aur y Celfyddydau, yn Aberdâr yn 1956. Rhof i'r artist ei hun y gair olaf:

Meddyliaf amdanaf fy hun fel gwneuthurwr lluniau, darluniwr efallai, yn hytrach na lluniwr celfyddyd. Daw fy neunydd gan mwyaf o leoliad ffermydd bychain yng Ngheredigion; mae gennyf ddiddordeb yn y cilfachau cysgodol a cheseiliau'r bryniau a'r ffordd y mae'r trigolion wedi ymlochesu yn y dyffrynnoedd. Caf fy swyno gan y ffordd maent wedi pentyrru maen ar faen a'u lliwio a'u gwyngalchu fel tystiolaeth o fywyd; y golchiadau'n pilio oddi ar furiau'r ysguboriau, a'r gweithgarwch o fewn y buarth yn ystod trai a llanw amseroedd hau a medi —dyma fy mhriod faes; hefyd y modd y mae'r cyfan yn digwydd o fewn cylch o feysydd gwyrddion llechweddog ac amrywiol eu llun, a threigl anochel y tymhorau yn rheoli'r cyfan. Os llwydda fy lluniau i gyfleu rhywfaint o **genius loci** fy rhan i o Gymru, yna byddaf i raddau wedi cyflawni fy mwriad.

Nicholas Evans

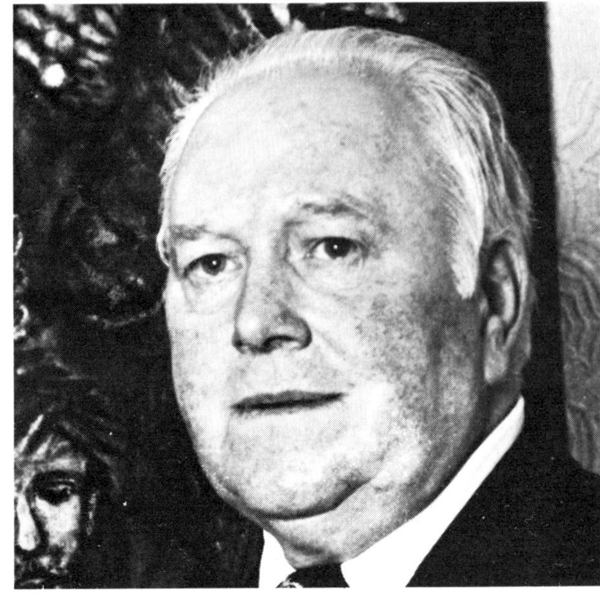

Yn ystod y blynyddoedd diwethaf, gyda dyfodiad diweithdra ar raddfa eang, a chwtogi ar yrfa gweithgarwch llawer, tra eto'n ifanc, cynigiwyd nifer o syniadau ar sut i dreulio oriau hamdden yn broffidiol.

Un o'r gweithgareddau sydd wedi apelio i lawer na fuont erioed yn ymddiddori ynddo mewn dyddiau iau yw peintio; ac ar wahân i'r pleser sy'n deillio o roi bod i ddarn o waith creadigol, pa mor amrwd bynnag y bo, elfen nid bychan yw'r agwedd therapiwtig o fynd i'r afael â phaent.

Un a ddaeth i amlygrwydd yn y byd amatur hwn, ac yn wir a sgrifennodd lyfr ar ei brofiadau, oedd Winston Churchill. Sgrifennodd fel hyn:

Hwyl ddigymysg yw peintio; mae'r lliwiau yn hyfryd i'r llygad, ac yn bleserus iawn i'w trin. Pa mor amrwd bynnag fo'r canlyniadau, busnes sy'n mynd â'n holl fryd yw cymysgu lliw i gyfateb â lliw. Oni wnaethoch hyn eisoes, gwnewch ymgais, da chi, cyn marw. Deuwn i sylweddoli, er enghraifft, bod peintio darlun yn debyg iawn i ymladd brwydr; yn wir, brwydr yw peintio darlun. **Â ymhellach i ychwanegu at y Gwynfydau:** Gwynfydedig fyddo'r peintiwr, canys ni fydd yn unig; caiff fwynhau cwmni golau a lliw, tangnefedd a gobaith, hyd ddiwedd, neu bron hyd ddiwedd, y dydd.

Cerfiodd llawer oedolyn arall ei enw ymhlith y meistri drwy ddarganfod ei dalentau wedi cyrraedd oedran teg; daw i'r cof yr Americanes 'Grandma Moses' a'r hen frawd Alfred Wallis o St. Ives, y gŵr 'rhacs-a-bôns' hwnnw a beintiai gychod gyda phaent cyffredin ar dameidiau o gardbord, ac a enynnodd nawdd Oriel y Tate.

Bellach mi fedrwn ni yng Nghymru ymhyfrydu mewn talent a ddarganfuwyd yn gymharol ddiweddar, a hynny ym mherson Nicholas Evans o Drecynon, Aberdâr.

Fe'i ganed drannoeth y Diwygiad Mawr yn negawd cyntaf y ganrif, a phery dylanwadau mawr y cyfnod hwnnw arno hyd heddiw. Dilynodd y traddodiad teuluol o weithio yn y pwll glo, ond ar golli ei dad mewn damwain, fe'i darbwyllwyd gan ei fam (a fu hithau yn gweithio yn y lofa fel merch ifanc) i adael maes y gwaith glo, ac ymgymryd â gwaith arall. Dechreuodd ar yrfa dreifar injan, ac yno y treuliodd weddill ei amser, er iddo haeru hyd heddiw mai yn y lofa yr oedd ei galon.

Er iddo olrhain ei ddiddordeb mewn arlunio yn ôl i ddyddiau ysgol, rhaid oedd aros tan ei ymddeoliad yn ei chwedegau cyn cydio o ddifrif mewn peintio. Ond beth i'w beintio? Na, nid lluniau o beiriannau stêm a dîsl, ond yn hytrach y drychfeddyliau a barhâi yn

RHOWCH AFAL I'R CREADUR! (olew)

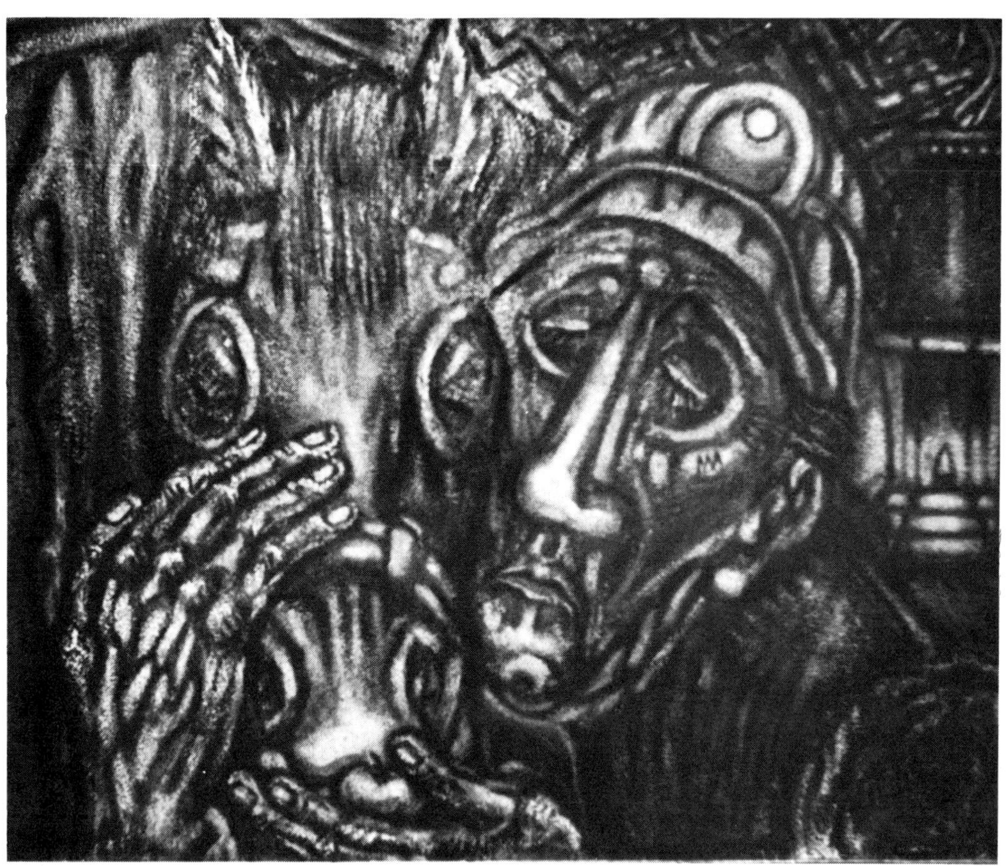

llygaid ei feddwl ers y dyddiau cynnar ym mherfeddion y ddaear —dyddiau'r ugeiniau, ymhell cyn dyfod y cyfleusterau hynny sydd heddiw'n ysgafnhau baich y glöwr.

Buan y darganfuwyd nad henwr yn peintio er mwyn y therapi yn unig mo Nicholas Evans, ond rhywun â rhywbeth arbennig ganddo i'w ddweud, ac yn ei ynganu'n glir. Gyda chymeradwyaeth neb llai na'r athro Lawrence Gowing, pennaeth Ysgol y Slade, dyfarnwyd iddo fwrsariaeth gan Gyngor y Celfyddydau yng Nghymru yn 1978, a bellach mae ei enw'n adnabyddus nid yn unig yn ei gynefin, ond hefyd yn orielau Llundain a chyn belled â Bwlgaria. I anwireddu'r cyfeiriad ysgrythurol at ffawd y proffwyd yn ei wlad ei hun, ni bu Cymru yn araf i weld ei werth; mae rhaglenni wedi eu neilltuo iddo ar y radio a'r teledu, dangoswyd ac anrhydeddwyd ei waith droeon yn yr Eisteddfod Genedlaethol, a bellach mae'n aelod etholedig o'r Academi Frenhinol Gymreig —anrhydedd sy'n agos iawn at ei galon. Dangoswyd ei waith hefyd yn yr Academi Frenhinol yn Llundain.

Dyma, yn ei eiriau ei hun, ychydig o'r cymhellion sy'n ei symbylu, a'i athroniaeth bersonol:

Mae yna gymaint i'w ddweud, a chau y mae'r pyllau o un i un. Mae'n dra gwahanol ar y gweithiwr heddiw: caiff ymolchi a gwisgo'n drwsiadus cyn dod adre. Heddiw, mae'n anodd gwahaniaethu rhwng y glöwr ac unrhyw weithiwr arall; mae e'n lân, a pham lai? Cofiaf y glöwr yn dychwelyd adre yn ei garpiau, linc-di-lonc; 'roedd yn flinedig, ac yn derbyn cyflog sarhaus. Weithiau âi i lawr i'r swyddfa i ofyn am yr hyn a oedd yn ddyledus iddo, a chael y ffenestr yn cau yn glep yn ei wyneb. Gwn am y caledi, ac am deimladau'r gweithiwr ar y pryd. Cofiaf am y ceginau cawl a'r cau-allan, y gorymdeithiau, y baneri,

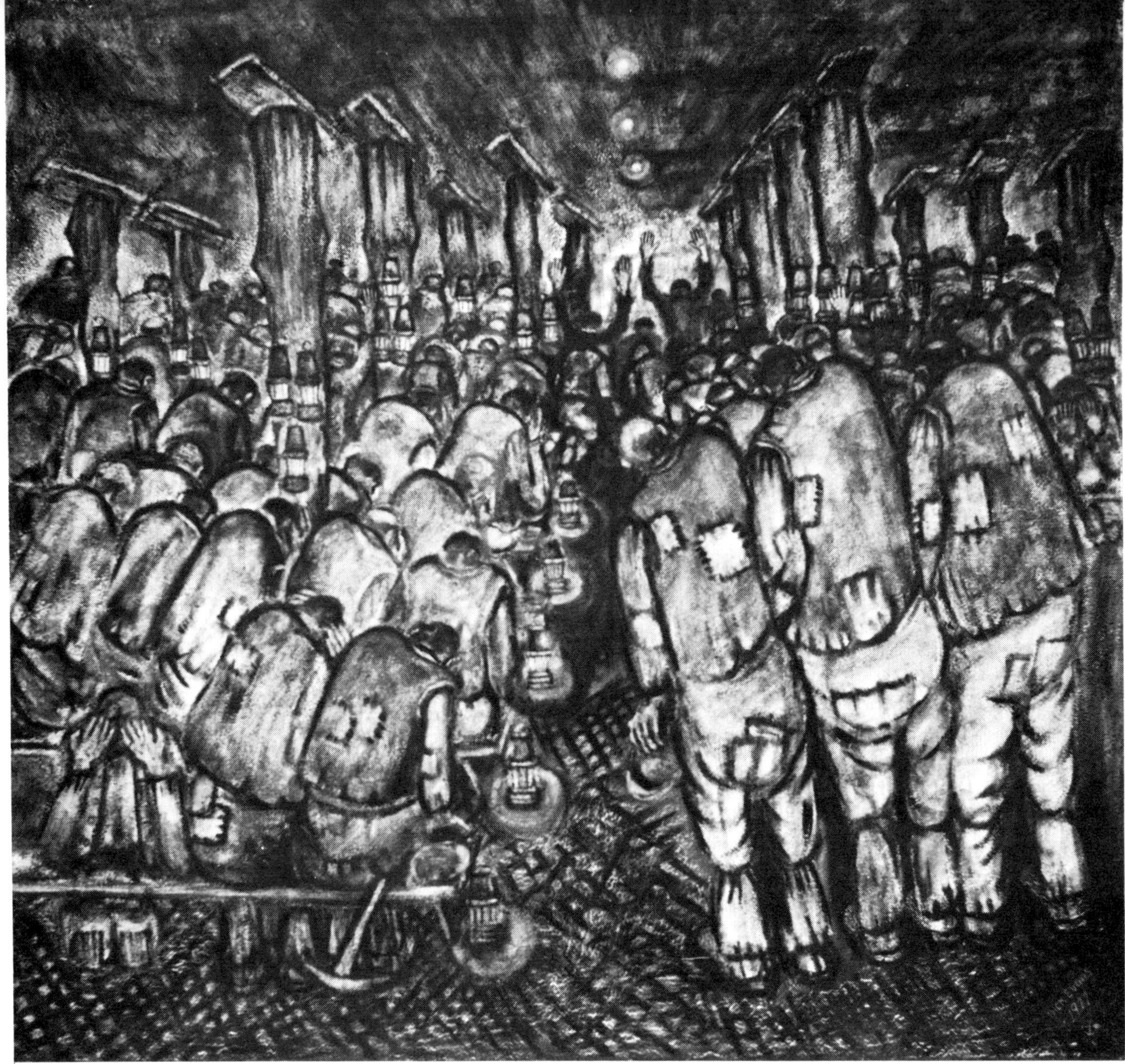

Y CAPEL TAN DDAEAR (olew)

y dynion o dueddiadau Comiwnyddol, er nad ydw i yn Gomiwnydd. Y dynion hynny 'rydw i'n ceisio eu portreadu am imi deimlo, fel y dylem ni i gyd, ein bod yn eu dyled.

'Rydw i'n bregethwr lleyg yn yr Eglwys Bentecostaidd ers dros hanner can mlynedd, yn pregethu hwnt ac yma yng nghymoedd y De. Gwêl rhai ddylanwad fy nghrefydd ar fy narluniau; fe ddwedwn i mai o'r un ffynhonnell y deuant —o ddyfnderoedd fy enaid. Gwna rhai gymariaethau ag iconau Rwsiaidd, eraill â William Blake, ond fy nheimlad i yw mai gorchymyn Duw yw fy mheintio; rhyw weithred o ddefosiwn ydyw. Cofiaf rai o'r hen löwyr —dynion crefyddol, dynion Duwiol; arferent ddweud wrthyf eu bod nhw'n llenwi'r tram er gogoniant i Dduw. Eiddo Duw oedd y tram, ac act o addoliad oedd ei llenwi. Felly y mae hi yn fy hanes innau: credwch fi, cyn dechrau peintio mi fydda i'n offrymu gweddi, ac mi fydda i'n weddïo wrth beintio. Eiddo Duw yw'r darlun —rhodd o wrogaeth, oddi wrthyf fi, Nic Evans.

'Fydda i byth yn gweithio o frasluniau wedi eu paratoi ymlaen llaw, ac yn sicr ni wnaf ddefnydd o ffotograffau. Mi fydda i'n gweld y llun gorffenedig yn fy mhen cyn dechrau; math o sianel ydw i —cyfrwng yn unig i ryw allu sy'n uwch na mi. Mi fydda i'n

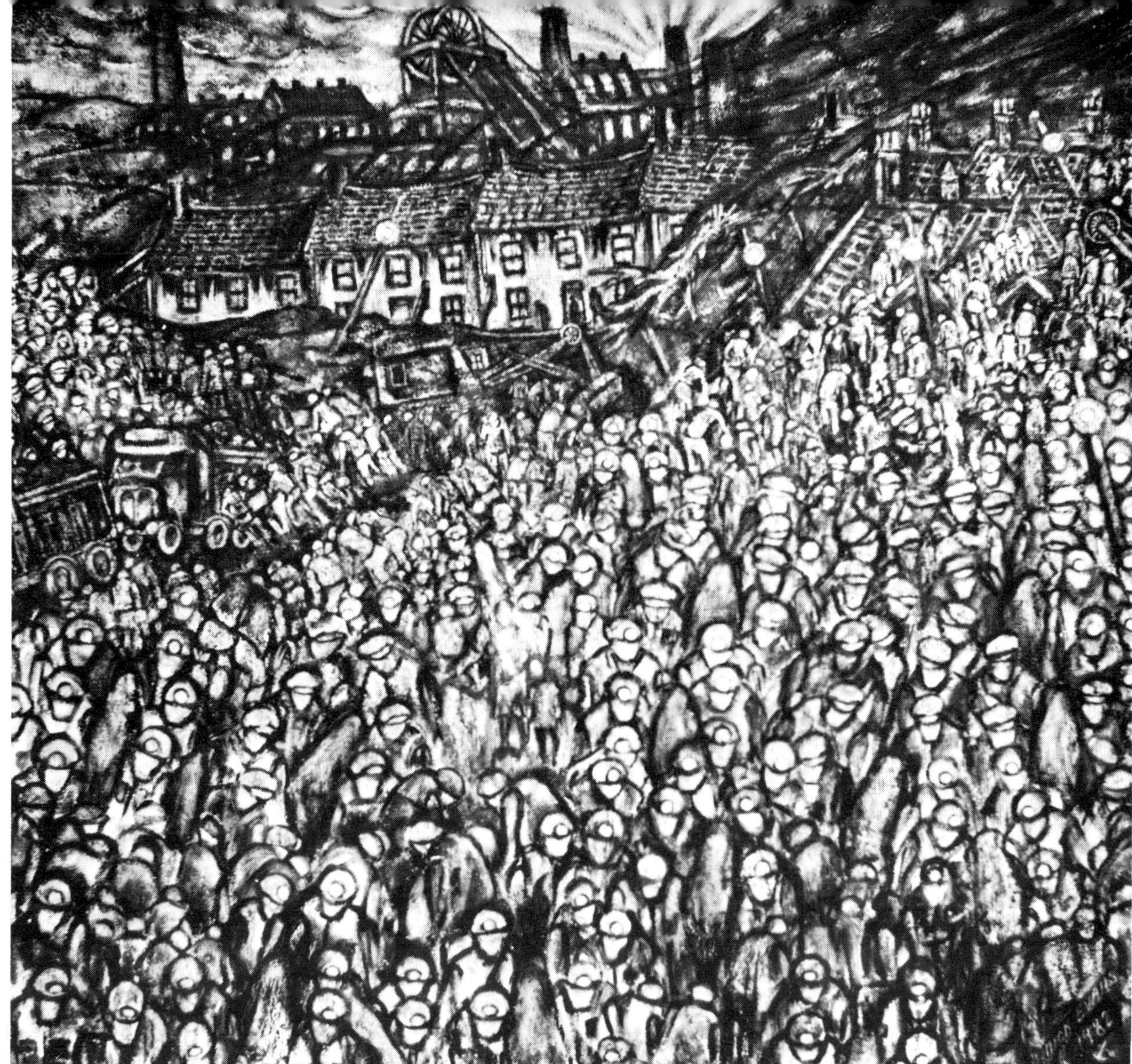

ABERFAN (olew)

breuddwydio lluniau, a chaf y teimlad yn aml, wrth edrych ar lun o'm heiddo mewn oriel: 'Ai fi beintiodd hwn?'

Cymhelliad na allaf ei osgoi yw peintio, ac mae'r ystafell wely ffrynt nid yn unig yn stiwdio, ond hefyd yn fath o gysegr imi. Yn ystod y dydd fe ddywed y wraig y dylwn gael mwy o awyr iach, ac ym mherfeddion nos, pan fo'r cymhelliad i beintio lawn cyn gryfed, mae'n cwyno nad oes ganddi gwmni yn y gwely!

Hoffaf weithiau cynnar Vincent Van Gogh; mae gan fy ngwraig lun a beintiais iddi dro'n ôl, sy'n debyg iawn i 'Flodau'r Haul' o'i eiddo. Ond bellach rhois heibio'r lliwiau llachar, ac fel Picasso yn ei 'Guernica', teimlais mai du-las oedd yr unig liw a weddai i'r drychfeddyliau sy'n galw am fynegiant o dan fy nwylo. I bortreadu'r glöwr wrth y talcen glo, yn gadael y pwll, neu'n ymlwybro adre ar hyd y strydoedd, 'does na'r un lliw ond **'Bible-black'** Dylan Thomas a wna'r tro.

Mi fydda i'n peintio ar banelau mawr o fôrd cyffredin —mae cynfas yn rhy fregus i'm dull i o beintio— a'r rheiny wedi cael haen neu ddwy o baent gwyn masnachol; er nad yw brwsus y tu hwnt i'm poced, eto gwell gennyf ddefnyddio offer yr artistiaid cyntefig —fy mysedd a darn o racsyn. Fe ellir yn hawdd gymharu fy null o beintio â'r grefft o

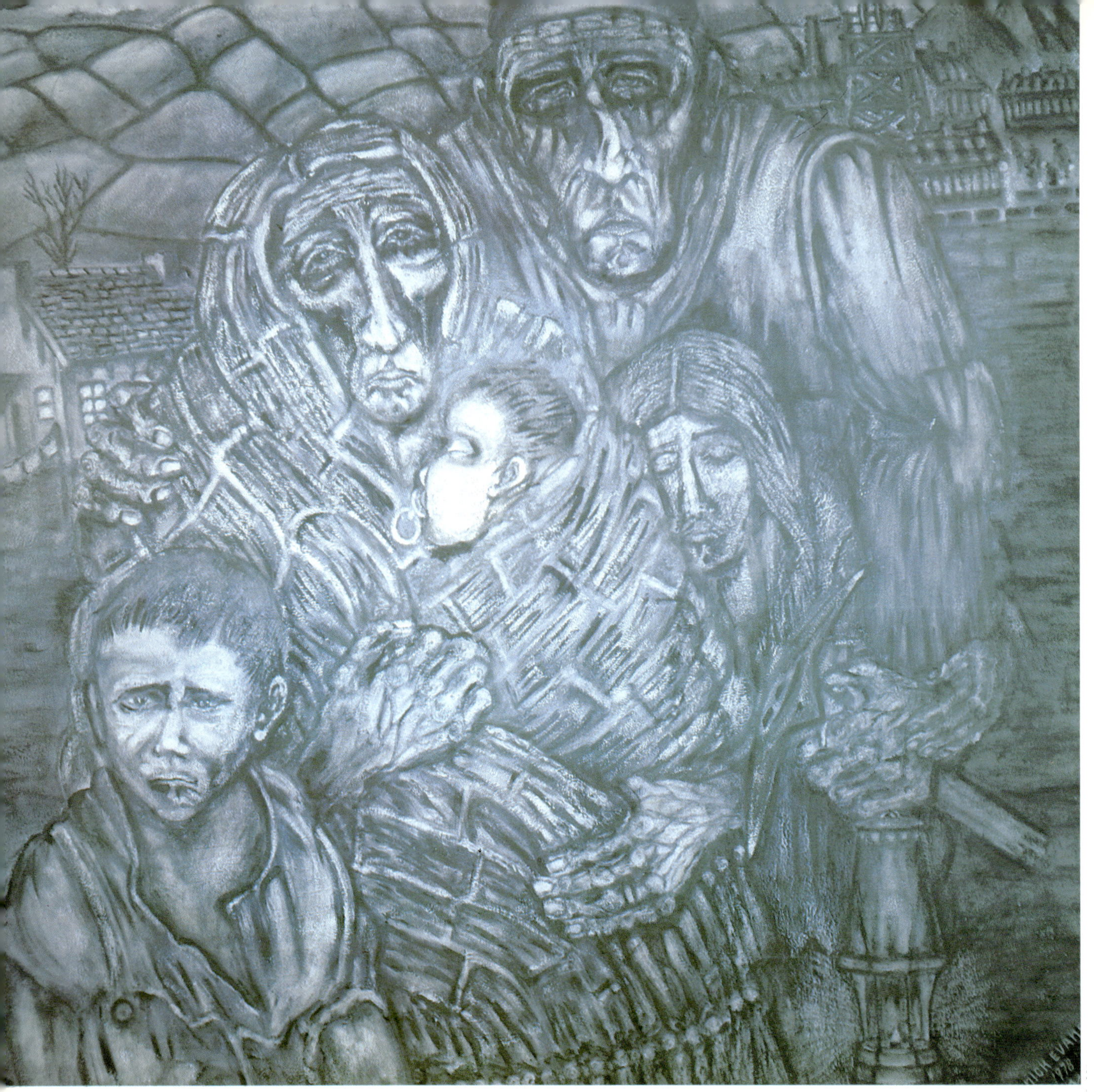

O'R CYMOEDD Y DEUTHUM (olew)

fodelu mewn clai: mae sychu'r paent i ffwrdd i ddatgelu'r gwyn oddi tano fel crafu clai oddi ar fodel.

Er iddi gydnabod y ddawn sy gen i fel peintiwr, mae fy lluniau'n rhy leddf at chwaeth fy ngwraig. 'Rwy'n barod i gydnabod fod yna elfen o dristwch yn fy narluniau, er 'mod i'n ddigon dedwydd fel person; rhyfeddol yw paradocs bywyd!

Amcan pennaf fy narluniau yw dal eich sylw a threiddio i'ch ymwybyddiaeth. Mewn oriel ddarluniau, mae'n hawdd cerdded heibio i ddarlun o flodau hyfryd, neu lond llestr o lygaid-y-dydd, neu glwstwr o goed. Fy ngobaith i yw, pan welwch ddarlun o'm heiddo i, y'ch delir ganddo. Peth trist yw

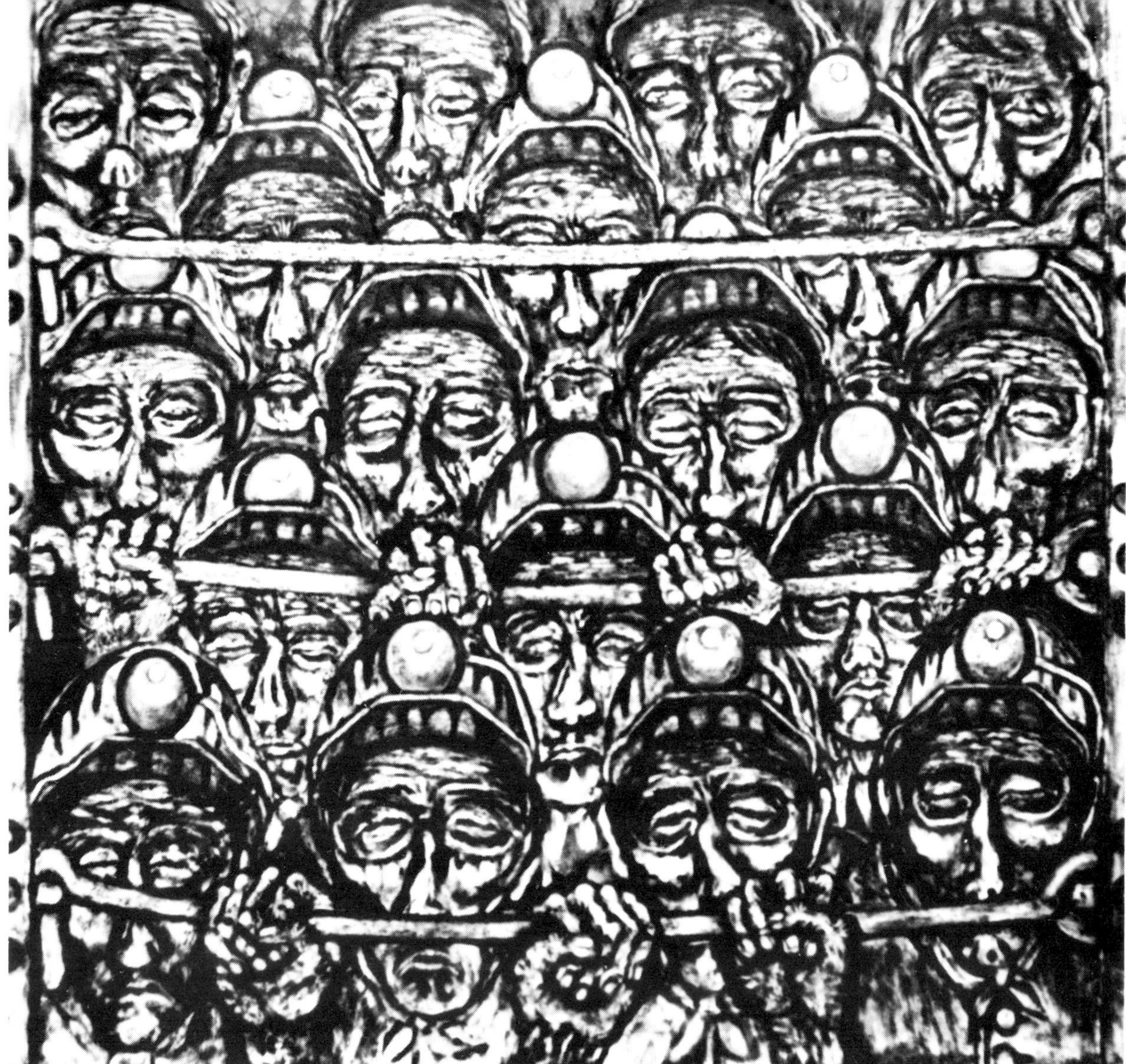

AM Y TRO OLAF (olew)

treulio oriau yn cynhyrchu darn o waith, ei hongian mewn oriel, ac yna cael pobl yn cerdded heibio, bron heb edrych arno.

'Rydym yn ein cael ein hunain mewn cyfnod pan yw pobl mor ansensitif i fyd prydferthwch mewn celf a phensaernïaeth, fel bod rhaid gweiddi â llef uchel —dyna beth 'rwyf i'n geisio'i wneud.

Fel yn hanes pob seren a ymddengys yn ddiarwybod yn y ffurfafen, fe ddenir llawer beirniad a chrachfeirniad i gyfieithu arwyddocâd yr hyn sydd yn ei hanfod yn weledol i ffurf lenyddol, heb ddweud dim yn y pen draw. Ond o blith y paragraffau a sgrifennwyd am waith Nicholas Evans, y mae un sydd yn mesur yn gywir ei athrylith ac yn crisialu ei neges:

Rhan o arbenigrwydd ei luniau yw'r elfennau cymysg o fyth a realiti tragwyddol a adlewyrchant. Fe ganfyddwn ynddynt storïau Beiblaidd; gwerinwyr oesol glannau Môr y Canoldir yn cynaeafu'r grawnwin. Fe welwn offeiriaid Tutankhamen. Ond o dan y cwbl, mewn dull afreal sydd yn cyfleu'n rhyfeddol agwedd o realiti, gall y cyfansoddiadau rhyfeddol hyn, gyda chywirdeb yr anatomi, gyfleu cariad angerddol a dealltwriaeth un dyn tuag at ei gyd-ddyn.

Elis Gwyn

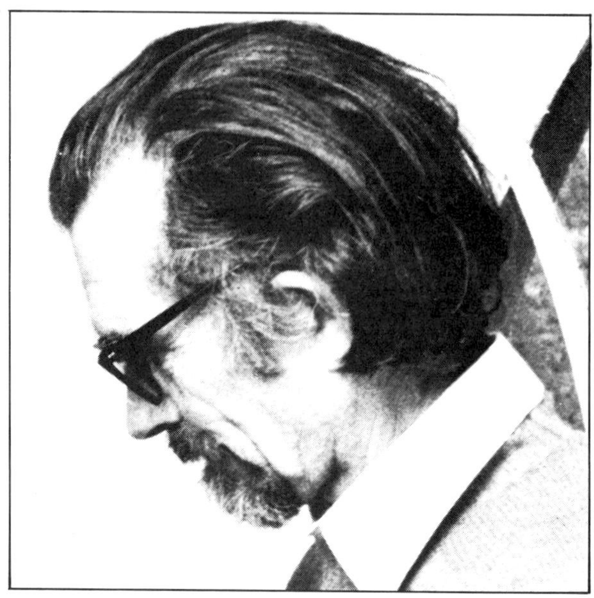

Cyfeiriwyd eisoes at y dewis cyfyngedig sy'n agored i'r rhai hynny o'n plith a freintiwyd â'r ddawn i greu ac i fynegi eu hunain mewn dulliau gweladwy: gweithio o fewn y byd masnachol, mentro ar eu liwt eu hunain, neu ddychwelyd i fyd addysg i hyfforddi eraill.

Ysywaeth, y perygl o ddewis y llwybr olaf hwn yw'r duedd i sianelu'r gynneddf greadigol i gael mynegiant trwy ddwylo eraill, gan amddifadu'r athro o'i gynnyrch ei hun, er bod yna elfen o foddhad yn ddiau mewn cynnyrch anuniongyrchol. Trwy drugaredd, fe roddwyd i ambell athro gyflenwad digonol o allu creadigol ac o ynni nerthol a nerfol i ganiatáu gweithgaredd yn y ddau faes —ei fyd creadigol ei hun a byd creadigol ei ddisgyblion.

Un felly yw Elis Gwyn, o Lanystymdwy, sydd bellach wedi ymddeol o fyd addysg, a chanddo'r amser i ganolbwyntio ar ei waith ei hun, er bod galw mawr ar ei wasanaeth ym myd gweinyddol y celfyddydau yng Nghymru. Dyma a ddywed amdano'i hun:

Credaf y byddai'n deg dweud bod diddordeb y rhan fwyaf ohonom mewn celfyddyd yn gysylltiedig â'n teimlad tuag at dirwedd. Am y profiad cynharaf mae gofyn imi edrych yn ôl dros hanner canrif. Trwy ddrws agored yr ysgol gallwn weld golau'r haul ar gae gwyrdd —golygfa, gyda llaw, yr wyf yn ddigon ffodus i allu edrych arni bob dydd. O gwmpas fy nghartref yr oedd pytiau o gloddiau dan fwsog a chorneli mewn gwrychoedd a fynnai eu meddiannu a'u mynegi, ond anodd oedd dal gafael. Maent yma o hyd, ac er efallai fy mod yn nes at draethu'r hyn y bûm yn ymwybodol ohono, nid yw problem y crynhoi a'r cyfannu wedi ei datrys.

Daeth artistiaid i'r profiad yn gynnar. Eisteddai'r bobl ddiarth, y merched mewn hetiau gwellt llydain, ar feini'r afon yn yr haf yn peintio'r bont mewn dyfrlliw. Dringem ninnau dros y cerrig i gael mwynhau'r ddewiniaeth fel y tyfai dŵr a cherrig trwy arlunwaith, ond pleser poenus ydoedd. Sut y gellid meddiannu? 'Rwy'n dal i holi.

Fe'm ganed yn Llanystumdwy yn 1918, ac yr wyf yn byw yn y tŷ lle'm ganed. Ein prifathro am rai blynyddoedd yn ysgol y pentref oedd H. Ivor Prichard, brodor o Eifionydd fel ninnau, a thad yr arlunwyr Gwilym ac Arthur Prichard. Yr oedd arlunio, tra academaidd erbyn meddwl, yn cael parch yn yr ysgol, a byddai'n rhaid cystadlu ar wneud lluniau yn y 'cyfarfod bach' ac eisteddfod yr Urdd. Cystadlu ar arlunio, gan fod canu ac adrodd allan ohoni'n llwyr i ambell un fel fi.

Mwynhawn y darluniau gan Mitford Davies

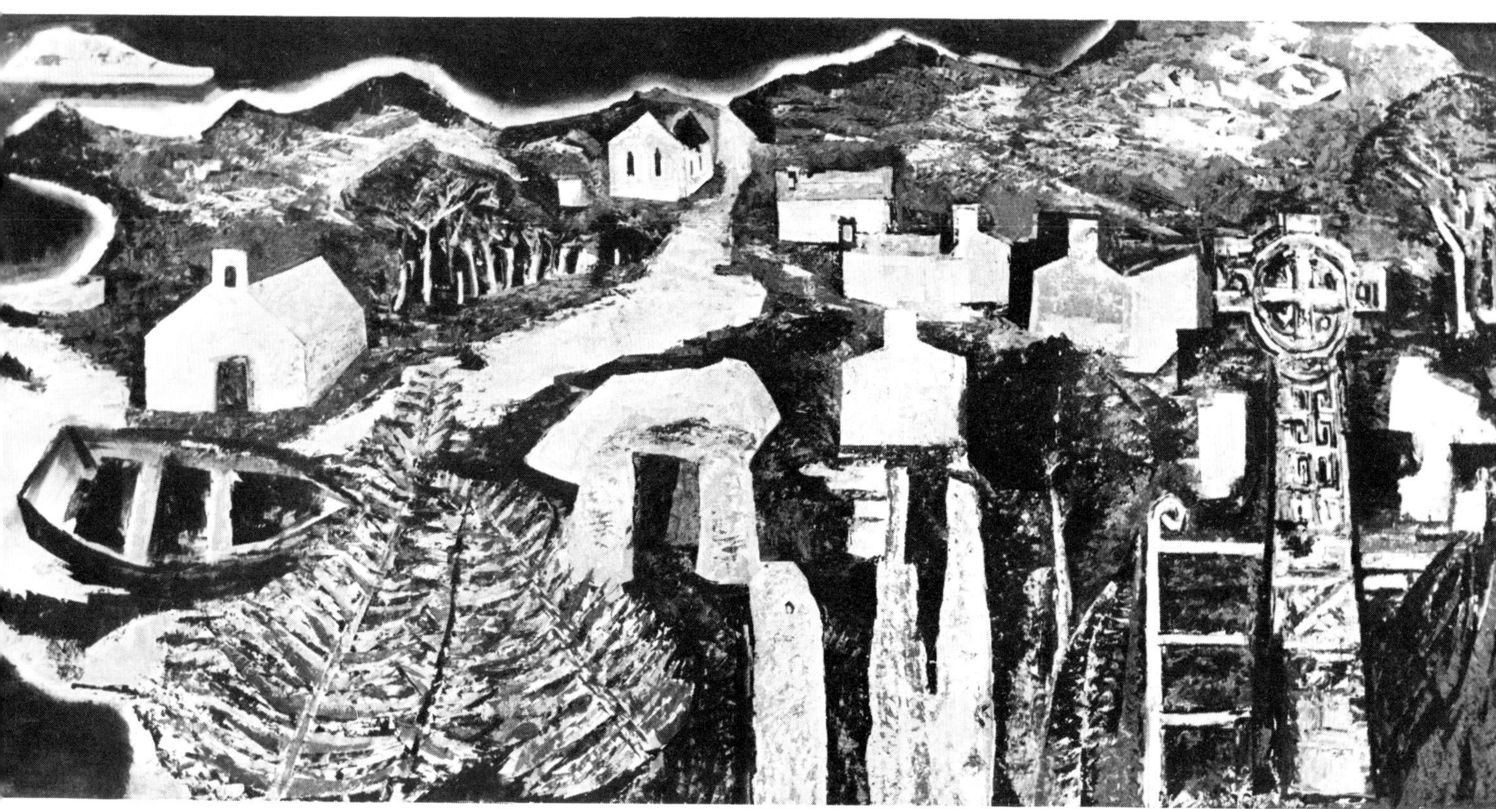

MURLUN, YSGOL PENRALLT, PWLLHELI (1959)

yn **Cymru'r Plant**, a rhai Leslie Illingworth yn **Nedw** a **Gŵr Pen y Bryn**. Yr oedd arwyddocâd arbennig i ddarluniau mewn llyfr Cymraeg, ac yr wyf yn dal i gael yr un pleser wrth edrych ar waith dirodres S. Maurice Jones gynt yn **Cartrefi Cymru** O.M. Edwards.

Yn Ysgol Sir Porthmadog, cefais ychydig o wersi arlunio, ond yr oeddwn yn y chweched dosbarth yn astudio Cymraeg, Lladin a Saesneg cyn y cafwyd athro arlunio i'r ysgol. Cefais innau gyfle, yng nghilfachau amser sbâr y chweched dosbarth, i arbrofi gyda thoriadau ar leino ac ysgythriadau ar seliwloid a argreffid mewn mangl. Ond tua 1936, aed â rhai ohonom i weld arddangosfa fawr yng Ngholeg Harlech, lle dangosid gwaith arlunwyr Seisnig y cyfnod, rhai fel Lynton Lamb, Stanley Spencer, a grŵp Camden Town yn eu plith. Agoriad llygad oedd gweld gwaith modern "yn y cnawd", a synhwyro trwch ac aroglau'r paent. Dywedwyd wrthyf yn yr ysgol y dylwn fynd i goleg celfyddyd, ond yr oedd hynny ar y pryd mor afreal â phe gofynnid imi fynd i'r lleuad!

Parhâi'r diddordeb pan oeddwn yng Ngholeg Bangor. Dechreuais gadw llyfr bach o frasluniau, a mynd i ddosbarth gyda'r nos i astudio ffigurau byw. Treuliwn gryn amser yn y llyfrgell yn darllen popeth y medrwn gael gafael arno ar bwnc celfyddyd, a chofiaf ddarganfod Benedetto Croce, Clive Bell ac Eric Gill. Ond dau beth a wnaeth yr argraff fwyaf yn y cyfnod hwnnw oedd gweld gwaith Brenda Chamberlain a John Petts ar gardiau Nadolig mewn siop lyfrau, a chlywed darlithoedd gan John Farleigh. O hynny ymlaen, credwn y byddai lle i Gymru mewn celfyddyd, ar y naill law, ac ar y llaw arall y dylai pawb ymdynghedu i ddilyn efengyl y **Bauhaus**!

Y newid mawr i mi oedd cael fy apwyntio i swydd athro celfyddyd yn Ysgol Ramadeg Pwllheli yn 1948. Gan fod fy nisgyblion yn peintio bob dydd yr oedd yn rhaid i'r athro ddechrau arni hefyd, ond nid anfonais waith i arddangosfa tan 1951. Yr adeg honno yr oedd John Petts yn gymydog imi, a'i anogaeth ef a barodd imi anfon darlun i

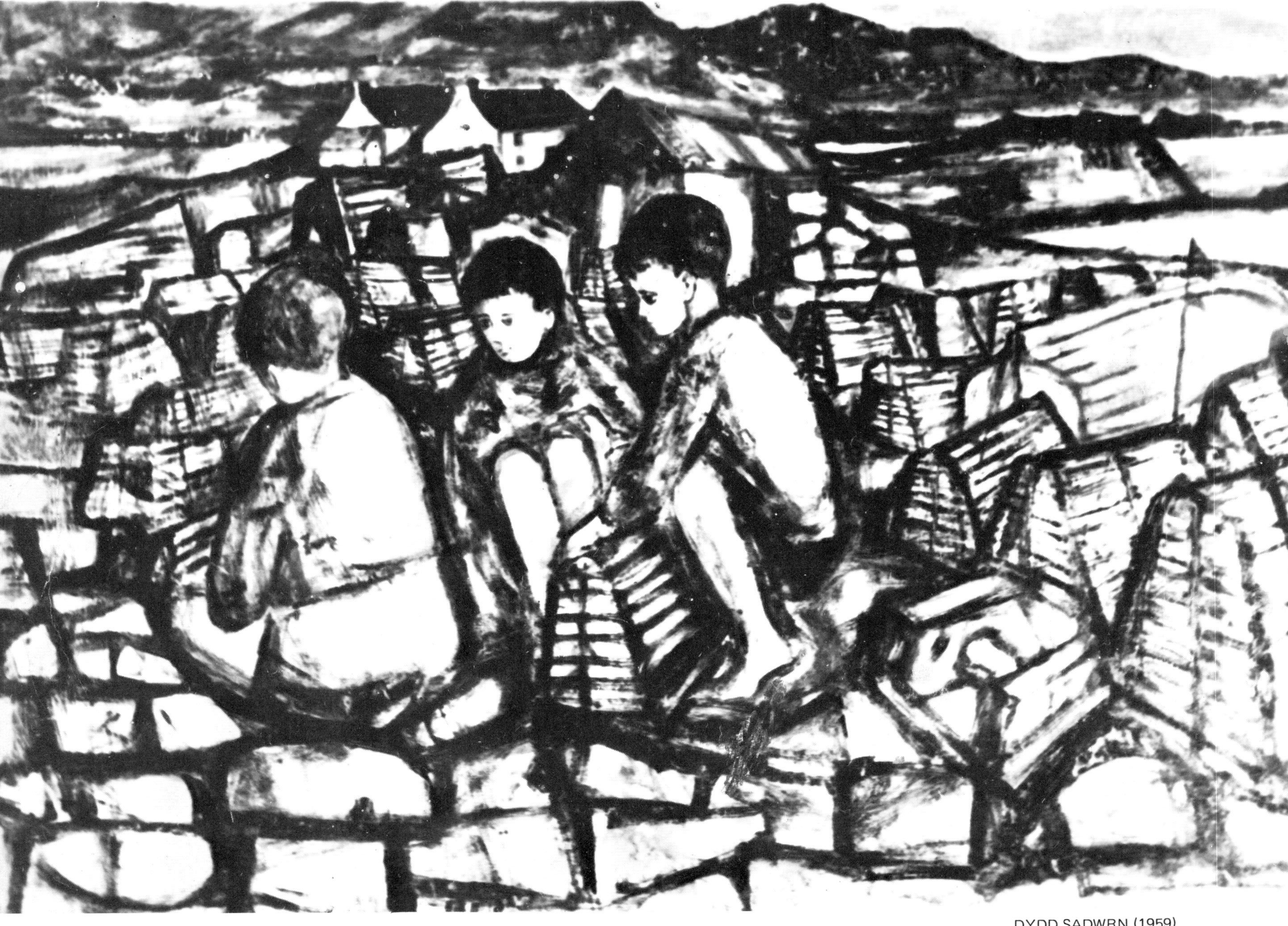

DYDD SADWRN (1959)

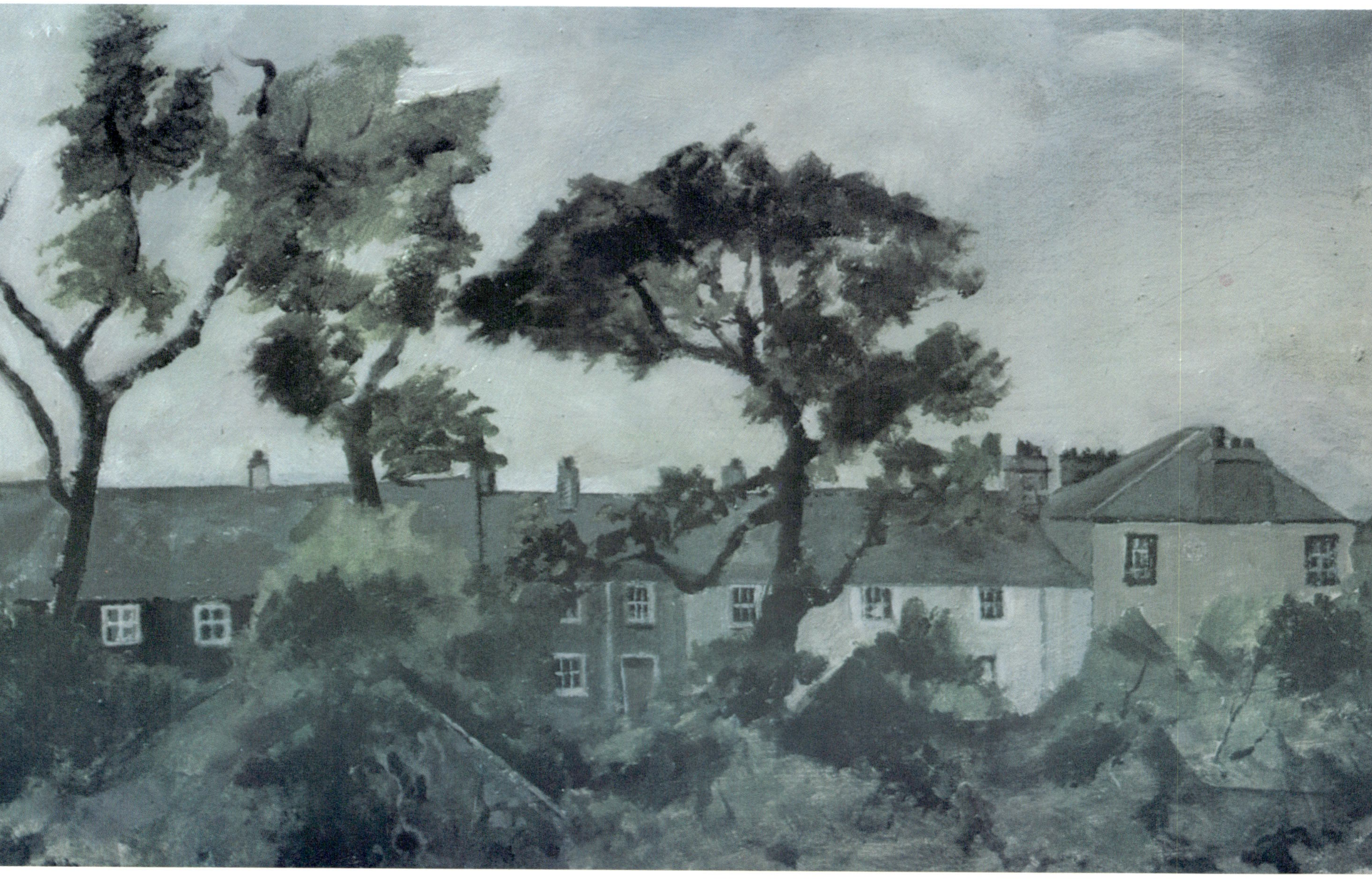

MAENYWERN (olew) 1981

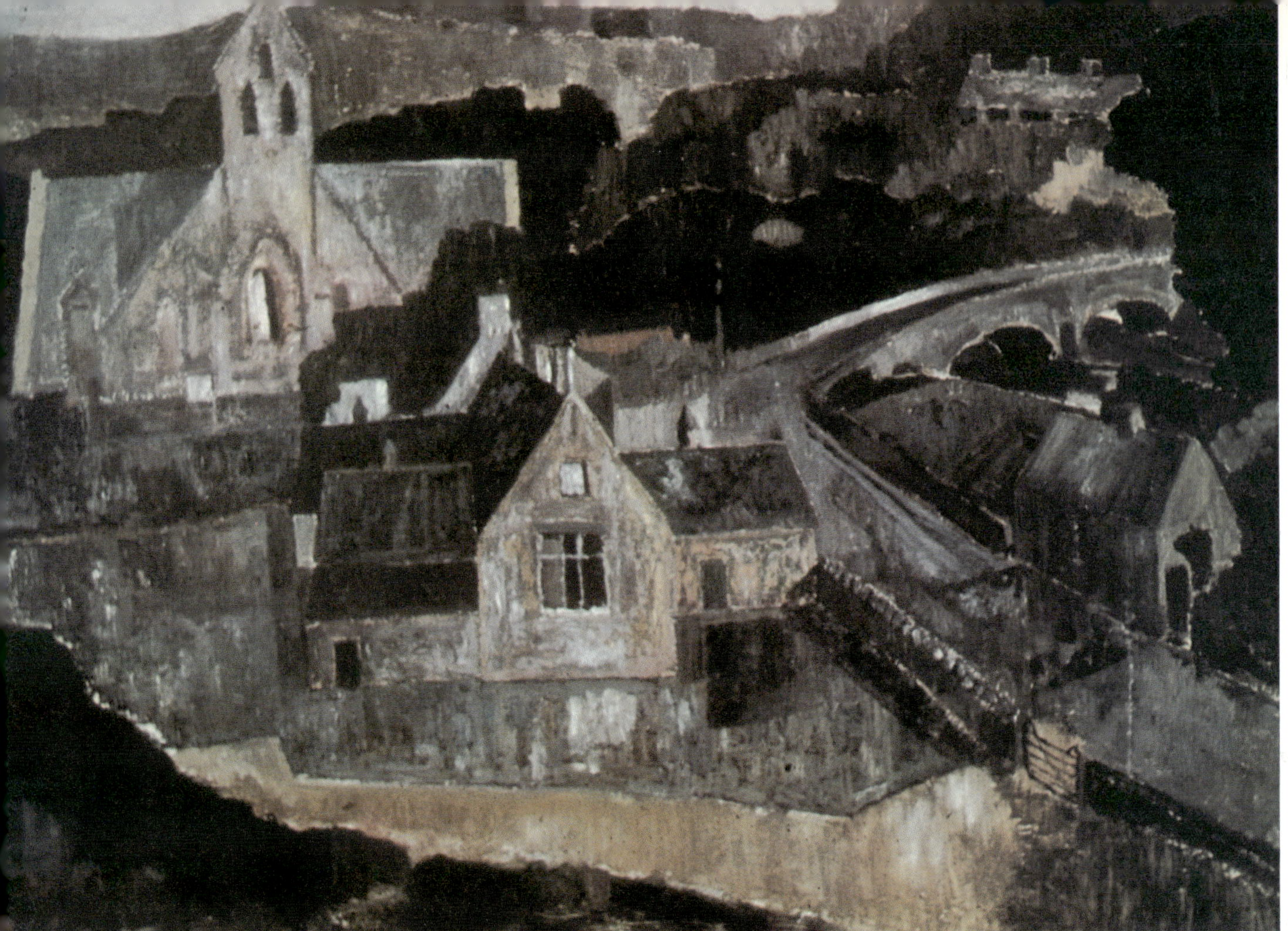

Y PENTREF
(olew)
1957

Eisteddfod Genedlaethol Llanrwst. Cedwais gysylltiad agos ag adran gelfyddyd a chrefft yr Eisteddfod am flynyddoedd trwy anfon gwaith iddi, trwy "dywys" eisteddfodwyr o amgylch yr arddangosfa, a thrwy fod yn sylwedydd radio i'r BBC ar y wedd hon i'r Eisteddfod am un mlynedd ar ddeg.

Cyn amlhau o'r orielau a'r chwyddo mawr ar nifer y myfyrwyr mewn colegau celfyddyd, yr Eisteddfod Genedlaethol, yn arbennig yn ail hanner y pumdegau a thrwy'r chwedegau, oedd y gyfnewidfa fwyaf cyffrous i'r celfyddydau gweledol yng Nghymru. Petai pob pwyllgor lleol wedi cadw'r cysylltiad hanfodol gyda Chyngor y Celfyddydau, a phetai mwy o fyfyrwyr y colegau wedi dewis manteisio ar y cyfle, byddai'r llwyddiant wedi parhau.

Dangosodd adroddiad Dr Nicholas Pearson nad oes brinder orielau yng Nghymru erbyn hyn, na phrinder cefnogaeth (mewn rhai cyfeiriadau) gan Gyngor y Celfyddydau a'r Cymdeithasau rhanbarthol, ond un peth yw lleoedd lle gellir arddangos. Mater arall yw trefnu'r cyswllt bywiol rhwng artistiaid ac orielau, a dyna lle gall y swydd newydd a drefnir gan yr Eisteddfod fod yn foddion i gychwyn diwygiad ym mherthynas yr artist â'r cyhoedd. Yr un pryd, bydd yn rhaid cael mwy o "swyddogion maes" yn y prif orielau a'r canolfannau celfyddyd.

Bûm yn ffodus i gael bod yn athro celfyddyd ym Mhwllheli am 31 o flynyddoedd. Cefais ddisgyblion disglair, a chan mai disgyblion sy'n creu athro, y cyd-ymwneud â'r disgyblion hynny fu'r dylanwad pennaf ar-

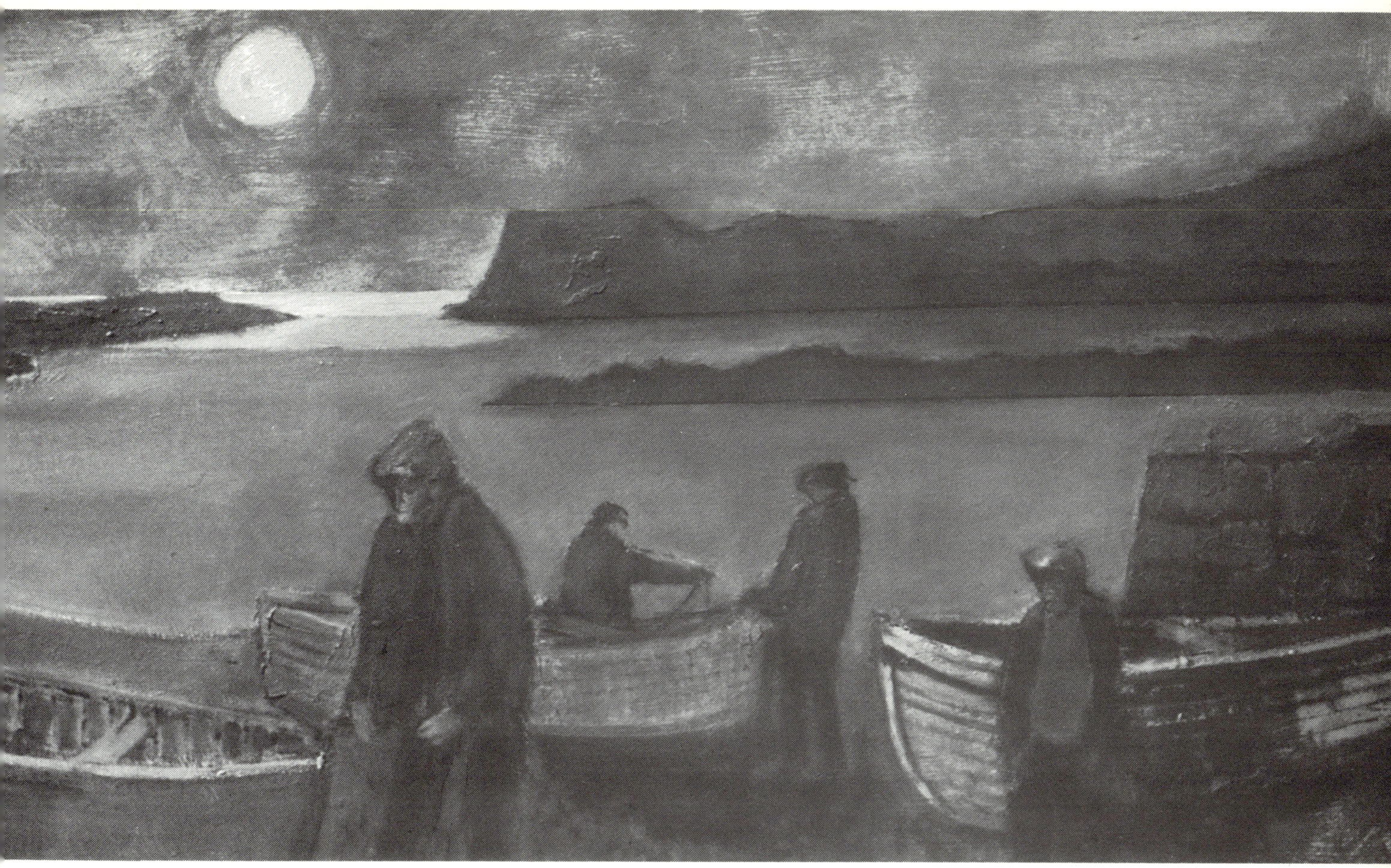

LLANW (olew) 1982

naf fi. Cedwais ddosbarth nos dan y Brifysgol hefyd am ddeng mlynedd; bûm yn dethol a threfnu arddangosfeydd yng Nghanolfan y Gegin am ddeng mlynedd arall, ac yn aelod o bwyllgor arlunio a chrefftau Cymdeithas Gelfyddydau Gogledd Cymru am ddeuddeng mlynedd. Daw'r dylanwadau, felly, o bob cyfeiriad, ond edmygaf bob math o arlunwyr, yn beintwyr a gwneuthurwyr printiau a darlunwyr llyfrau. Credaf yng ngwaith Samuel Palmer a Stanley Spencer ac Ysgol Norwich, yn Kyffin Williams a John Elwyn a Gwilym Prichard a John Petts a Selwyn Jones a William Selwyn . . . gallwn fynd ymlaen ac ymlaen.

Rhyw fardd gwlad o beintiwr bro wyf i. Caf fy nhestunau i gyd bron yng nghwmwd Eifionydd, ond ni allaf weithio'n hir yn yr awyr agored, ar wahân i wneud brasluniau a nodiadau. Dychwelaf i'r un llecynnau dro ar ôl tro, a gweithio ar rai lluniau am fisoedd, ac ymgodymu â'r un testun am flynyddoedd. Byddaf yn ail-wneud y darluniau olew yn aml iawn. Inc a dyfrlliw yw'r cyfryngau eraill.

Dechreuais weithio mewn olew gyda phalet plant ysgol —coch, glas, melyn, du a gwyn, ond yr wyf yn hapusach gyda'r hyn y gellid ei alw'n lliw-na-lliw, pethau cyfaddawdus fel glas Prwsaidd, wmber amrwd a llwyd wedi'i wneud o liw rhwd a chobalt a melyn golau. Hoffwn fedru defnyddio'r gwyrdd holl-bresennol, ond mae'n fy nhrechu fel rheol. Edmygaf liwiau mwy anturus pobl eraill, ond tueddaf i ochri mwy o hyd at ochr lwyd pob lliw, at gyfliw yn hytrach na lliwiau pur, er imi orffen rhai lluniau mewn unlliw go gryf o goch neu felyn.

Mae'r problemau'n aros, a'r un yw'r profiad bob tro: gobeithio y bydd y llun nesaf yn well.

Aneurin Jones

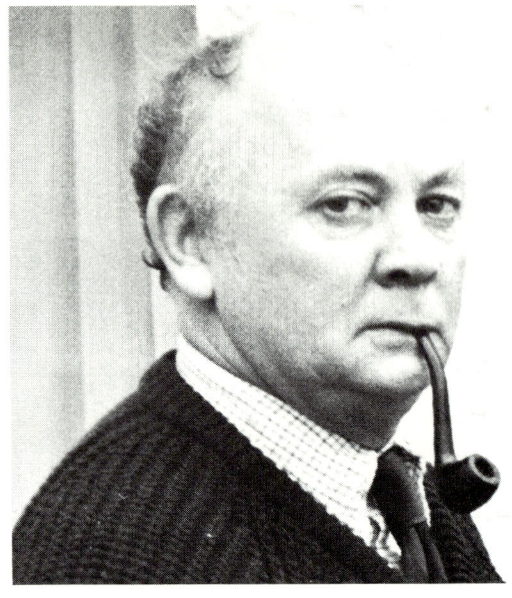

Methais ddiffinio hyd yn hyn yr elfen annelwig honno mewn darlun peintiedig y gellid ei chanfod a'i hadnabod fel elfen "gwir Gymreig". Yn wir, bu yna ryw fytholeg ar gerdded tua'r pumdegau pan briodolwyd i'r lluniau tywyll hynny oedd yn ffasiynol ar y pryd ryw elfen Geltaidd niwlog; diau mai rhyw gyffelybiad tybiedig i hoffter y Cymry o'r lleddf yn hytrach na'r llon yn eu canu oedd wrth wraidd y gred.

Un peth sy'n sicr: ni fedrir hongian label o Gymreictod ar wrthrych nad yw'n amgenach na rhyw record ffotograffaidd a ddigwyddodd ddal sylw ei grëwr. Beth felly am chwilio am yr elfen wibiog trwy bortreadu Cymry yn hytrach na Chymru? Un a fu —ac y sydd— yn troedio ar hyd llinellau felly ac yn dehongli ei weledigaeth yn ei ffordd ddirodres ei hun yw Aneurin Jones o Aberteifi. Gwir iddo gael ei ddenu droeon gan y wlad fel gwrthrych ei sylw, ond darlunio ei gyd-ddyn o fewn ei filltir sgwâr ei hun yw sianel fwyaf effeithiol ei dalent, dybiwn i.

Athro yw Aneurin, yn enedigol o Gwmwysg, ar y ffin rhwng yr hen siroedd Brycheiniog a Chaerfyrddin. Fe'i haddysgwyd yn hanfodion celfyddyd yng Ngholeg Celf Abertawe, ac wedi cyfnod o ryw ddwy flynedd neu dair yn cynllunio ffenestri lliw mewn stiwdio yn y dre, trodd yn ôl i fyd addysg. Yn 1958, fe'i apwyntiwyd yn bennaeth cyntaf adran celf Ysgol y Preseli yng Nghrymych, ac yno y mae'n parhau i hyfforddi. O'r herwydd, gwaith amser hamdden yw ei gynnyrch arddangosiadol. Mewn sefyllfa o'r fath, ni fedr ddod i ben â chynifer o weithiau gorffenedig â'r sawl sy'n neilltuo ei fywyd yn llwyr i'w waith creadigol ond, fel yng ngeiriau'r ddameg, nid ar amlder ei bethau y mae barnu ansawdd artist.

Cyn belled yn ôl ag 1954 —yn nyddiau coleg— daeth o fewn trwch blewyn i gipio Medal Aur y Celfyddydau Cain yn Eisteddfod Ystradgynlais, ac ym Machynlleth yn 1981, daeth i'r brig pan ddyfarnwyd iddo'r brif wobr i artistiaid yn yr arddangosfa agored. Eleni, yn 1983, fe'i anrhydeddir gan arddangosfa yn y Llyfrgell Genedlaethol yn Aberystwyth, ar barwydydd Oriel Gregynog: ystyria hon yn fraint arbennig.

Ymddiriedaf weddill yr ysgrif i'r artist ei hun:

Os oes raid imi roi cyfrif am fy hoffter o gelfyddyd, yna rhaid mi ddechrau gyda'r elfen etifeddol. 'Rwy'n credu mai fy nhad a enynnodd yn y teulu ymlyniad parhaol wrth farddoniaeth, cerddoriaeth a chelfyddyd.

Yr oedd yr amgylchedd hefyd yn hynod o bwysig, yn gorfforol yn ogystal â diwylliannol. Safai'r fferm ar y ffin rhwng hen siroedd

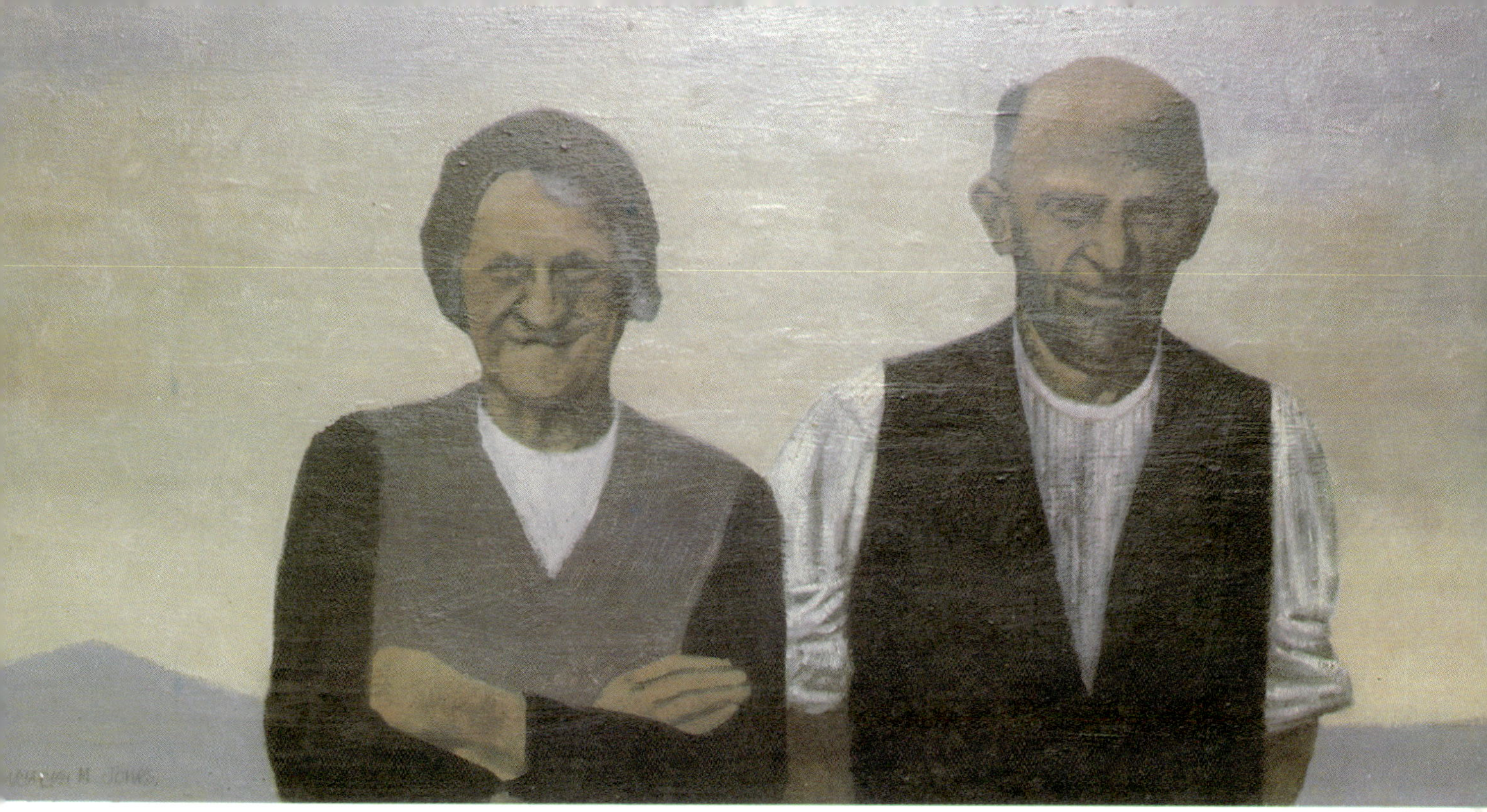

SION A SIAN (acrylig) 1973

Caerfyrddin a Brycheiniog, a chysgodid hi gan banorama o fryniau a mynyddoedd; Afon Wysg oedd ein ffin, yn gyfeillgar neu'r frawychus yn ôl y tymor. Yr oedd y diriogaeth yn llawn o dyndra dramatig, o stormydd sydyn a machludoedd tawel.

Ychwaneger at hyn yr effaith ar lencyn synhwyrus o wrando ar hanesion a adroddid mewn lleisiau isel o flaen tân y gaeaf, hanesion yn llawn arswyd annaearol neu gomedi isel. 'Rwy'n hoffi meddwl fod y cipolygon cynnar hyn i fyd oedolion wedi fy helpu i ffurfio fy syniadau am gelfyddyd, ac am beintio'n arbennig.

Byddaf yn cael syniadau yn fynych yn y mart, mewn ffair geffylau ac mewn treialon cŵn defaid. Yn y mannau yma byddaf yn gwneud darluniau bach mewn pensil ar ddarn o bapur, heb fod y bobl y byddaf yn eu portreadu yn ymwybodol o'r ffaith. Y syniad sydd yn bwysig i mi; lleoliad y cap ar y pen, osgo'r person, a sut y mae yn trafod ei ddwylo. Yna'n ddiweddarach, byddaf yn ceisio creu rhyw fath o gynllun credadwy a chreadigol o'r darluniau bach yma.

Artist o dueddiadau rhamantus wyf i; hynny yw, ceisio portreadu'r hen ffordd o fyw, sydd heddiw'n cyflym ddiflannu o'r tir. Mae diddordeb gen i erioed mewn tirluniau; teimlaf rhyw naws hudol neu freuddwydiol mewn ambell i le, a chaf foddhad mawr mewn ceisio creu rhwydwaith o liwiau wrth drosglwyddo'r teimlad yma i gynfas.

O safbwynt techneg a defnyddiau, paent acrylig fydd fy newis fel rheol. Ar y cychwyn, arferwn ddefnyddio palet o liwiau llwyd, glas a gwyn, nid o benderfyniad pendant: rhyw ddewis damweiniol ydoedd, ond am resymau na allaf eu hesbonio, mae fy narluniau mwyaf diweddar wedi datblygu i gynnwys lliwiau llawer mwy cynnes. O'r herwydd, gwelaf gryn wahaniaeth yn nhonyddiaeth fy narluniau i'r hyn a'u nodweddai ym mlynyddoedd cynnar fy mheintio.

Ychydig iawn, os dim, o ddylanwad hyfforddiant coleg sydd ar fy ngwaith; fy niddordebau cyn dyddiau coleg oedd y wlad a'i chymeriadau, ac i ddweud y gwir, yr un yw fy niddordebau heddiw. Daw pob artist ymron o dan ddylanwad artistiaid eraill, ac ymhlith y rhai y byddaf i'n cydnabod fy nyled iddynt rhestraf Pieter Breughel o Fflandrys a Jean F. Millet o Ffrainc ac —yn nes ataf— fy nghyd-Gymro Augustus John.

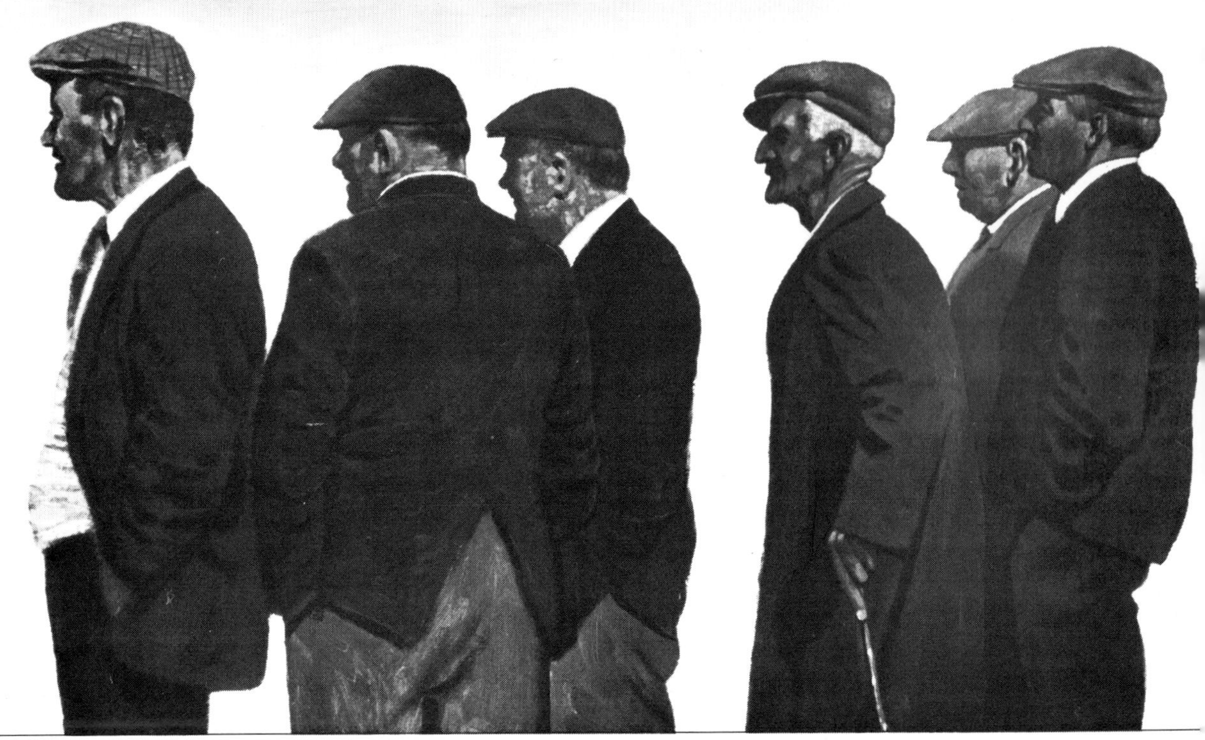

uchod:
BREUDDWYDWYR
(acrylig)

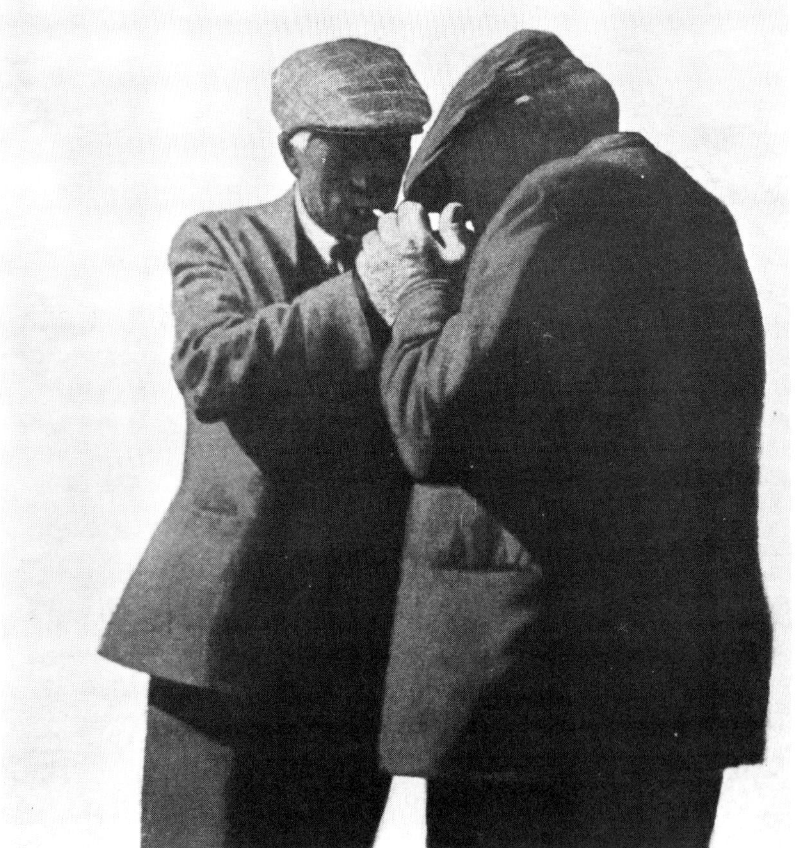

gyferbyn:
BREUDDWYD
(acrylig)
1973

ar y dde:
GOLEUNI
(acrylig)

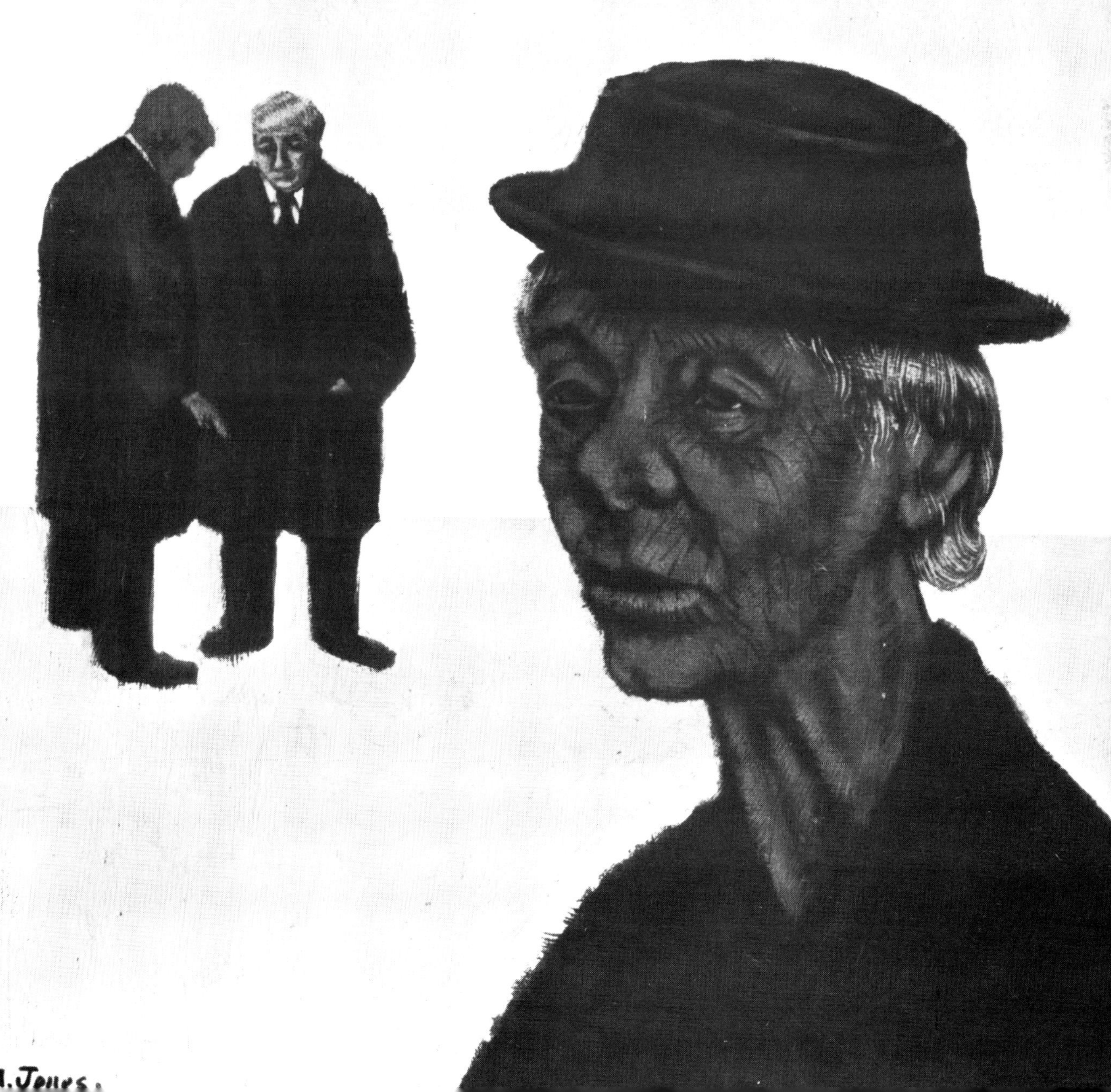
A.M.Jones.

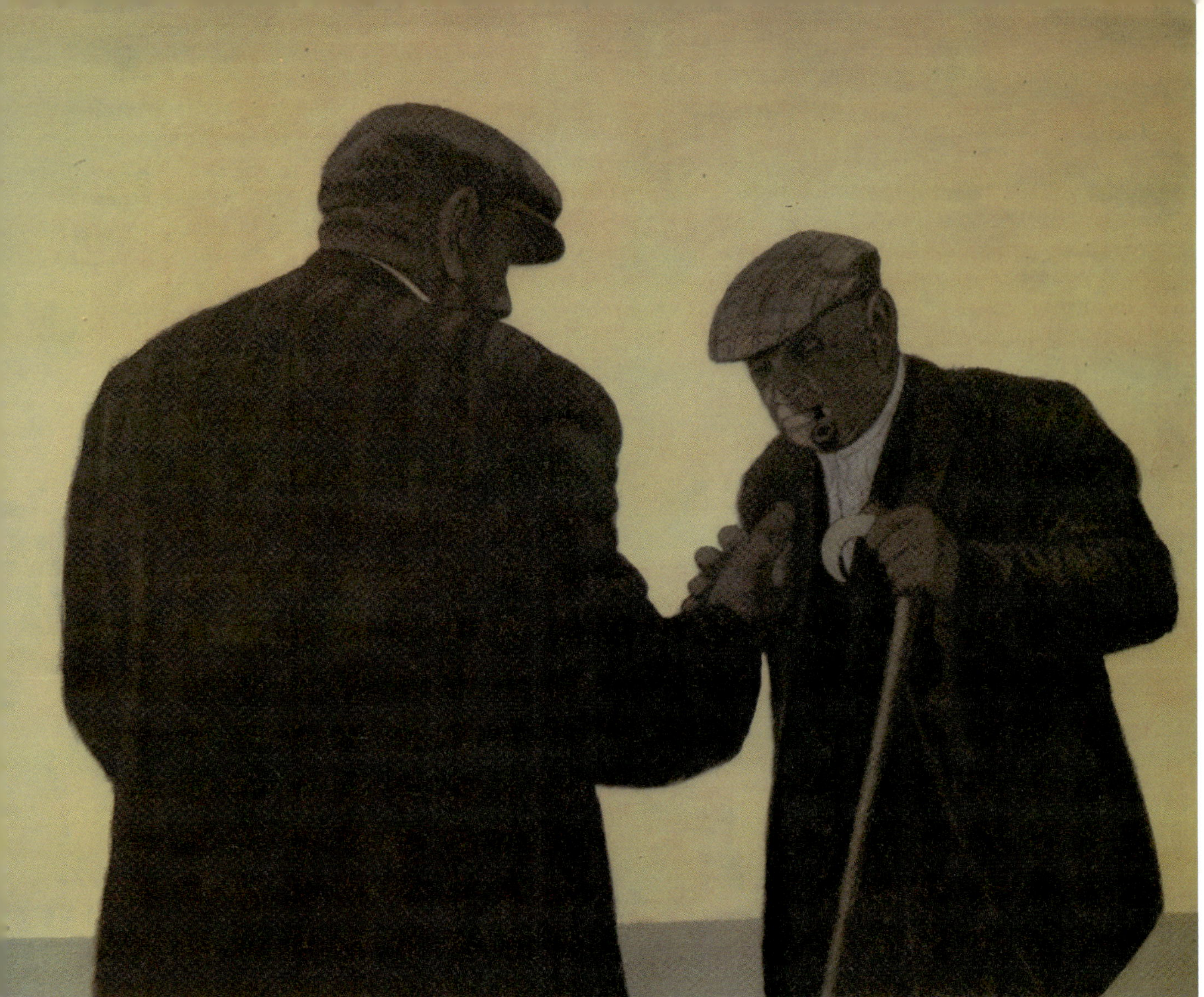

DAU GYMYDOG (acrylig)

Fel llawer i artist, bûm am gyfnod cymharol fyr yn arbrofi ym myd haniaeth, ond ar ddiwedd y dydd, penderfynu oedd raid, er gwell, er gwaeth, dychwelyd at greu delweddau oedd yn agosach at fy nghalon; rhaid oedd bod yn onest â mi fy hun.

Fy nod yw ail-greu rhai o'r cymeriadau ysgythrog sy'n dal i gyfaneddu'r cyfnos Celtaidd, sy'n dod yn fyw ar dro yng ngweithiau T.H. Parry-Williams, Gwenallt, Dylan Thomas, R.S. Thomas neu'r nofelwyr Eingl-Gymreig, ac fe'u gosodaf ar gefndir sy'n dwyn tebygrwydd gorffwyll i gyrchfannau plentyndod, Llyn y Fan, Myddfai, Rhandir-mwyn, Epynt, ac yn arbennig Cwm Wysg.

Ym myd nawddogaeth, nid oes llawer o le i gwyno y dyddiau hyn am ddiffyg cyfleusterau i arddangos ac i werthu cynnyrch; ers blynyddoedd, mae'r Eisteddfod Genedlaethol wedi rhoi llwyfan i artistiaid i ddangos eu gwaith. Mae'r Arddangosfa Gelf a Chrefft wedi tyfu o fod yn sioe fach yng nghornel y maes i gymryd lle blaenllaw ac amlwg, ac i siarad yn bersonol, cefais y pleser a'r anrhydedd o gael gweld fy ngwaith wedi ei arddangos yn yr Eisteddfod dros gyfnod o bum mlynedd ar hugain a rhagor.

Ond wedi dweud hyn, rhaid cyfaddef nad yw pethau'n holliach, o bell ffordd. Mae angen rhyw chwyldro i newid meddyliau

Y BUGAIL
(acrylig)
1976

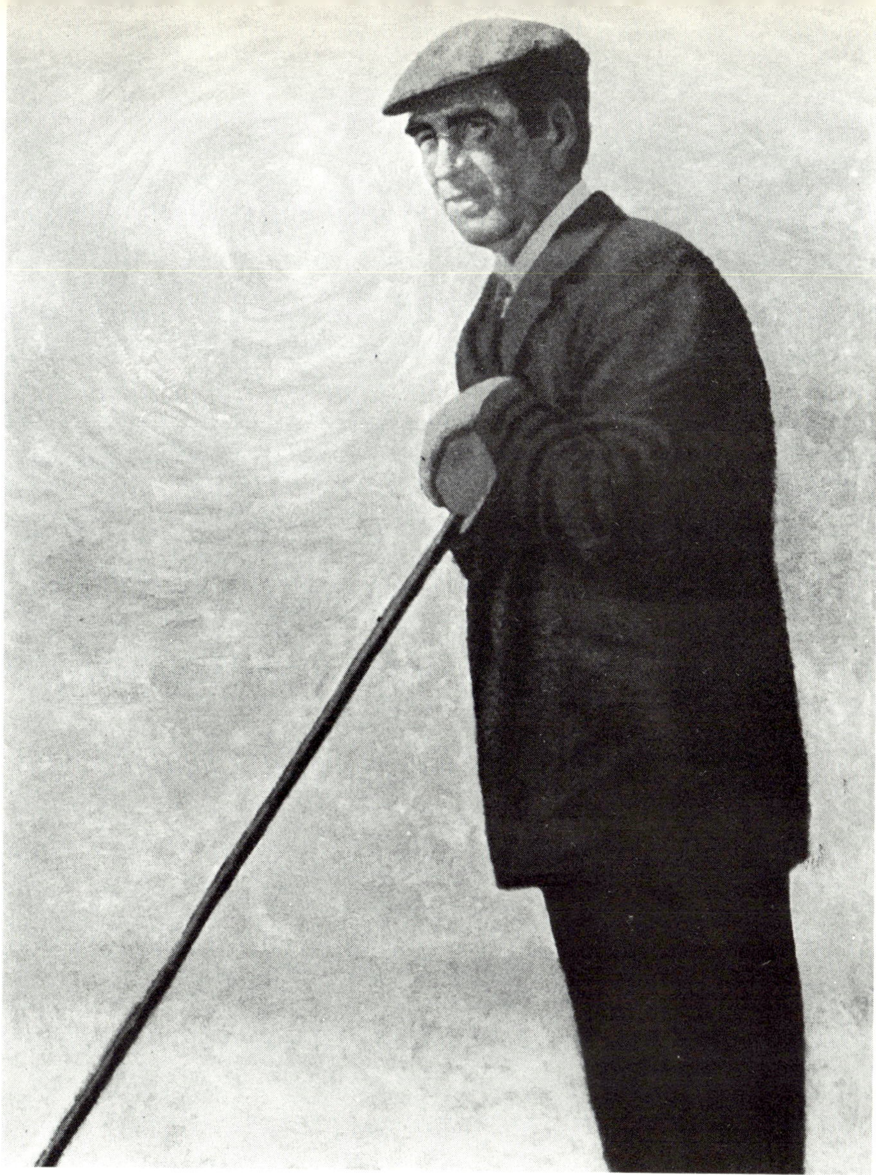

trwch y boblogaeth. Mae'r pwyslais yn y gorffennol wedi bod bron i gyd ar y gair, a thrwy hynny mae elfennau pwysig o ddiwylliant y genedl wedi eu hesgeuluso. Yn sicr ddigon, ni ddaw llwyddiant yn y cyfeiriad hwn hyd nes i berson profiadol, a chanddo weledigaeth, gael y cyfrifoldeb o lywio'r gweithgarwch yma o un pen i Gymru i'r llall. Rhydd ein Gŵyl gyfle i filoedd lawer o Gymry i weld gwaith eu hartistiaid, ond mae angen cryn dipyn o newid ar y drefn bresennol er mwyn hybu deall a gwerthfawrogiad yn nhrwch y boblogaeth.

Mae'n ofynnol i beidio â mynd yn rhy fentrus ar unwaith a thwyllo'r bobl, fel rhai o orielau blaenllaw Llundain; rhaid cofio bod ansawdd y gwaith yn llawer iawn mwy pwysig na chael rhyw Farcs a Spenser anferth ar y maes. Mae pethe wedi datblygu a gwella dros y blynyddoedd, ond nid da lle gellir gwell.

I ddilyn tystiolaeth yr artist ei hun, dyma englyn o waith J.M.O. Jones sydd yn crisialu athroniaeth Aneurin; amheuthun yw medru dyfynnu o gatalog yn hytrach nag oddi ar feddfaen!

Un ciwt yn tynnu cetyn —yn bennoeth
O'r bannau daw'r deryn,
'N werinwr na hid ronyn,
Gŵr dirgel, Breughel y bryn.

Ray Howard-Jones

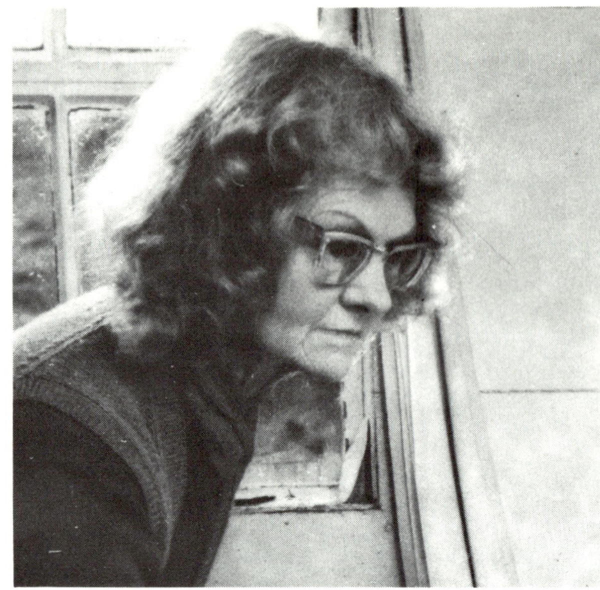

Cwestiwn a ofynnir yn aml ym myd y celfyddydau gweledol yw, "Paham cyn lleied o gynnyrch merched?" Mae hwn eto'n gwestiwn heb iddo ateb syml: gormes ac agwedd ddiystyrlon y gwryw, medd un; gofal tŷ a theulu yn llesteirio'r reddf greadigol, medd arall. Yn ddiweddar, ymddangosodd llyfr o'r wasg Seisnig o bin Germaine Greer, yn ymdrin â'r dyfaliadau, ac mae'r teitl a roddwyd i'r gyfrol yn awgrymog iawn: Y Ras Rwystrau (The Obstacle Race).

Serch hynny, daw ambell enw i'r amlwg wrth olrhain hanes celfyddyd y Gorllewin dros ryw bedair canrif: Rosalba Carriera a ddefnyddiai, yn Fenis yn y ddeunawfed ganrif, y cyfrwng pastel yn ddeheuig iawn i greu portreadau a weddai i alwadau'r cyfnod; Elizabeth Vigée-Lebrun, peintwraig y portread dwbl hwnnw ohoni ei hun a'i merch fach sy'n un o ffefrynnau Oriel y Louvre; Angelica Kauffmann, yn wreiddiol o'r Yswistir ond a ymsefydlodd ym Mhrydain ac a ddaeth i'r amlwg fel un o sylfaenwyr yr Academi Frenhinol yn Llundain. Mae ei gwaith i'w weld hyd heddiw ar nenfwd mynedfa Burlington House, cartref presennol yr Academi.

Yna, yn nes at ein dyddiau ni, deuwn at Gwen, chwaer yr enwog Augustus John. Er cymaint poblogrwydd Augustus yn ystod ei fywyd, arferai ddweud, gyda thinc hiraethlon, y buasai cenedlaethau'r dyfodol yn ei adnabod fel 'brawd Gwen', ac wrth inni nesáu at ddiwedd y ganrif, a gweld y cyfnewidiadau sydd yn dod i ran y chwaeth gyhoeddus, mae dyn yn rhyw synhwyro bod ei ddarogan ef yn gywir.

'Fuasai wiw imi gynnig y llyfr hwn i sylw'r cyhoedd heb gynnwys yr un ferch ymhlith yr artistiaid dewisedig —ond pwy? Datganwyd ar y cychwyn mai tocyn mynediad i'r gyfrol oedd apêl arbennig gwaith unigolyn i mi fel detholwr, a mesur cyfraniad yr unigolyn hwnnw i'r maes celfyddydol yng Nghymru dros gyfnod go sylweddol. Un sy'n cwrdd â'r gofynion gosodedig yw Ray Howard Jones, o Farloes yn yr hen Sir Benfro.

Fe'i ganed i rieni o dras Cymreig yn Berkshire, sir sy'n gysylltiedig â bridio ceffylau; yn wir, 'roedd ei thad yn filfeddyg ceffylau yn y Fyddin, yn hyfforddi ceffylau rasus, ac yn chwaraewr polo o fedr a bri. Etifeddodd Ray oddi wrth ei thad ei chariad tuag at anifeiliaid, ond i'w mam y priodola'r ddawn artistig a ddarganfu'n ifanc iawn. Cydnebydd ddyled fawr i'w mam, ac fe gofia hyd heddiw y cyngor a roes iddi: "cofia mai'r hyn a adewi allan sy'n bwysig —nid yr hyn a roddi i mewn."

Yn dilyn colli ei thad yn y Rhyfel Byd Cyntaf —"Rhyfel y Kaiser", chwedl hi— gwarchodwyd hi a'i brawd (a wnaeth enw

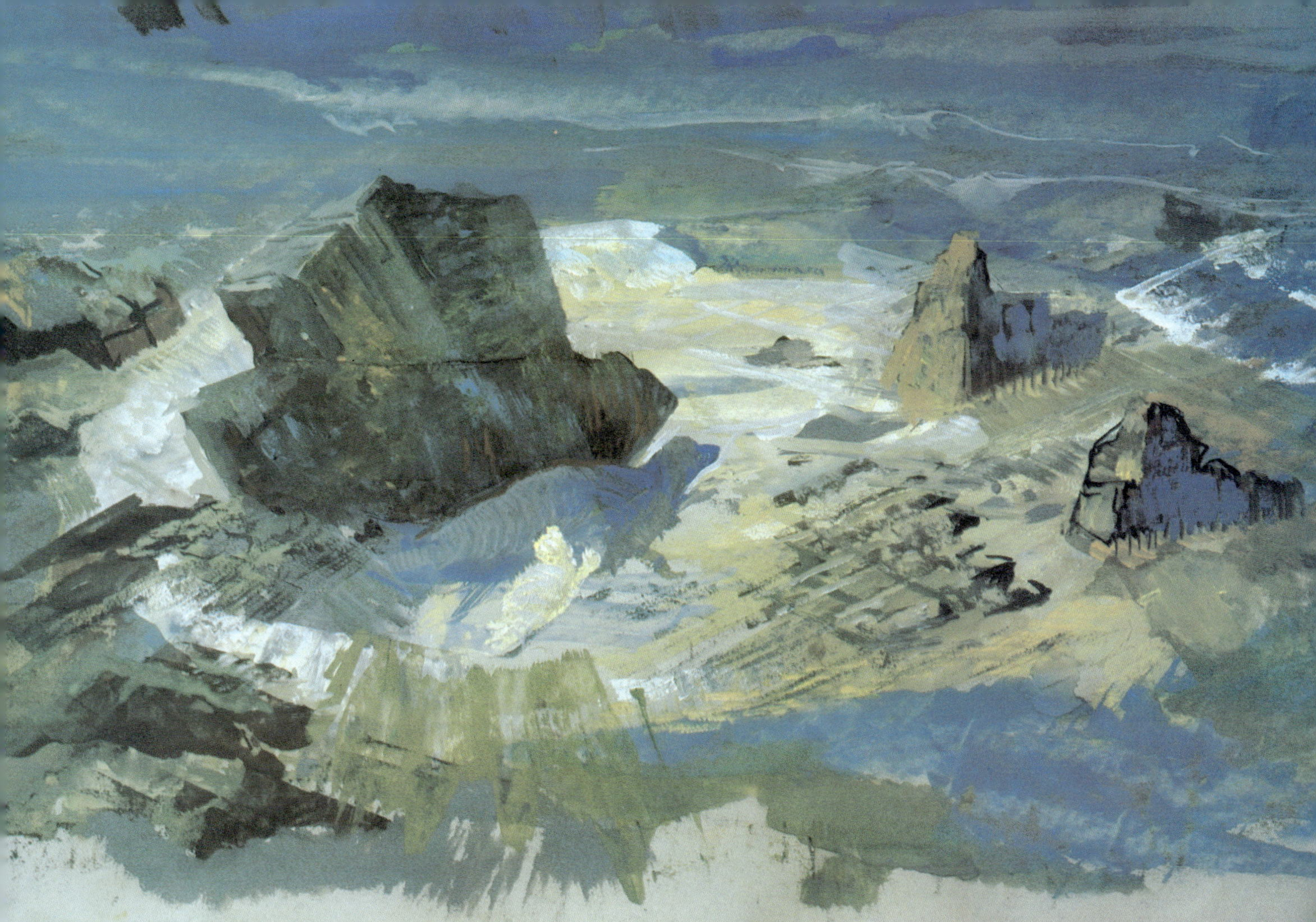

Y MORLO (gouache)

iddo'i hun fel swyddog o dan y Cadfridog Montgomery yn Affrica yn yr Ail Ryfel Byd) gan eu taid ym Mhenarth yn Sir Forgannwg. Yno, dysgodd garu'r môr yn ei holl agweddau. Ar bared yn y tŷ ym Mhenarth mae'n debyg fod yna ddarlun o gwch hwyliau, y Shearwater. Pan ofynnodd "I ble mae'r cwch 'na'n mynd?" a chael yr ateb, "I Ynys Sgomer", cyneuwyd golau a fu'n llewyrch ac yn ysbrydiaeth iddi gydol ei bywyd. Yna, pan yn ddeuddeg oed, ar ei hymweliad cyntaf â Dinbych y Pysgod, troes ei llaw at ei morlun cyntaf.

Yn nes ymlaen, yn iau na'r cyffredin, fe'i derbyniwyd i Goleg Celf y Slade gan ennill yno sawl gwobr a graddio gyda Diploma Gelfyddyd Gain Prifysgol Llundain. Yna, yn y degawd cyn yr Ail Ryfel Byd, treuliodd gyfnod o weithgarwch yn y byd archaeolegol o dan nawdd yr Amgueddfa Genedlaethol yng Nghaerdydd. Yn y cyfnod hwn hefyd y bu iddi fynegi amrywiaeth ei dawn a'i diddordebau pan fu'n cydweithio â'r cyfansoddwr Cymreig Gomer Llewelyn, (a apwyntiwyd yn ddiweddarach i gadair Cerddoriaeth ym Mhrifysgol Michigan) mewn cornel dlawd o ddinas Caerdydd, yn cynhyrchu ac yn creu dramâu ac operâu gyda'r difreintiedig, a darbwyllo docwyr hyd yn oed i ddawnsio mewn bale.

Ar doriad yr Ail Ryfel Byd, fe'i hapwyntiwyd yn Artist Rhyfel Swyddogol —swyddogaeth go amheuthun i ferch yn y blynyddoedd hynny. Gwnaeth gyfres o

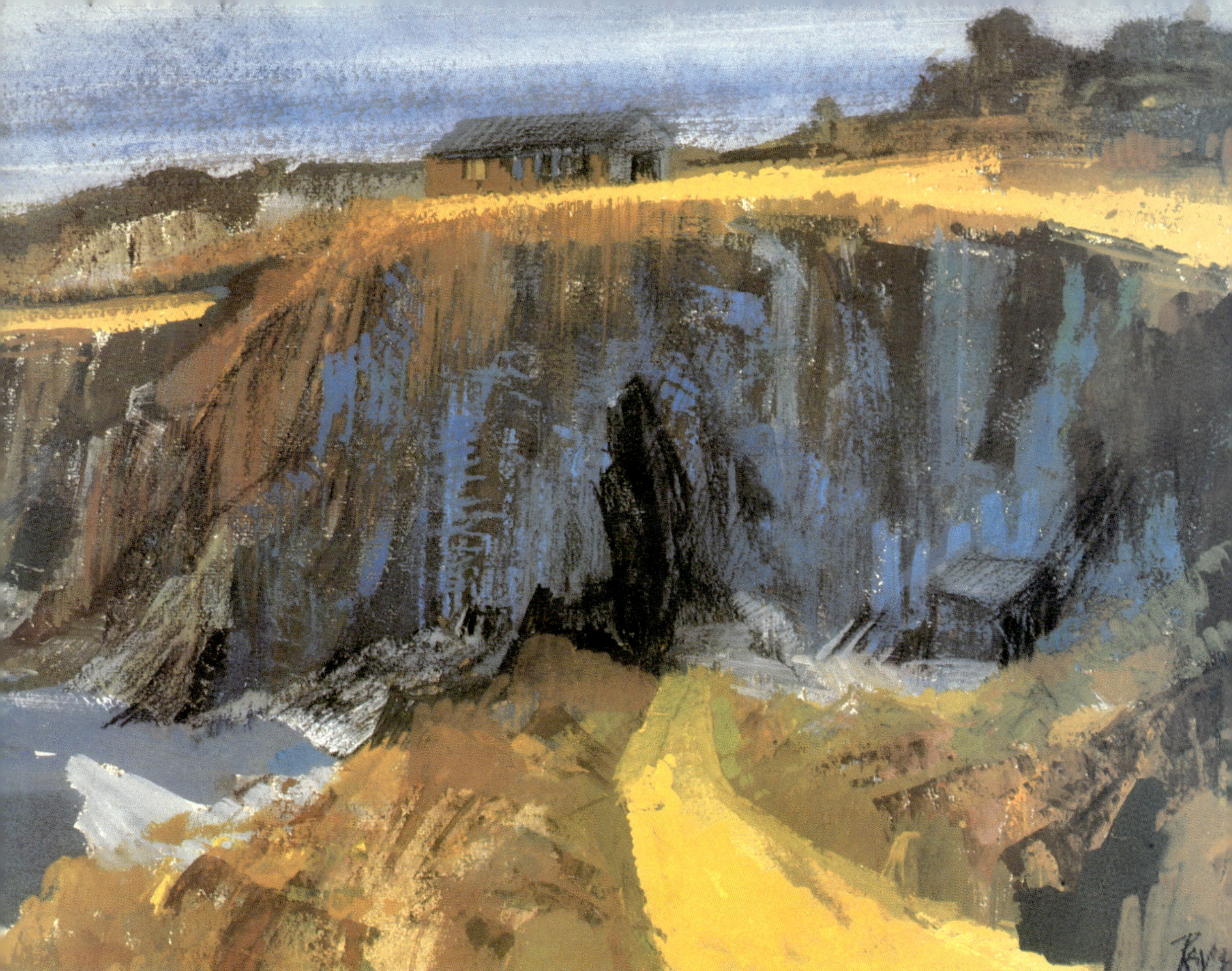

TŶ'R WARDEN, SGOMER (gouache)

gyferbyn: BLAENAU FFESTINIOG (gouache)

ddarluniau yng nghyffiniau Sir Benfro o'r dulliau a ddefnyddid i amddiffyn ynysoedd yn ymylu ar yr arfordir, ac yn y flwyddyn dyngedfennol 1944, daeth y fraint i'w rhan o fod yr unig ferch i recordio mewn darluniau y glanio ar lannau Normandi. Mae'r lluniau hyn i gyd ym meddiant yr Imperial War Museum yn Llundain. Ar nodyn cyfoes, priodol yw nodi mai i ferch o artist, Linda Kitson, yr ymddiriedwyd y record celfyddydol o'r ymrafael ar Ynysoedd y Falkland yn 1982.

Ysywaeth, adeg y rhyfel fe'i hanafwyd, a hyd heddiw nid yw wedi mwynhau bywyd yn rhydd o boen. Dywedir i'r llawfeddyg orthopedig a'i gwelodd gyntaf ddweud wrthi "Rhaid imi osod pin yn yr arddwrn 'na, neu mi fydd y llaw yn ddiffrwyth am weddill eich oes". "Os gwnewch chi," oedd yr ateb, "ni fedraf gydio mewn pensil byth eto", ac ar ei hunion aeth Ray ati i gynllunio fframwaith a fu'n gyfrwng i arbed ychydig ar yr arddwrn ac i'w galluogi, er gwaetha'r boen, i barhau i gynhyrchu gwaith.

Wedi'r rhyfel a chyfnod byr o hyfforddiant ychwanegol o dan yr enwog James Cowie yng Ngogledd yr Alban, wele gychwyn ar gyfnod ffrwythlon —efallai y ffrwythlonaf o'i gyrfa— ar Ynys Sgomer, yng nghwmni Raymond

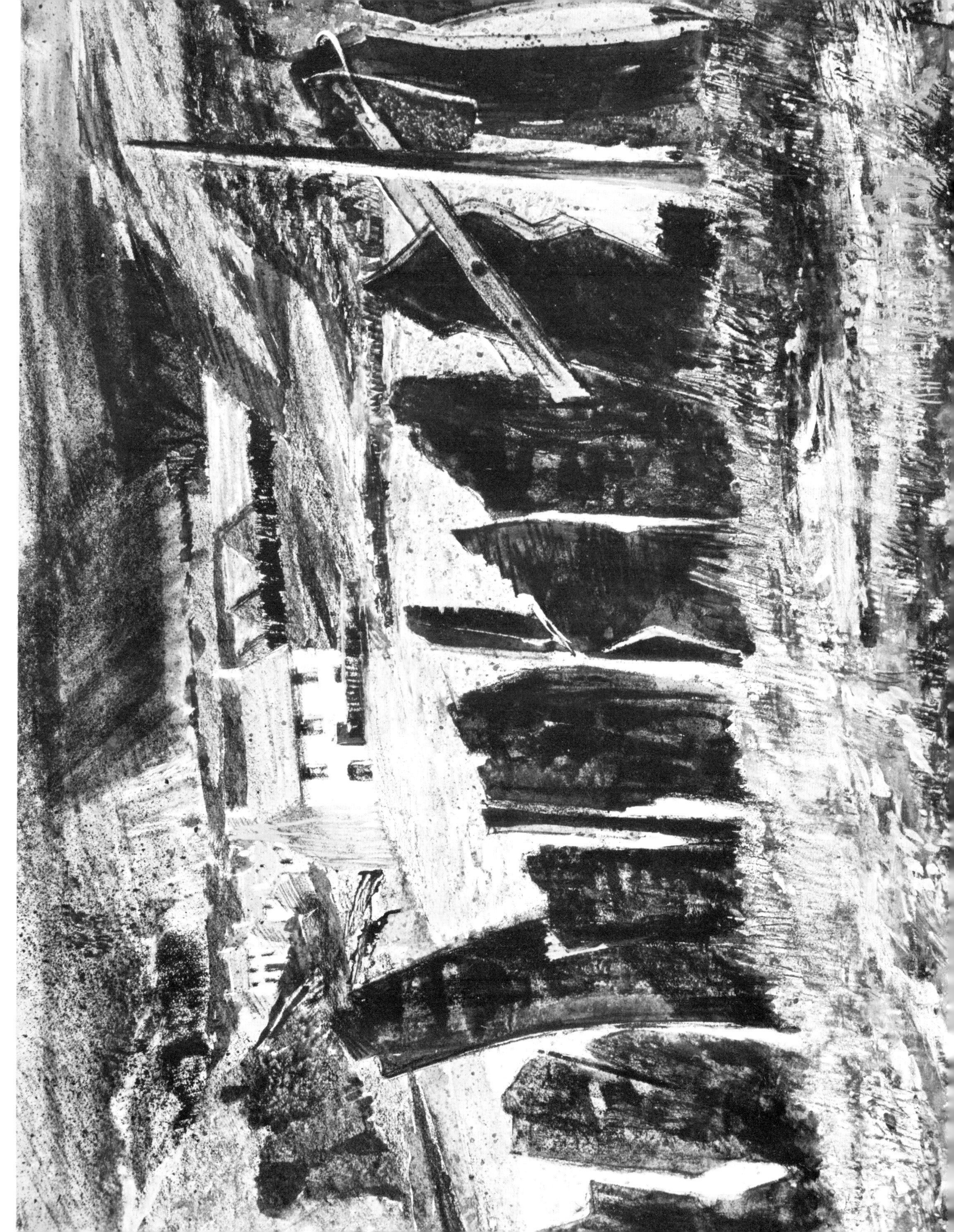

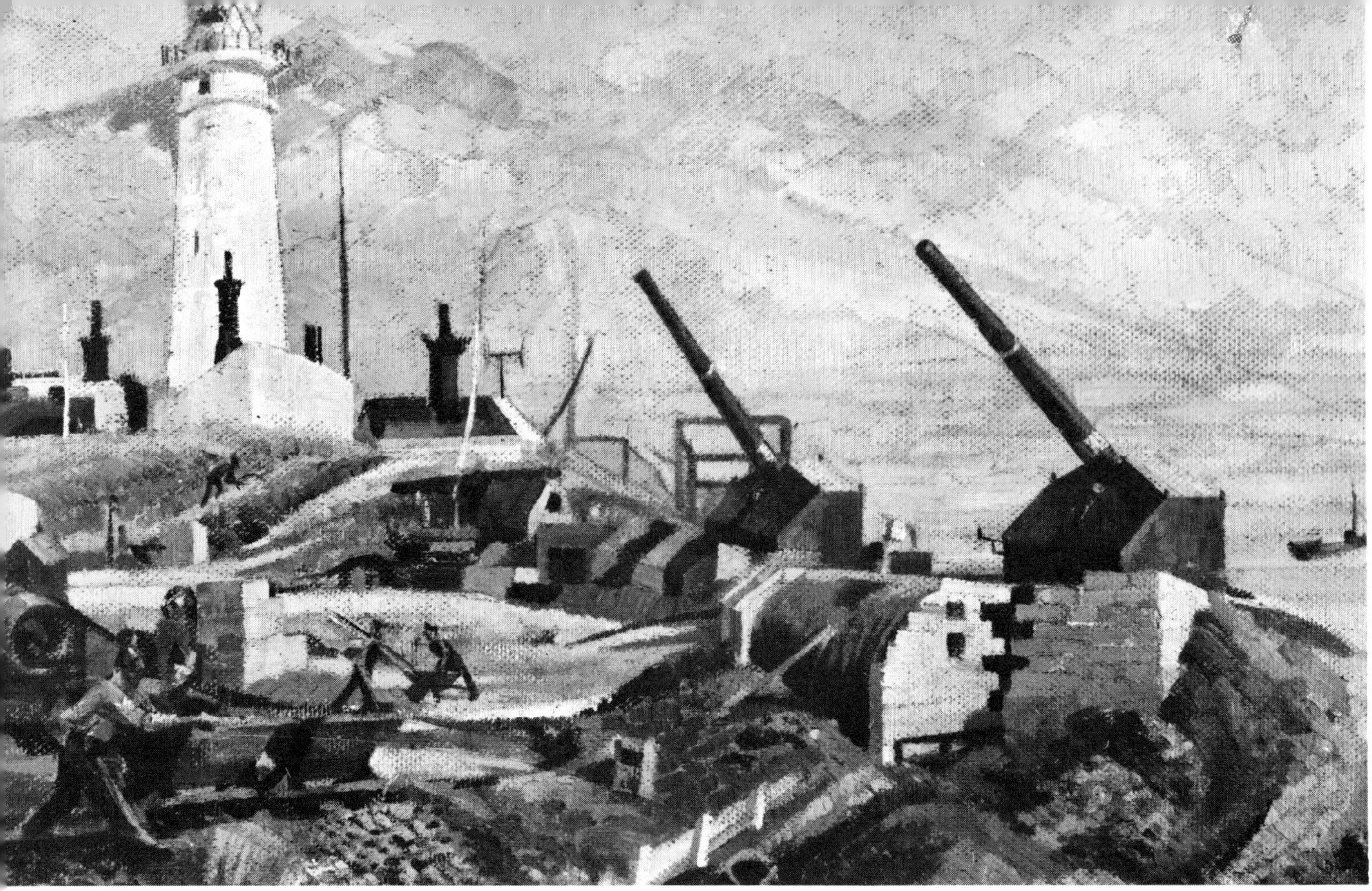

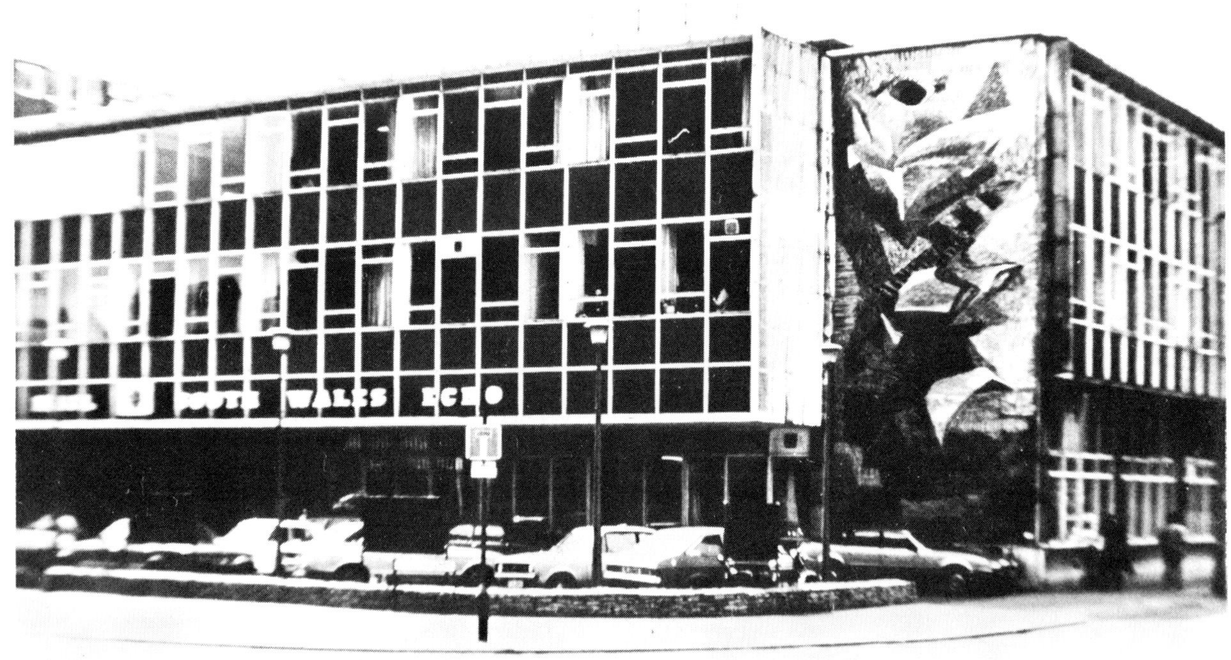
SOUTH WALES ECHO

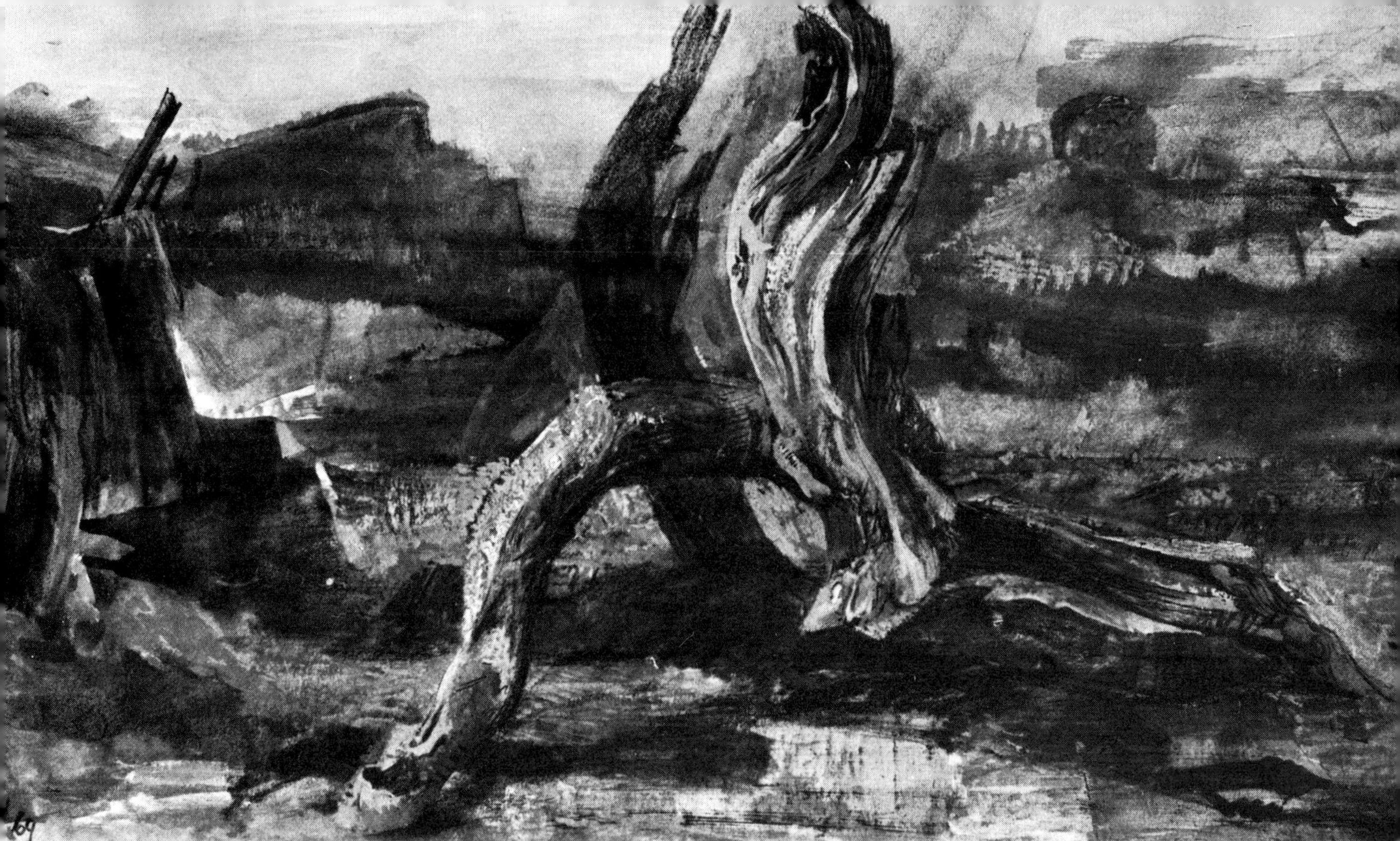

gyferbyn (uchod):
ADEILADU
BATRI'R GOGLEDD
1944

gyferbyn (isod):
MURLUN,
Tŷ Thomson,
Caerdydd

uchod:
DYN A'I GYSGOD
(gouache)

Moore, artist yn y chwaer gelfyddyd o ffotograffiaeth.

Tua diwedd y pumdegau cyhoeddwyd cystadleuaeth i lunio mosaic eang —deugain troedfedd o uchder— i addurno talcen Thomson House, pencadlys newydd y *Western Mail* yng Nghaerdydd. Dyfarnwyd y wobr, o blith cant o geisiadau, i Ray Howard Jones, a golygodd waith ymarferol ar y mosaic ei hun yn ystod cyfnod ei wneuthuriad, a hefyd ar y gwaith o'i baratoi o gynllun papur —y cartŵn— yn Montepulciano yn yr Eidal. Er iddi gael braw ar y pryd, testun chwerthin erbyn hyn yw'r atgof amdani'n syrthio oddi ar y sgaffaldau ddeugain troedfedd i fyny, ac arbed ei hun drwy afael mewn bwced y tybiasai ei fod yn wag, ond a oedd mewn gwirionedd yn llawn sment —gyda'r canlyniadau disgwyliedig.

Os bu i artist erioed uniaethu ei hun â'i gwaith, yna Ray Howard Jones yw honno; yn hyn o beth fe ellir ei chyffelybu â Joseph William Turner (un o'i harwyr) pan fu i hwnnw glymu ei hun i hwylbren llong mewn storm er mwyn teimlo, yn ogystal â gweld, rhyferthwy yr elfennau. Fe ddywed am y llun a atgynhyrchir ar dudalen 45, iddi orfod gollwng ei hun i lawr dau can troedfedd, dan berygl bywyd, i geisio arbed y morlo, ond i'r fam achub y blaen arni; yn y broses, medde hi, cydiodd oerni ynddi fel na fedrai sefyll ar ei thraed.

Gwelodd un sylwedydd debygrwydd rhwng gwaith Ray Howard Jones ac elfennau ym myd cerdd: *stretto* yn y tirlun gwyllt; *rallentando* yn yr arafu wedi'r storm, a *pizzicato* yn y nodweddion pigog a welir mewn broc môr. Fel y diweddar David Jones —cyfaill mynwesol a chydnaws iddi ac yntau o dras Cymreig ac yn ymwybodol iawn o'r traddodiadau Cymreig— mynega Ray ei theimladau yn llawn mor huawdl ac effeithiol mewn geiriau ar bapur; ond ni allaf ond crybwyll hyn yma.

John Knapp-Fisher

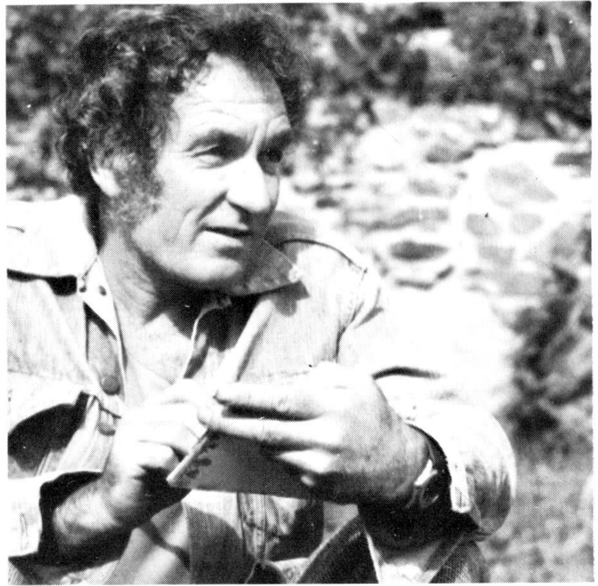

Ganrif yn ôl, pan godai artistiaid Ffrainc y rhyfelgri *L'art pour l'art* 'roedd yna amgyffred go dda o'r hyn a olygai'r Celfyddydau Cain. Ond yn ein dyddiau ni —oes yr arbenigwr— daeth yn ffasiynol i rannu'r maes yn gategorïau: y celfyddydau cain ar y naill law, a'r celfyddydau cymhwysol ar y llall —y rhai hynny sy'n ddarostyngedig i alwadau allanol, a'r artist yn anorfod yn cymhwyso'i ddawn at ddibenion cyfyngedig.

Ymhlith yr ail gategori, term a welodd ddefnydd helaeth yn ystod y blynyddoedd diwethaf hyn yw "graffeg". Tasg anodd yw ceisio diffinio'n hollol briodoleddau'r gair: ar y sgrîn deledu, er enghraifft, caiff hwn-a-hwn gydnabyddiaeth am gyfraniad mor ddistadl â dewis y teip o lythyren sy'n gwibio ar draws y sgrîn ar derfyn rhaglen. "Graffeg" yw'r cyfraniad hwnnw.

Nodwyd eisoes mai menter yn galw am gryn fesur o hyder yw ymgymryd â gyrfa yn y celfyddydau cain, o'i gymharu â gwneud bywoliaeth yn porthi'r byd masnachol. Yn wyneb hyn, mae aflwyddiant yn y byd cain yn achlysurol yn arwain at, neu yn gorfodi, gyrfa yn y byd masnachol.

Ond ym mherson y Llundeiniwr John Knapp-Fisher, deuwn at un a drodd y traffig hwn wyneb i waered. Derbyniodd hyfforddiant mewn graffeg, ond yn ddiweddarach gwnaeth gryn enw iddo'i hun yn y maes cain trwy droi at beintio, ac ennill ei fywoliaeth trwy werthiant ei waith.

Cydnebydd yr artist ei ddyled gynharaf i'w dad —Arthur Knapp-Fisher— a oedd ei hun yn beintiwr mewn dyfrlliw, er mai pensaer oedd o ran galwedigaeth. Testunau pensaernïol fel rheol oedd i ddarluniau'r tad, ac y mae'r ffaith iddo gael derbyniad ar furiau'r Academi Frenhinol yn Llundain yn siarad yn huawdl dros safon ei waith.

Dilynwyd y gefnogaeth gynnar hon ar yr aelwyd gan gwrs ffurfiol mewn dylunio graffeg yng Ngholeg Maidstone yng Nghaint, ac oddi yno i fwrw tymor o ddwy flynedd fel cynllunydd arddangosfeydd, a thymor arall wedi hynny fel cynllunydd yn y theatr. Gwaith creadigol, bid siwr, ond gwaith a oedd yn ddarostyngedig i ofynion a galwadau y tu allan i'w ddyheadau ei hun.

Yna, daeth y trawiad o'r ysfa y cyfarfuom â hi fwy nag unwaith —yr ysfa honno i ymlwybro ar ei liwt ei hun, a chael penrhyddid i greu darluniau a mentro ei fywoliaeth ar eu gwerthu. Prin oedd yr arian i ddechrau, yn enwedig trwy geisio gwerthu mewn orielau masnachol a hawliai gyfran dda o gomisiwn.

A dyna brynu cwch, ac addasu hwnnw nid yn unig yn dŷ byw, ond hefyd yn stiwdio ac yn oriel werthu. Ymlwybro wedyn ar hyd ar-

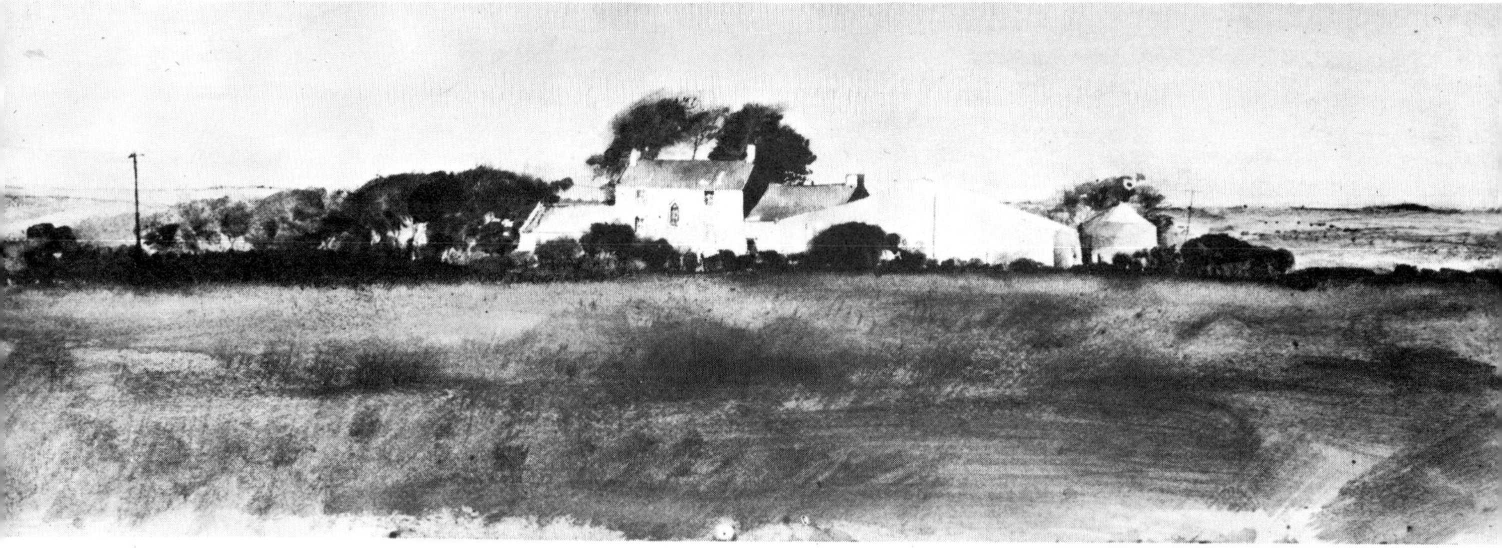

FFERMDY, SIR BENFRO (dyfrlliw)

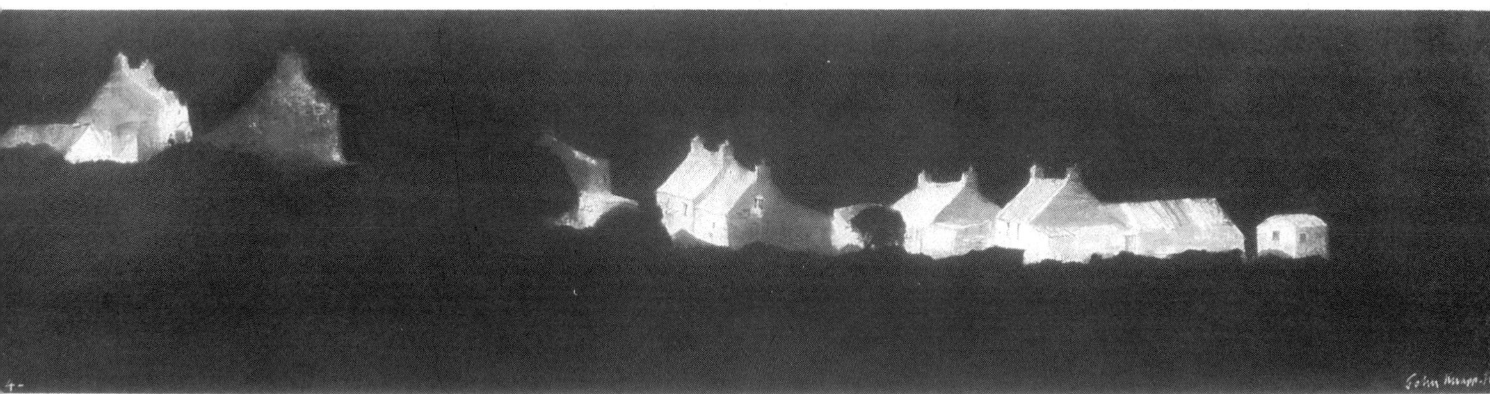

ABEREIDDY (dyfrlliw)

fordir Suffolk a Norfolk, angori fel yr arwein-iai'r ysbryd mewn porthladdoedd bach a mawr, a throi'r cwch yn siop-dros-dro. Yn y cyfnod morwrol hwn, olew oedd y cyfrwng.

Yn dilyn dyhead i ymsefydlu ar dir sych, daeth terfyn ar y dull hwn o fyw, a syrthiodd dewis y lleoliad nid ar Loegr, ond ar Gymru. Dyma'r stori:

Wedi cyrraedd Cymru, buom yn byw fel teulu uwchben pentref Hebron yn Sir Gaerfyrddin, ac enynnodd y cyfnod hwn ddiddordeb mawr yn ffurfiau'r bryniau a rhwydwaith patrymau'r caeau. Wrth edrych i'r dwyrain o ddrws y tyddyn, fe welwn ryw hanner can milltir o ffermdir.

Ysywaeth, fe'm trechwyd gan unigrwydd y lle, a phenderfynwyd symud i'r gorllewin, i fyw mewn dau dyddyn a wnaed yn ddiwedd-arach yn un, yng Nghroesgoch nepell o Hwlffordd yn yr hen Sir Benfro; bellach, aeth pymtheng mlynedd heibio, heb hyd yn oed ystyried symud.

Er pan ddeuthum i Gymru, dyfrlliw fu fy hoff gyfrwng, ac fel pob artist arall o'm tebyg, teimlaf fod arnaf ddyled drom i'r meistri cynnar Prydeinig hynny fel Constable, Turner, Bonington, Cotman a llawer un arall. I mi, nid cyfrwng arbrofol, fel paratoad i gyfrwng arall, mo dyfrlliw, ond cyfrwng sydd â'i ragoriaethau arbennig ei hun. Rywfodd, wrth lafurio yn y cyfrwng, deuthum i werth-fawrogi'r ddisgyblaeth gynnar a orfodwyd ar-naf: er enghraifft, y gofal angenrheidiol i dorri mownt taclus —hynny'n deillio o grefft rhwymo llyfrau y'm hyfforddwyd ynddi, a'r diddordeb yn y cytbwysedd cyfrin —y

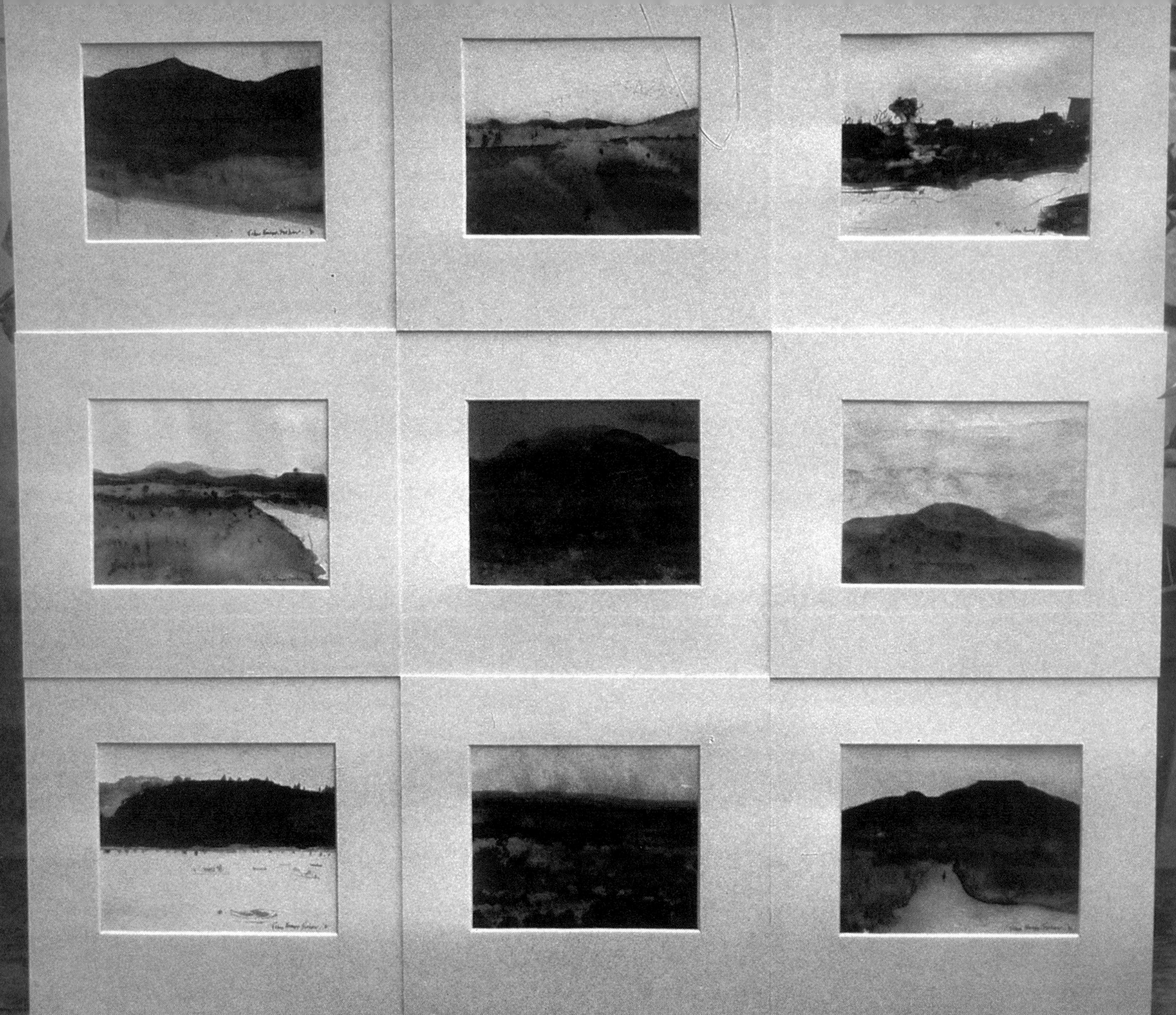

DARLUN CYFANSAWDD (dyfrlliw)

chiaroscuro— rhwng goleuni a thywyllwch y'm trwythwyd ynddo tra'n cynllunio ar gyfer y theatr.

Rhaid imi ddechrau ar seiliau ffigurol. I mi, mae'n bwysig eithriadol i beintiwr tirluniau fyw o fewn dalgylch ei destunau, er mwyn iddo ymdeimlo i'r eithaf â naws yr hyn y mae'n ei bortreadu. Er nad peintiwr haniaethol mohonof, eto mae'n angenrheidiol i bob peintiwr ffigurol fod yn ymwybodol o'r elfennau o haniaeth sydd yn sail i bob llun. Mawr obeithiaf fod yr elfennau hyn yn amlwg yn fy ngwaith. I'r perwyl hwn, fe grynhoais yn ddiweddar grwpiau o luniau bychain o fewn yr un ffrâm, fel cwareli ffenestr, er mwyn tynnu sylw nid o anghenraid at yr hyn a ddarlunir, ond yn hytrach at y patrymau trawiadol —ond haniaethol— a welaf y tu cefn

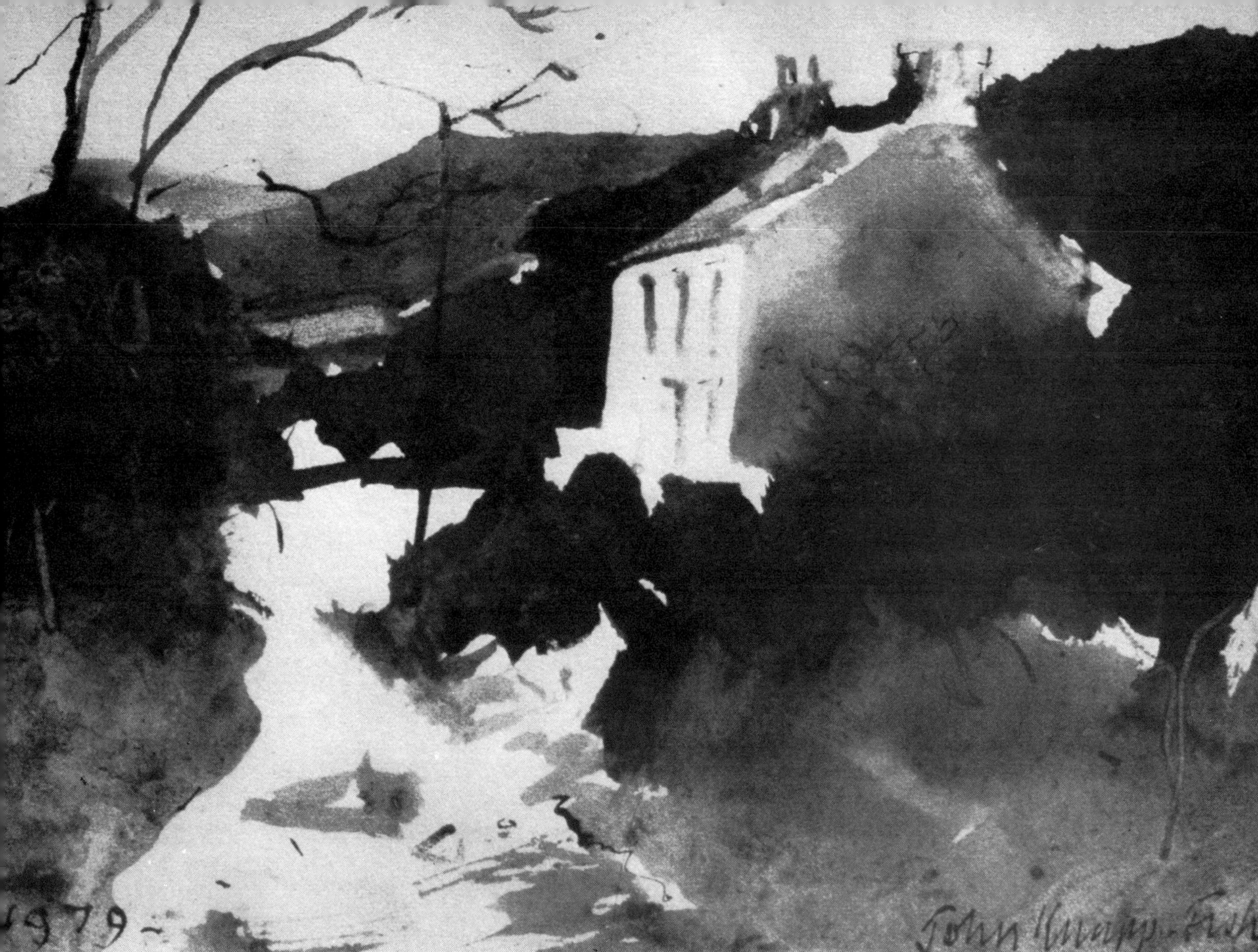

TYDDYN Y CHWAREL (dyfrlliw)

i'r gwrthrychau; nid oes bwynt mewn copïo'n gwbl wrthrychol.

Fel y tystia llawer i artist arall, dylanwadwyd arnaf nid yn unig gan yr hen feistri a restrwyd eisoes, ond hefyd gan yr Argraffiadwyr a'r Post-Argraffiadwyr —Monet, Van Gogh a'u tebyg. Dylanwadwyd arnaf hefyd gan yr 'Ysgol' Gernywaidd —y cyntefigwr hwnnw Alfred Wallis a'i beintiadau naïf ond cwbl ddiffuant; Ben Nicholson a'i ddatganiadau graffyddol o dan ddisgyblaeth lem; David Bomberg a'i gyfansoddiadau grymus a'i balet tywyll.

Mae rhai yn priodoli rhyw elfen sanctaidd ddihalogedig i ddyfrlliw —y cof o bosibl am gyffyrddiad ysgafn merched oes Fictoria a hoffai dderbyn hyfforddiant yn y cyfrwng. Ond nid felly y gwelaf i bethau; peintiaf ar bapur cryf, am fod y wyneb yn bur aml yn dioddef triniaeth go hallt. Weithiau defnyddiaf frws mawr, bras; bryd arall, ymosodaf ar y papur â chyllell a hyd yn oed â bwced neu beipen ddŵr. Weithiau, peintiaf yn y fan a'r lle; bryd arall, o frasluniau yn fy stiwdio. Tra wrthi'n peintio yn yr awyr agored, fe'm caf fy hun weithiau yn gwthio fy mrws i'r mawn wrth fy nhraed, ac yn ymgorffori'r lliw yn fy narlun: enghraifft go lew o ddefnyddio lliwiau'r pridd, a hynny yng ngwir ystyr y gair.

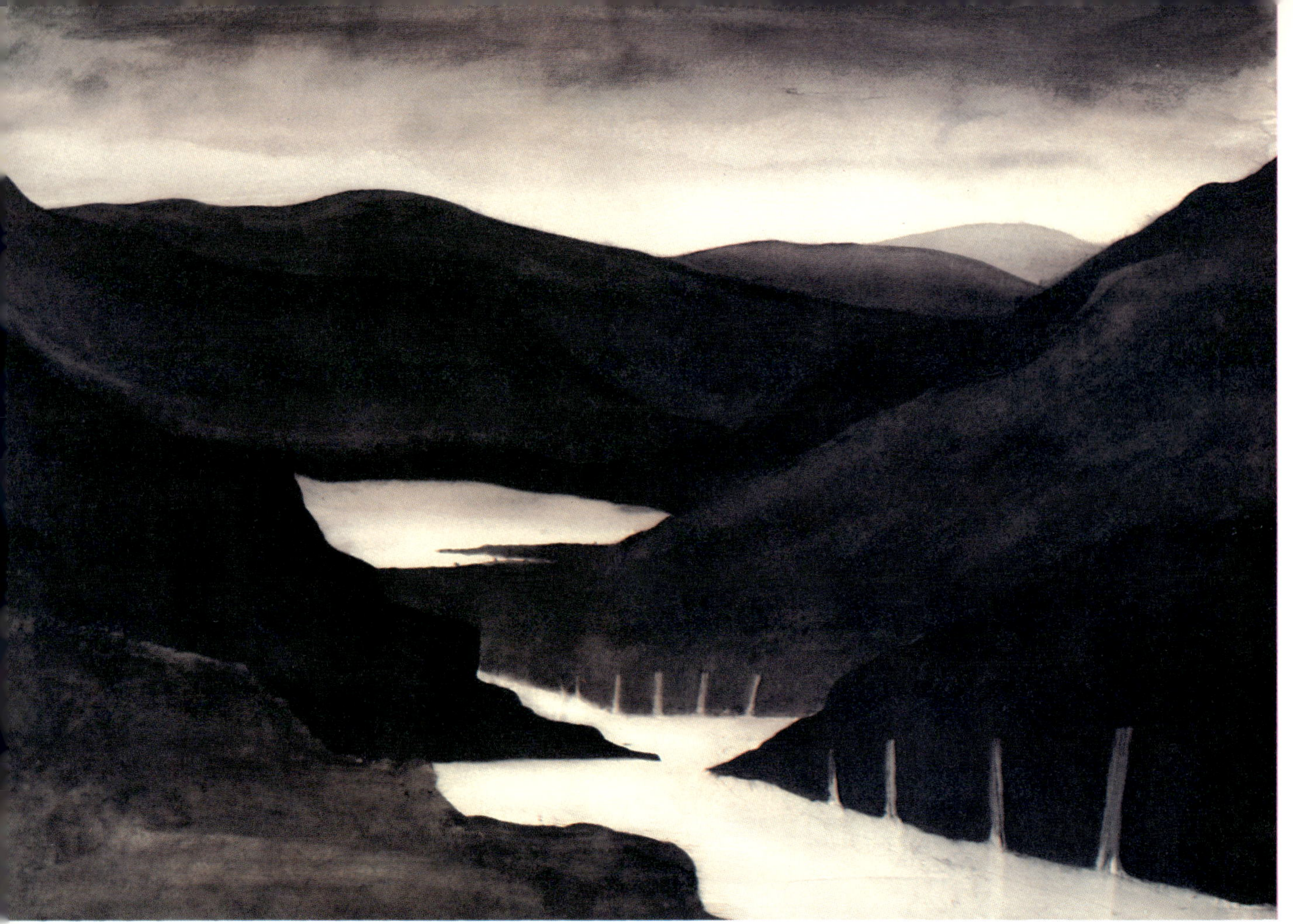

TIRLUN, GOGLEDD CYMRU (dyfrlliw)

Hoffaf fyw a gweithio yng Nghymru, ymhell o'r canolfannau lle'r arddangosir fy ngwaith. Er gwaetha'r prysurdeb sy'n nodweddu ymron pob cylch o fywyd, fe erys rhyw elfen o barhad yng nghefn gwlad Cymru, ac y mae'r werin at ei gilydd yn gymharol rydd o raniadau dosbarth. Mae'r tirwedd yn apelio'n fawr ataf, ac er gwaethaf anwadalwch y tywydd, eto i gyd mae'r anwadalwch hwnnw yn cydweddu â'm hanianawd i fy hun. Bellach, y llecyn hwn yw fy nghartref ysbrydol.

Yn ddiweddar, tyrrodd eraill tebyg i mi i'r gornel hon o Ddyfed, ac ofnaf y bydd i'r llecyn ddioddef yn gelfyddydol, fel a ddigwyddodd yn St. Ives; mae'n rhyfedd fel y dirywia chwaeth pan fo twristiaeth ar gynnydd.

Ymwelwyr, fwy na heb, yw fy nghwsmeriaid, er bod y Cymry erbyn hyn yn dechrau dangos diddordeb. Mae gan y Celt lygad am ddarlun da, ac yn aml fe anela at yr hyn a ystyriaf fy ngwaith gorau, tra ar yr un pryd yn protestio na ŵyr ddim am safonau celf. Anaml y caiff ei fodloni gan y sothach byrhoedlog sy'n cael ei gynnig gan rai.

Yr hyn sy'n peri syndod i mi fel dyn dŵad yw nad oes hyd yn oed yng Nghaerdydd oriel o'r safon a geir eu digon yn Llundain; a'r siom fwyaf yw canfod nad oes gan y papur sy'n honni bod yn bapur cenedlaethol Cymru sylwebaeth gyson o unrhyw ddyfnder ar y maes celfyddydol. Ysywaeth, mae hyn yn wir hefyd am y cyfryngau yn gyffredinol.

Os bydd imi lwyddo i gael eraill i weld yr hyn a welais i, i rannu profiad gweledol sy'n ddyfnach na'r arwynebol, trwy gyfrwng lluniau sy'n dechnegol gymeradwy o fewn fy safonau fy hunan, yna byddaf yn fodlon.

Donald McIntyre

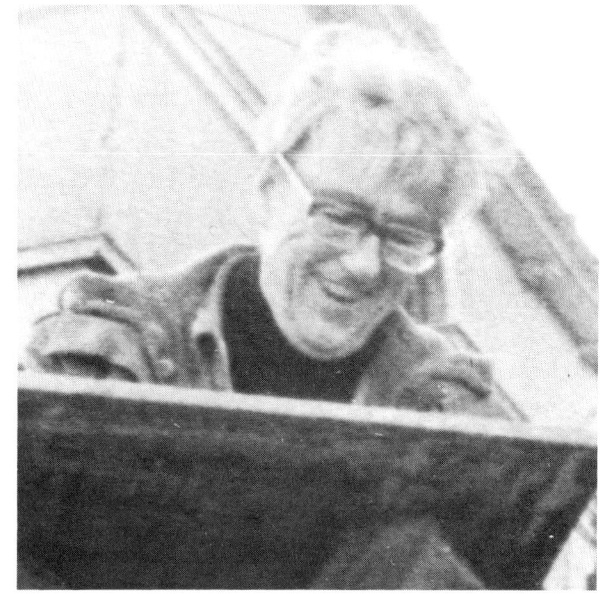

Mae'r rheiny y buom yn eu trafod hyd yma yn artistiaid a welodd eu llwybr yn glir o'r cychwyn cyntaf, gan ddilyn eu gweledigaeth eu hunain ar hyd llinellau a oedd yn gymharol hawdd eu rhagweld; hynny yw, dilyn eu greddf heb edrych i'r un cyfeiriad arall.

Yn awr ac yn y man, serch hynny, canfyddwn unigolyn a gychwynnodd ar ei yrfa gyflogedig mewn rhyw faes arbennig, ac yna, ymhen hir a hwyr, a deimlodd ysfa i greu ac i gynhyrchu, a dod i'r penderfyniad bod galw am gymryd cam pendant a chadarnhaol, yn hytrach nag ymateb i'r alwad ar ryw raddfa ran-amser. Dyna a ddigwyddodd yn hanes Donald McIntyre o Dregarth, Bangor.

Fe'i ganed yn Swydd Efrog i rieni Sgotaidd, ac er iddo ymddiddori'n gynnar iawn mewn arlunio, am ryw reswm nad yw'n hollol glir hyd yn oed iddo'i hun, dewisodd fwrw ei hun i gwrs o hyfforddiant mewn deintyddiaeth, a hynny yn ninas Glasgow. Yn rhyfedd iawn, ac yn dyngedfennol hefyd, efallai, yr adeilad a ddigwyddai fod am y pared â'r Ysbyty Ddeintyddol oedd y Coleg Celf, a themtasiwn na ellid ei hosgoi oedd mynychu'r dosbarthiadau nos a arlwywyd yno. A dyna awel i gadw'r tân ynghýn.

I ychwanegu at y cyfleustra hyn, digwyddai'r teulu fyw ar y pryd yn Garelochhead ar y Clyde, nepell o Glasgow; fel yr Amgueddfa Genedlaethol yng Nghaerdydd, ymhyfrydai Oriel Gelf Glasgow yn ei chasgliad sylweddol o waith yr Argraffiadwyr Ffrengig, ac ni chollwyd ar Donald y gwersi tawel a gynigiwyd gan Edgar Degas a'i debyg. Yno hefyd ymgartrefai trefedigaeth o artistiaid o dan ddylanwad ac arweiniad James Wright, RSW. Manteisiodd Donald ar y cyfle o gael hyfforddiant gan feistr o faintioli Wright, a datblygodd y berthynas rhwng y ddau yn gyfeillgarwch agos iawn. Yma, o fewn y gwmnïaeth a'r awyrgylch gefnogol hon, cyneuwyd y dyhead i gydio o ddifrif mewn peintio fel modd o fyw. Ond gohiriwyd y cam mawr.

Yn hytrach, eto am resymau na all roi ei fys arnynt, ymaelododd â'r Fyddin, gan ymrwymo am dymor o saith mlynedd, a hyd yn oed wedi gorffen tymor yr ymrwymiad hwn, ni wireddwyd ei freuddwyd. Cychwynnodd ar dymor o bum mlynedd fel deintydd ysgolion yng Nghaernarfon. Tra'n dilyn yr yrfa gyflogedig hon, parhâi i freuddwydio am y fenter fawr o dorri'r hualau; ac yn y diwedd ymollyngodd i'r cymhelliad i fentro'i fywoliaeth ar y cwrs a deimlai yn ei galon y bwriadwyd ef ar ei gyfer. Bellach y mae wedi mwynhau ugain mlynedd o fywyd cynhyrchiol, ac er na thwylla'i hun y bydd byth yn filiwnydd trwy werthiant ei ddarluniau, eto

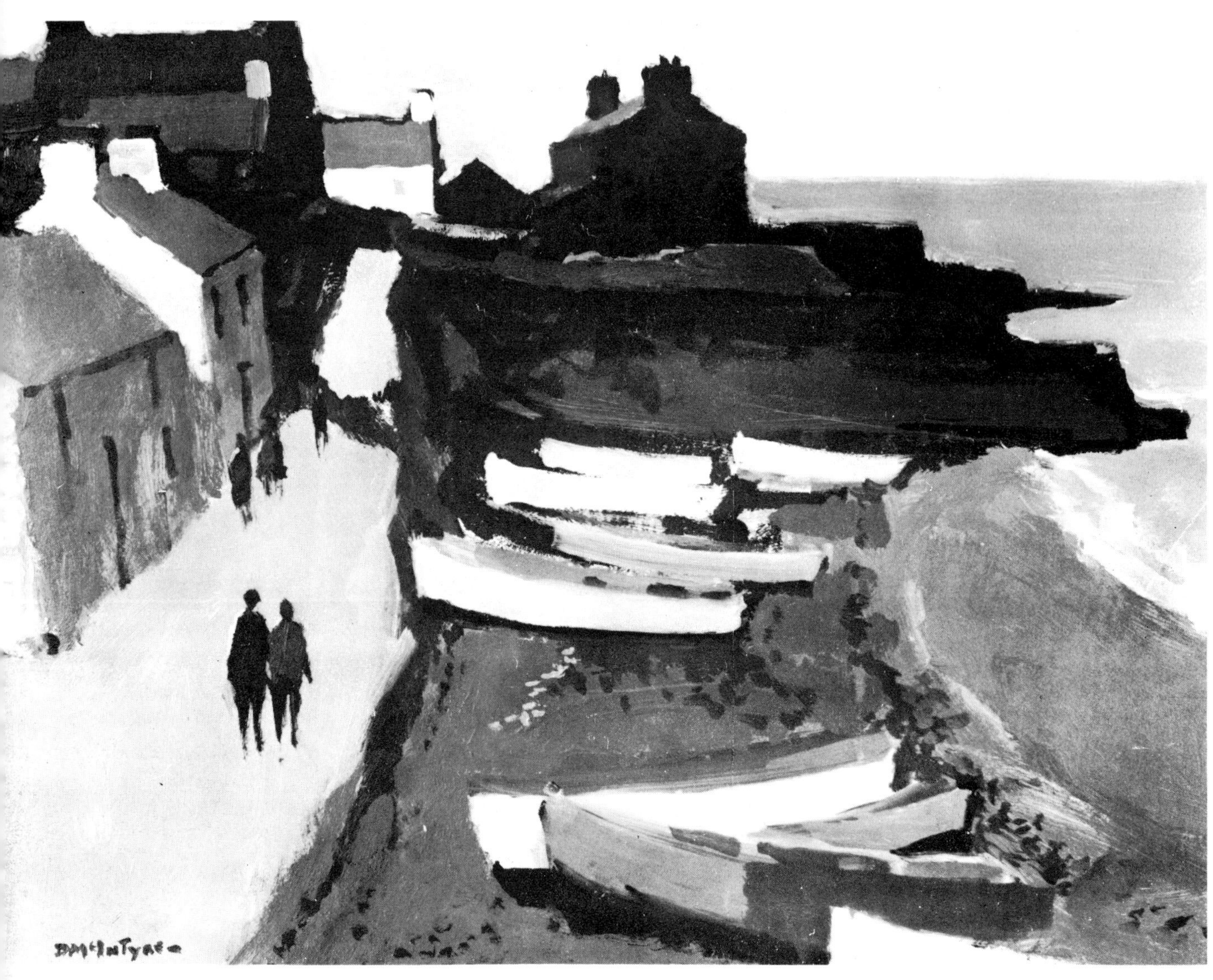

PENTREF YM MÔN (olew)

fe'i cyfrifa'i hun yn freintiedig.

Mae i bob cenedl ei nodweddion arbennig ei hun ym myd peintio, ac fe ellid tybio i beintwyr yr Alban, ar gyrion gogleddol y byd Celtaidd, dueddu tuag at ryw fwrllwch llwyd yn eu gwaith. Dim o'r fath beth: lliwiau beiddgar yw'r nodwedd amlycaf, yn null aelodau'r *Fauves* —y Bwystfilod— yn Ffrainc yn negawd cyntaf y ganrif. Gwaith William McTaggart a ddaw gyntaf i'r meddwl, a hawdd yw canfod cryn dipyn o ddylanwad y meistr hwn ar waith Donald McIntyre. Mewn peintiadau sy'n dilyn y trywydd hwn, mae deunydd y cyfrwng —y *matière* i'r Ffrancwr— yn hollbwysig, ac o'r herwydd mae rhyw berthynas gyfrin rhwng yr haen baent a'r gwrthrych a bortreadir.

Honnai Ray Howard Jones mai'r testun a reolai'r cyfrwng, ond teimlaf mai gwrthddweud hynny a wna Donald McIntyre; stwff tew, annhyblyg yn aml, yw paent olew ac acrylig —stwff a dry'n fwd di-liw bron yn ddiarwybod os gor-drafodir ef wrth geisio efelychu rhyw realiti ffotograffaidd. Pan ddigwydd hyn, fe gollir rhyw elfen werthfawr yn y cyfieithiad, a rhagoriaeth yr artist hwn yw ei ddewis doeth o destunau, gan ymwrthod â pheintio unrhyw beth nad yw'n

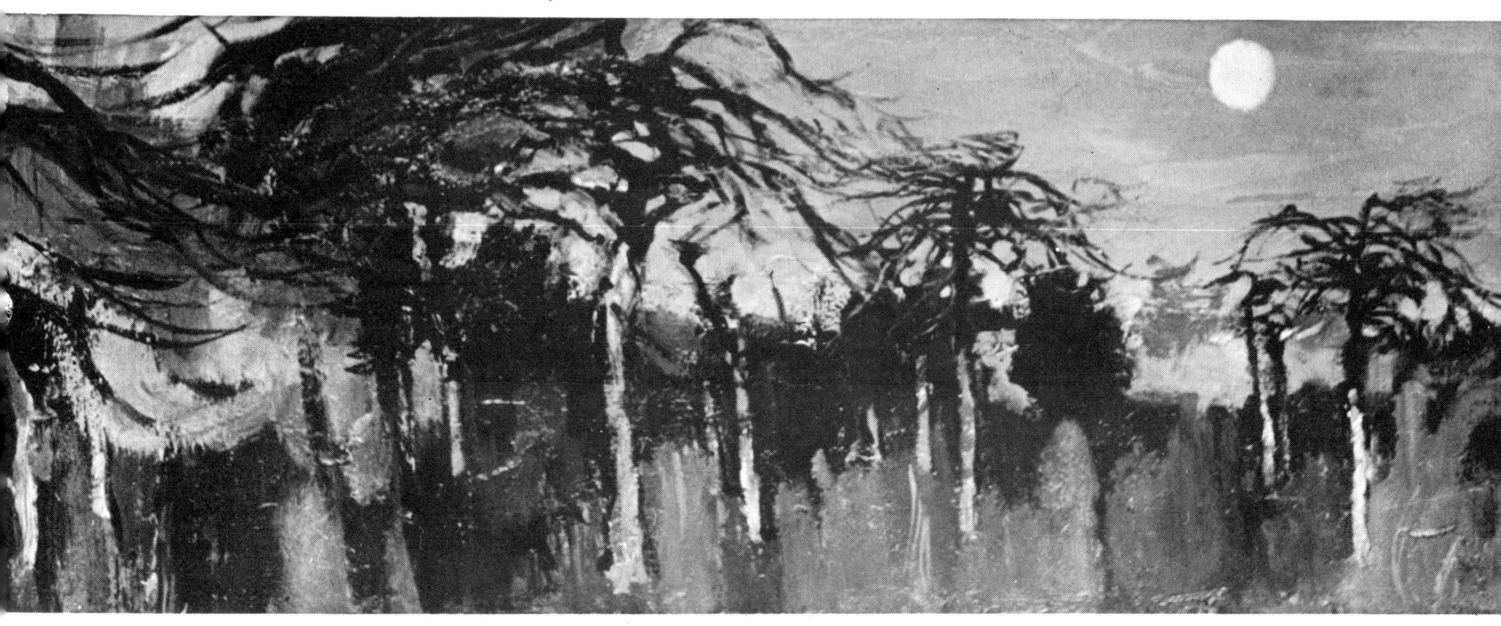

uchod:
LLEUAD A CHOED,
Gogledd Cymru
(olew)

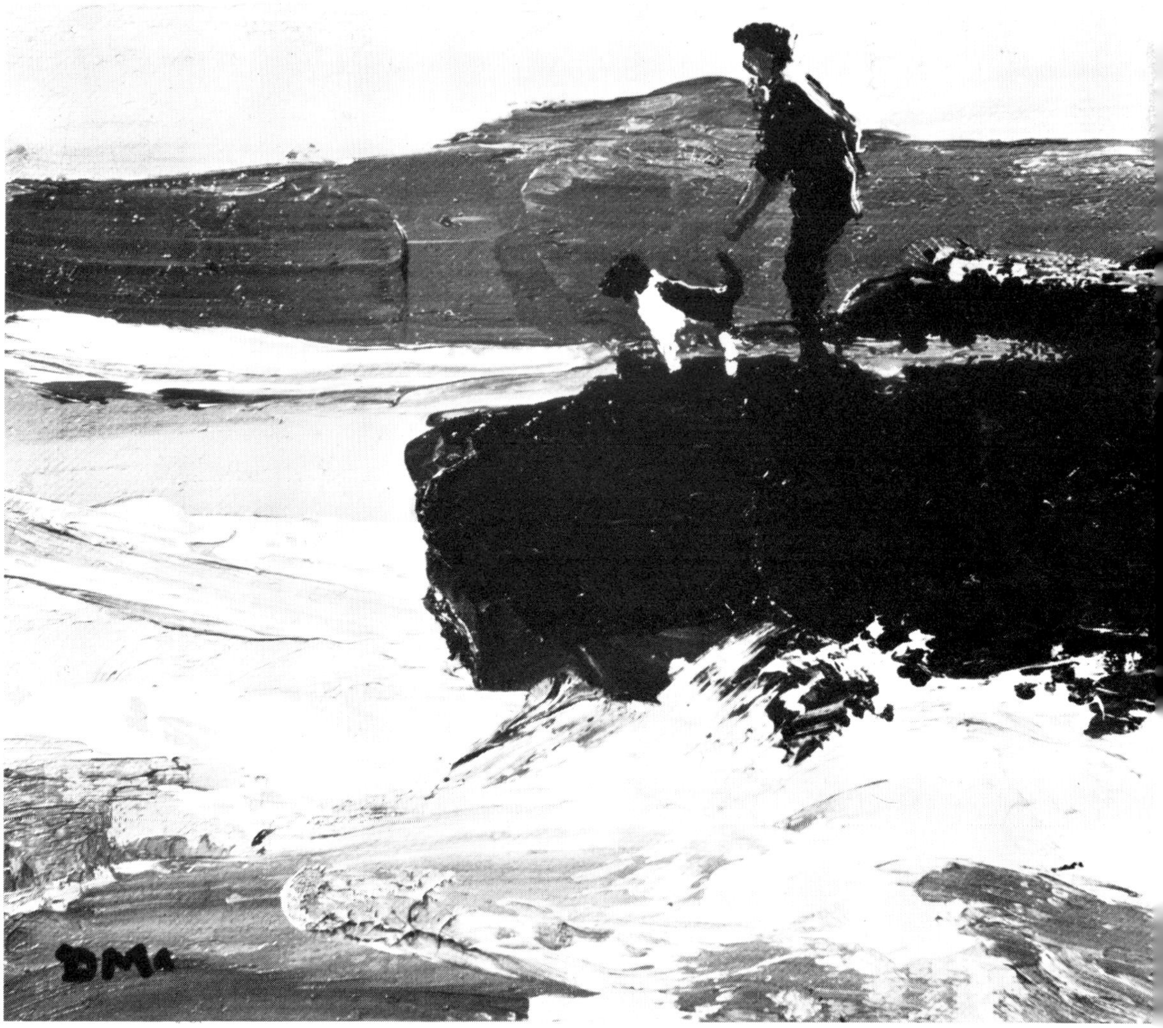

isod:
DYN, CI
A'R MÔR
(olew)

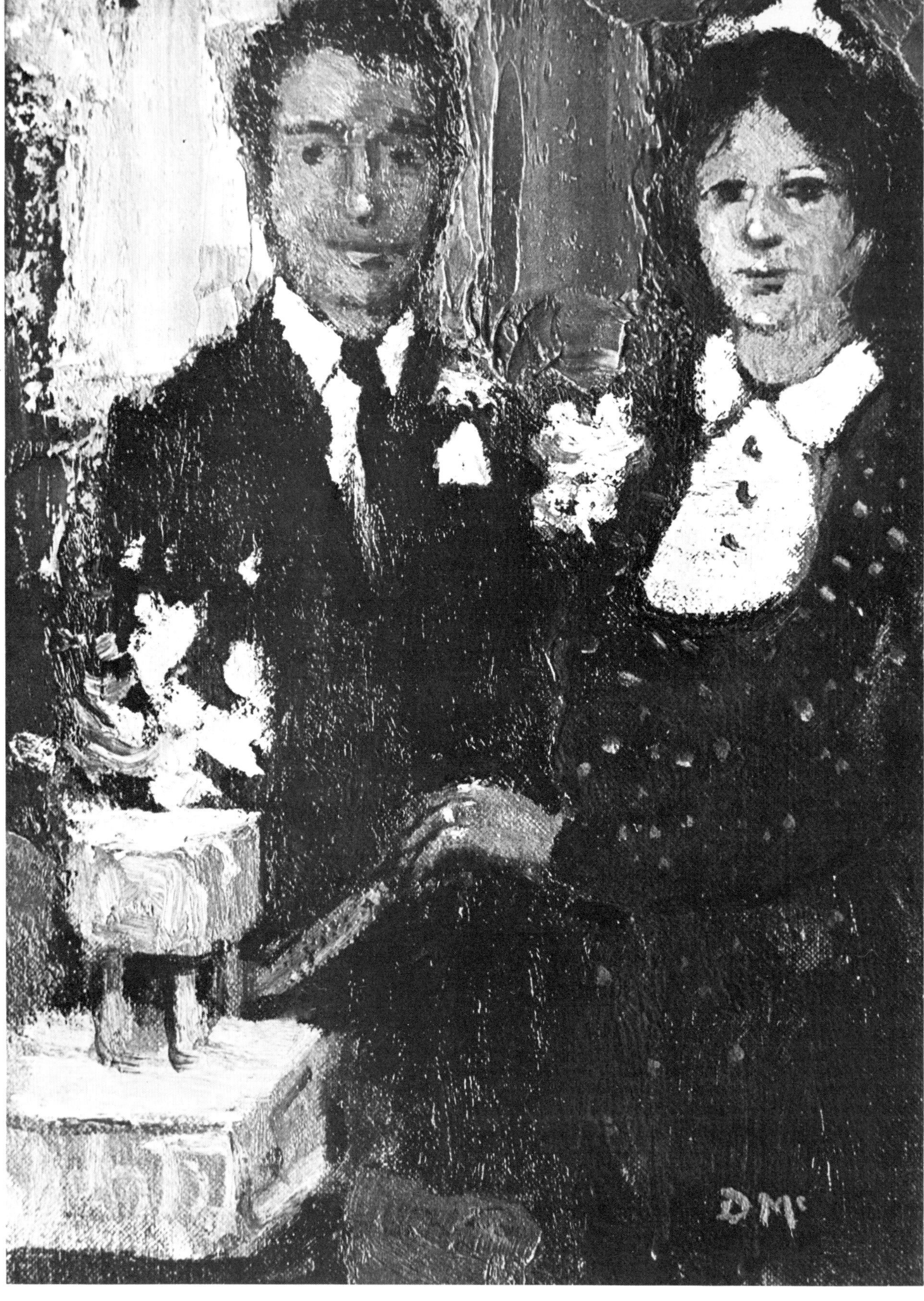

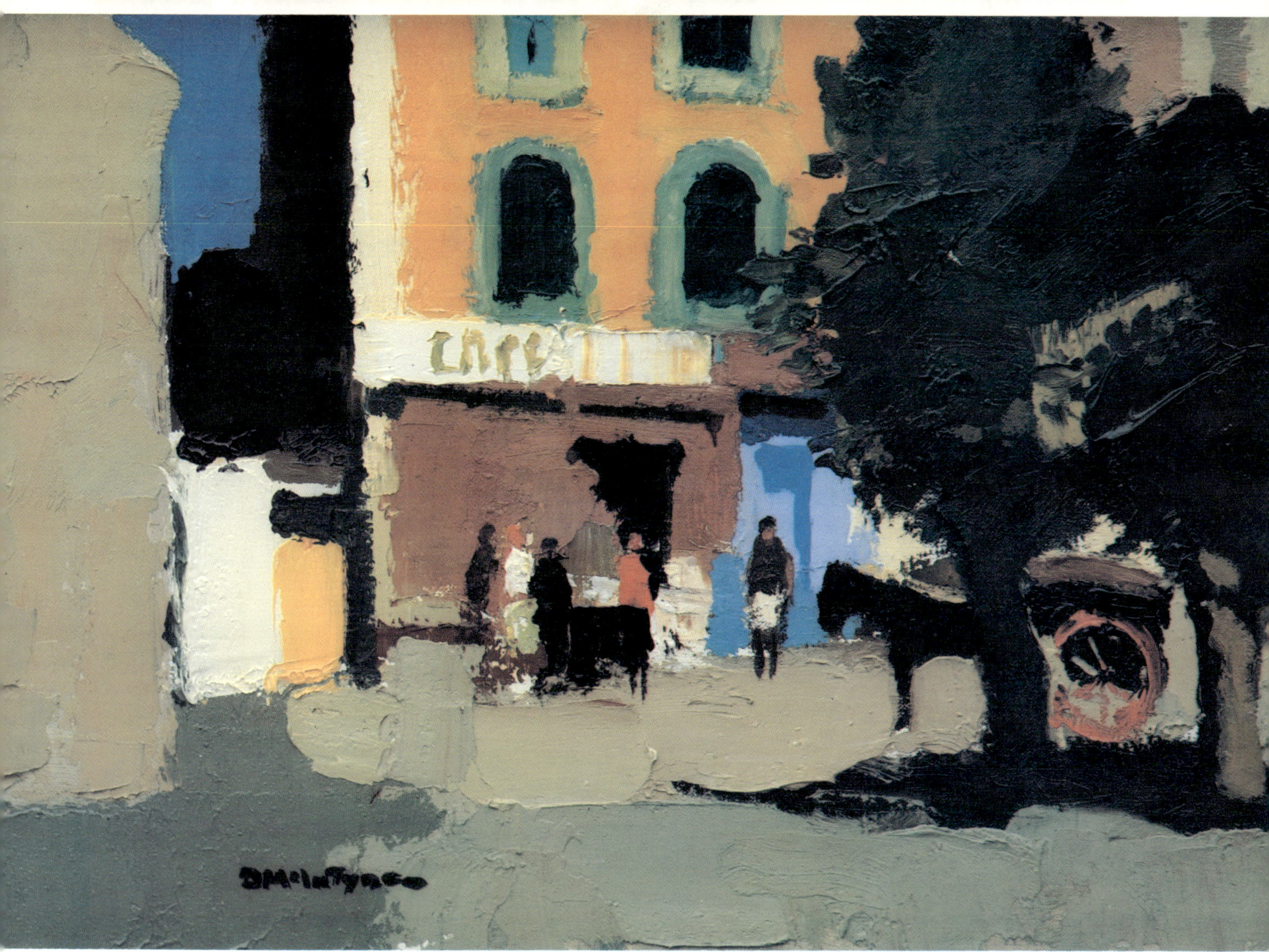

gyferbyn:
PRIODAS GYMREIG
(olew)

uchod:
Y CAFFE
(olew)

addas i'w drawsnewid i haen dew o baent. Hyd yn oed mewn atgynhyrchiad, fe ellir yn hawdd canfod yr elfen hon o barch tuag at baent fel paent.

Ym myd peintio, cynigir i'r artist ddwy ffordd sylfaenol o bortreadu ar gynfas neu bapur ei weledigaeth o'r byd o'i gwmpas. Naill ai fe'i gwêl o safbwynt patrwm o siapau tywyll a golau gan bwysleisio'r chiaroscuro, heb dalu rhyw sylw mawr i'r lliw, neu fe all ganolbwyntio ar y lliw yn unig, a thrwy ei ddawn arbennig ei hun, drawsnewid y byd gweledol i batrwm o liwiau, gyda phob un lliw yn creu ei effaith ei hun ar y lliwiau eraill cyfagos. Y wers gyntaf y mae artist yn ei dysgu yw nad oes yna'r fath beth â lliw absoliwt, fel y ceir sain absoliwt ym myd cerdd, ond mai rhywbeth perthnasol yw, yn agored i gael effeithio arno gan ba liw bynnag a osodir yn ei ymyl. I ryw raddau, arbrawf yw pob darlun yn y berthynas gyfrin hon rhwng lliw a lliw; arferai Henri Matisse haeru mai antur oedd pob darlun, a phob marc a adawai'r brws yn esgor ar broblem newydd ar lwybr yr artist. Diffiniad y Ffrancwr Eugene Delacroix o artist oedd person a fedrai wneud i fwd ymddangos fel coch llachar, ac o fewn y diffiniad yna, cyfrif-

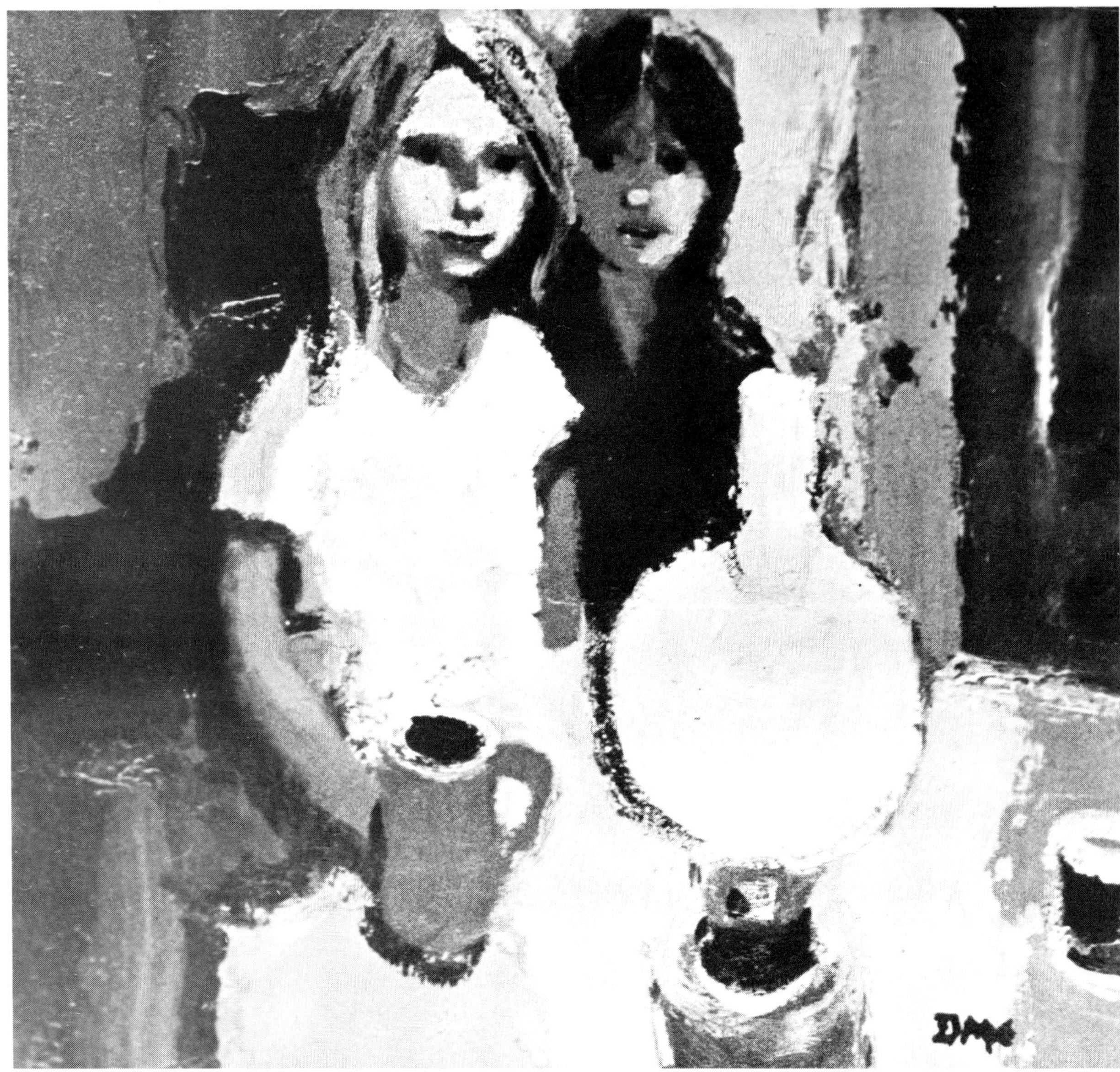

Y LAMP (olew)

af Donald McIntyre ymhlith y rhai sy'n meddu ar fesur helaeth o'r lledrith angenrheidiol.

Dibynna waith yr artist hwn yn aml iawn ar ddal effeithiau byrhoedlog byd natur —cymylau, cawodydd sydyn— a'u trawsnewid mewn dull ffres *alla prima*; ac am mai cyfryngau llafurus yw paent olew ac acrylig, try o dro i dro at gyfrwng ysgafnach dyfrlliw i recordio'r hyn sy'n dal ei lygad, a'i gyfieithu yn ei stiwdio i gyfrwng trymach. Yr un cwrs a ddilynai John Constable ddwy ganrif yn ôl pan nododd yn ei ddyddlyfr: *Light and shadow never stand still.*

Erbyn hyn y mae lluniau Donald McIntyre wedi gweld eu ffordd i orielau ym mhob cwr o'r wlad hon a'r byd —hyd yn oed yn y Casgliad Brenhinol— ac y mae yntau'n ymhyfrydu yn ei aelodaeth o'r Academi Frenhinol Gymreig. Os collodd Cymru ddeintydd, yn sicr fe enillodd artist o'r iawn ryw.

Ed Povey

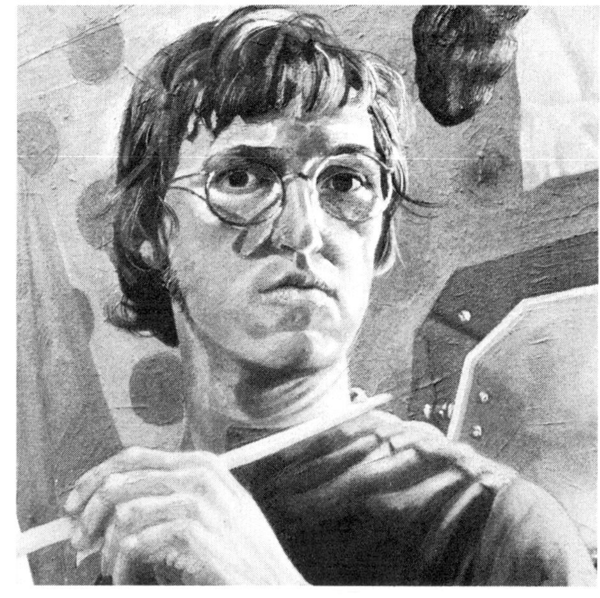

O gofio mai'r teitl a roed i'r gyfrol hon oedd *Cymru'r Cynfas*, cynigiwyd ryw fath o ymddiheuriad wrth sôn o'i mewn am gynnyrch artistiaid a oedd yn bennaf yn weithwyr mewn dyfrlliw.

Gyda mwy o feiddgarwch fyth y cynhwysir gwaith Ed Povey, artist nad yw'n Gymro o gwbl, ond a fu'n gweithio yn ein plith am gyfnod, ac a adawodd ei farc yn llythrennol ar dirwedd trefol arfordir Gogledd Cymru.

Yn ôl y gyfrol adnabyddus honno sy'n drysorfa o'r hyn sydd uchaf, orau, a hwyaf ledled byd, cofnodir mai'r darlun mwyaf a beintiwyd yn y byd modern oedd panorama o'r afon Mississippi gan John Banvard; ysywaeth, difethwyd y gwaith gan dân. Cofnodir hefyd mai'r darlun mwyaf ei arwynebedd o fyd yr hen feistri yw hwnnw o Baradwys, o waith Jacopo Tintoretto yn Fenis.

Daw i ben artist o dro i dro i efelychu campweithiau fel y rhain, ond yn gyntaf rhaid dod o hyd i wal ddigonol o ran maint; ac wrth reswm, unigolyn neu gorfforaeth sy'n caniatáu defnyddio'r wal arbennig honno at y pwrpas o wireddu breuddwyd yr artist. Cofir am y nofel *The Horse's Mouth* gan Joyce Cary, yn olrhain ymchwil Gulley Jimson am wal oedd yn gyfesur â'i weledigaeth, a'r diwedd trist pan welwyd dymchwel y campwaith yn enw cynnydd a thrawsnewid trefol.

Mewn maes mor amheuthun â hwn, fe ymddengys Ed Povey o'n blaen fel rhyw Michelangelo i rai, ond Peredur, y ffŵl doeth, i eraill.

Am fentro ar hyd y llinellau anarferol hyn y daw Ed Povey i'r oriel bresennol. Fel rheol, rhywbeth y mae dyn yn ddewis edrych arno yw darlun o waith artist; ond mewn murlun allanol, mae'n anodd osgoi ei weld, heb beryglu bywyd.

Ac eithrio'r cyfraniadau hyn o'i waith sydd ar un wedd yn annileadwy, a'r ffaith bod cyfran o waed Cymreig yng ngwythiennau ei wraig, ni all yr artist honni unrhyw gysylltiadau Cymreig. Fe'i ganed ar gychwyn y pumdegau yn Woolwich ar y Tafwys, a'i argraffiadau cynharaf oedd o fyw mewn stafelloedd a oleuwyd gan nwy; y fflam wenwerdd yn gwneud ei gorau i wasgaru'r caddug a oedd yn nodweddu'r strydoedd hynny a gefnai ar yr afon.

Yn yr ysgol, ei brif ddiddordeb oedd darlunio a dyfeisio chwaraeon bwrdd i blant; 'roedd yn feunyddiol o dan lach yr athro am freuddwydio, ac fel llawer un o'i debyg, daeth ysgol yn gasbeth iddo. Gartre, treuliai ei amser yn sgrifennu barddoniaeth, storïau a chaneuon, a chanu i'w gyfeiliant ei hun ar y gitâr. Âi'r ymddygiad didoreth hyn ar nerfau

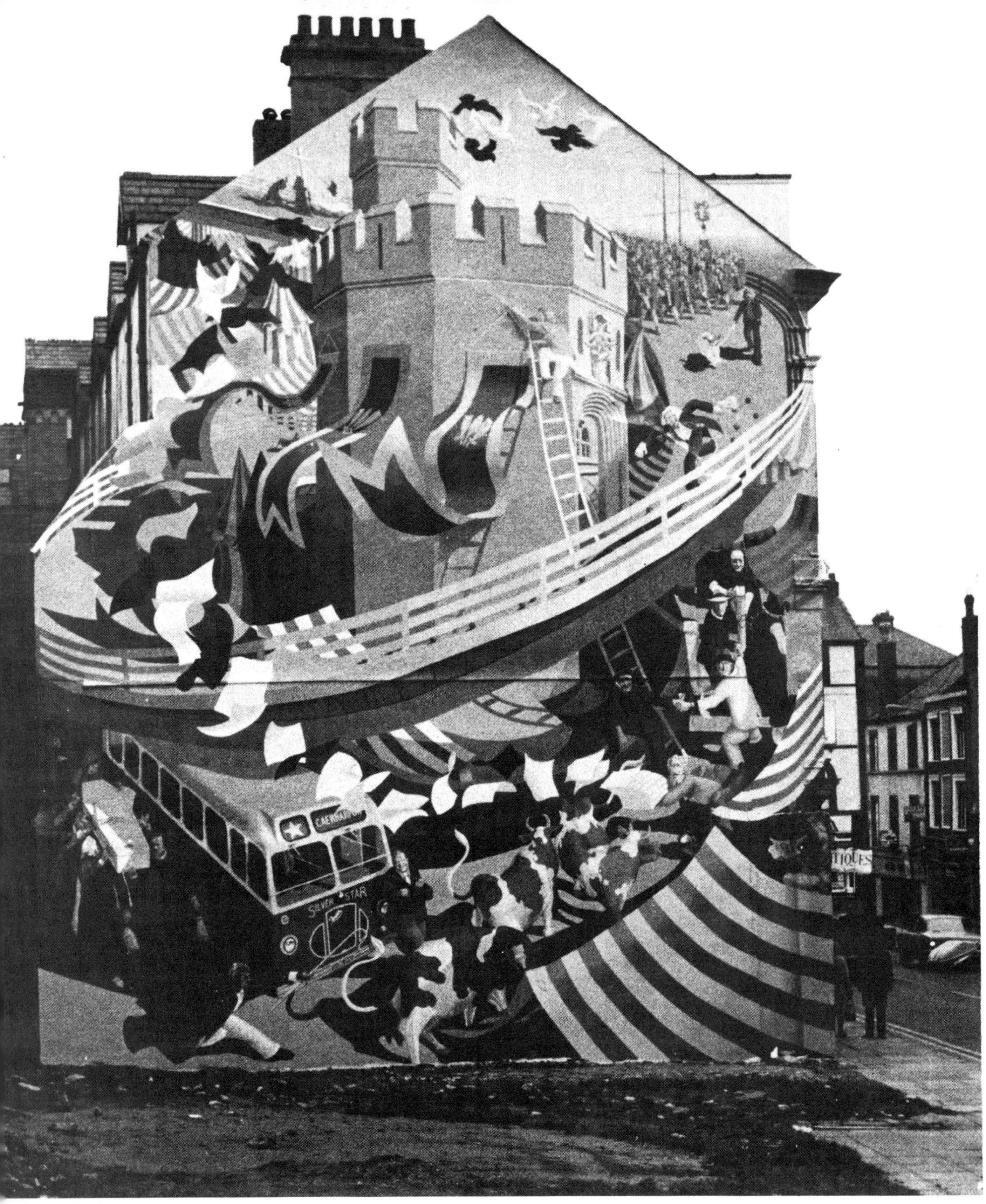
SILVER STAR

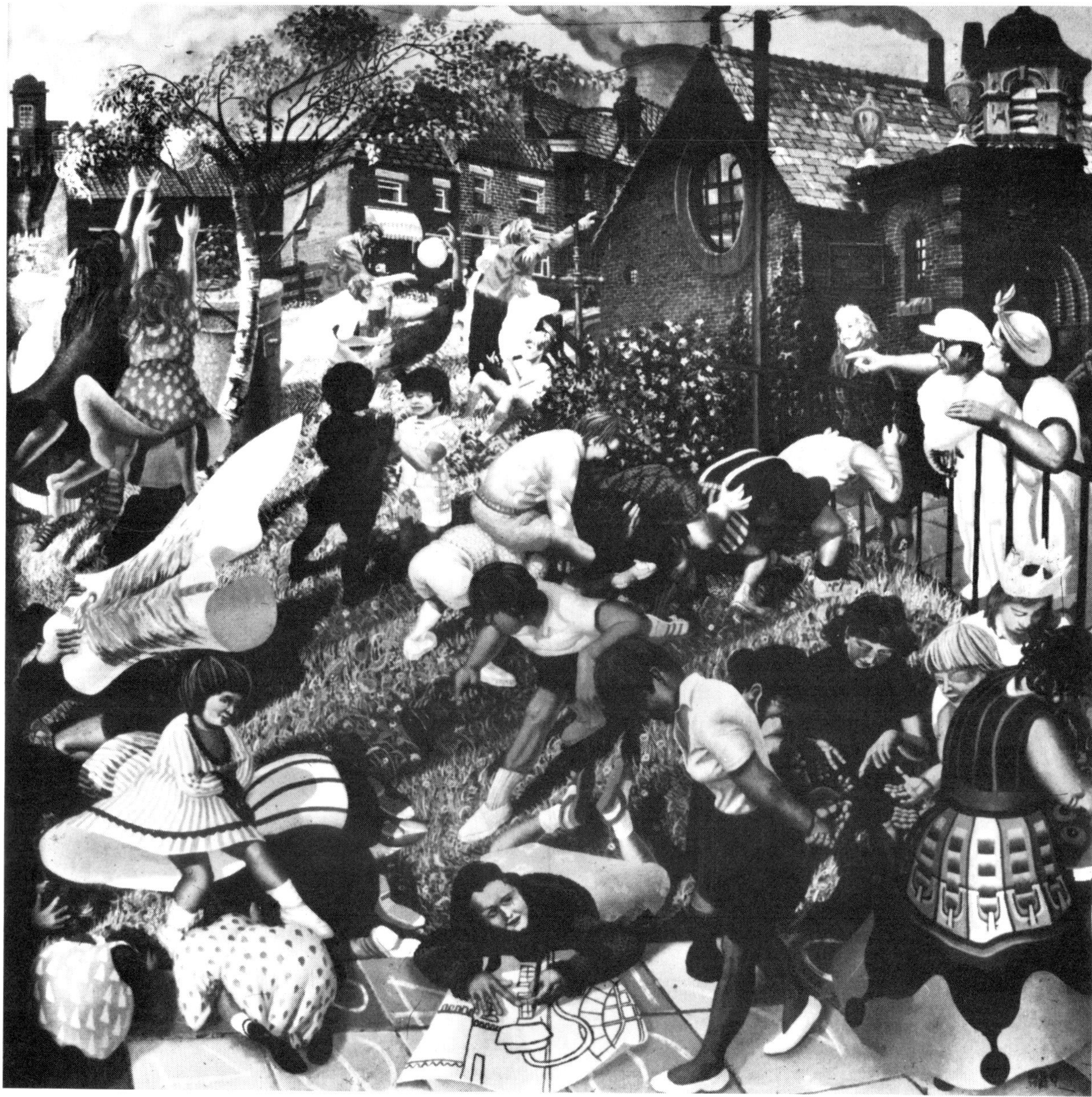

gyferbyn: HELTER SKELTER

Y "BELLBOY"

ei dad, a'i rheolai gyda'r grym a weddai i forwr cyhyrog.

Yn ddeunaw oed, i ffwrdd ag ef i Ganada, gan ennill ei fywoliaeth am ddwy flynedd yn canu mewn clybiau a byw ymhlith artistiaid. Yno hefyd y profodd ei droedigaeth i ffydd y Bahá'i. Yn ôl adref i Brydain, ond nid i aros, am iddo adael bron ar ei union am Israel.

Yn dyheu erbyn hyn am addysg ffurfiol, fe'i derbyniwyd, wedi dychwelyd adref eilwaith, yng Ngholeg Celf Eastbourne. Erbyn y cyfnod hwn, yn y chwedegau, daethai tro ar fyd ym mhatrwm addysg gelfyddydol —er gwell, medd rhai; er gwaeth, medd eraill. I symud gyda'r oes, maentumiwyd bod yr hen egwyddorion academaidd wedi goroesi eu pwrpas, a bod rhyddid yr unigolyn i'w fynegi ei hun yn bwysicach o lawer na diogelu traddodiad marwaidd. Ni feddai'r gweddnewidiad hwn ryw apêl fawr i Ed Povey, a

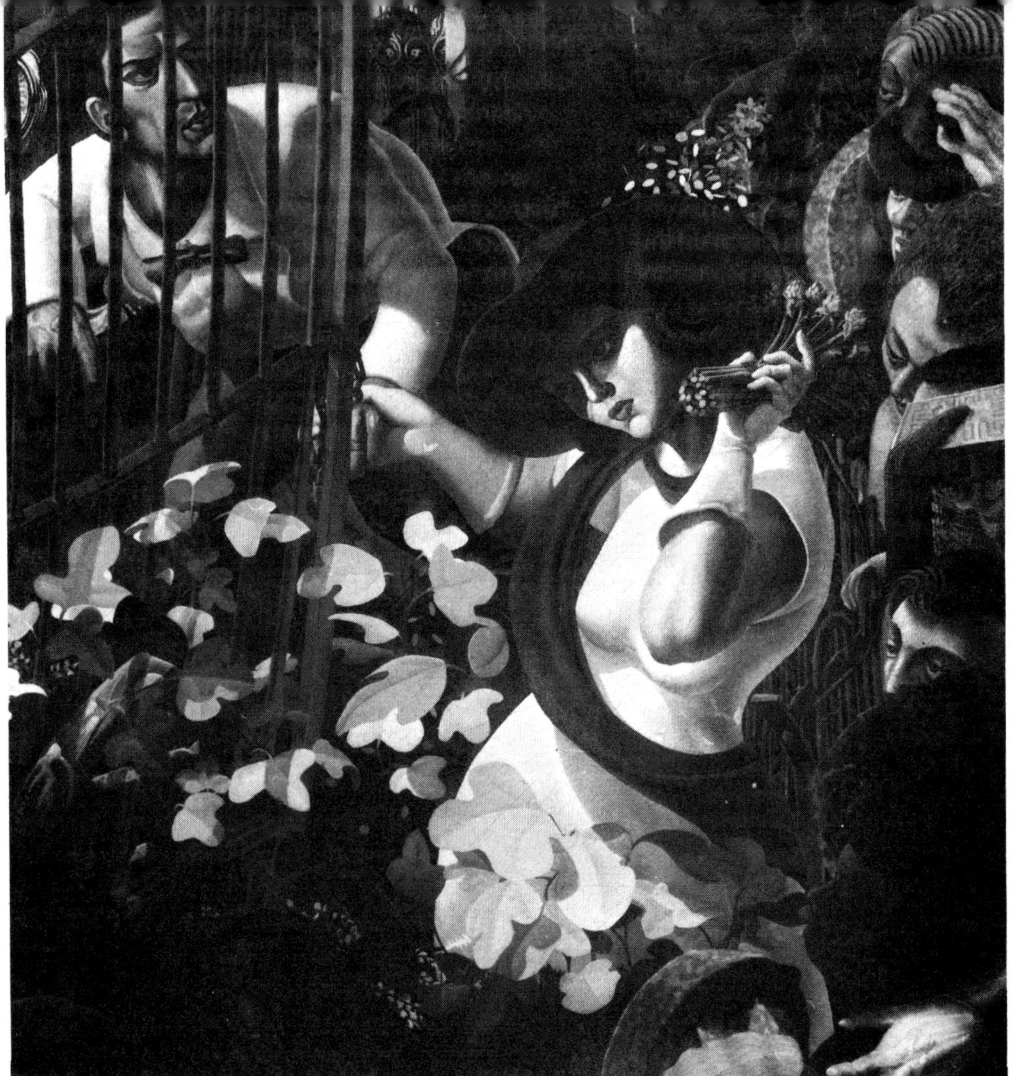

LLIDIART
YR EGLWYS
(olew)
1983

gyferbyn:
CROCHENDY
PORTHMADOG

chan gofio mai'r unig gyngor a roddwyd iddo oedd iddo ymlacio'i arddull, erys hyd y dydd heddiw yn ansicr iawn o'r hyn y ceisiwyd ei ddysgu iddo. Ni ŵyr i sicrwydd ai o'i fodd neu o'i anfodd y gadawodd Eastbourne, ond y cam nesa oedd ennill tystysgrif athro, y fformiwla draddodiadol i sicrhau fod yna rywbeth wrth gefn petai pethau'n troi'n dywyll. Syrthiodd y dewis ar y Coleg Normal ym Mangor, ac yng nghyffiniau Bangor —ym Methesda— y bwriodd gyfnod y murluniau. Dyma'i gyfrif o'r cyfnod hwn:

Yn 1971, a minnau mewn **kibbutz** yn anialwch Israel, fy ngwaith oedd dyfrhau blodau ar feddau milwyr ifainc. Fe'm cyffyrddwyd gymaint gan aberth y meirw hyn, pa achos bynnag yr ymladdasant drosto, imi deimlo awydd i fynegi fy nheimladau, er nad oedd gen i ddeunydd peintio ar y pryd. Y canlyniad oedd murlun wyth troedfedd ar draws, o stori Abraham ac Isaac, ar bared fy llety, wedi ei wneud â set o basteli benthyg.

Y cyfle nesa a ddaeth i'm rhan i lunio gwaith cyffelyb oedd ym Mangor bedair blynedd yn ddiweddarach. Dymunai ffrind imi, a gadwai siop, addurno'i ffrynt mewn dull anarferol, ac wedi tipyn o ymgynghori, gwelwyd murlun cyntaf Ed Povey y tu allan i Israel. Teitl y murlun oedd 'Murlun y Pantri', ac yn o fuan fe'i dilynwyd gan un arall, 'Llestri Pridd', sy'n parhau yn y fan a'r lle.

Dim ond cychwyn oedd hyn, a dilynwyd y fenter gan lu o gomisiynau. Erbyn hyn, wyth mlynedd yn ddiweddarach, 'rwy'n dal i beintio yn nhraddodiad y 'Llestri Pridd'. Yn rhyfedd iawn, nid yw'r murluniau wedi peri unrhyw drafferth i mi; teimlais fy hun yn addasu'n hawdd i'r amrywiol dechnegau gyda

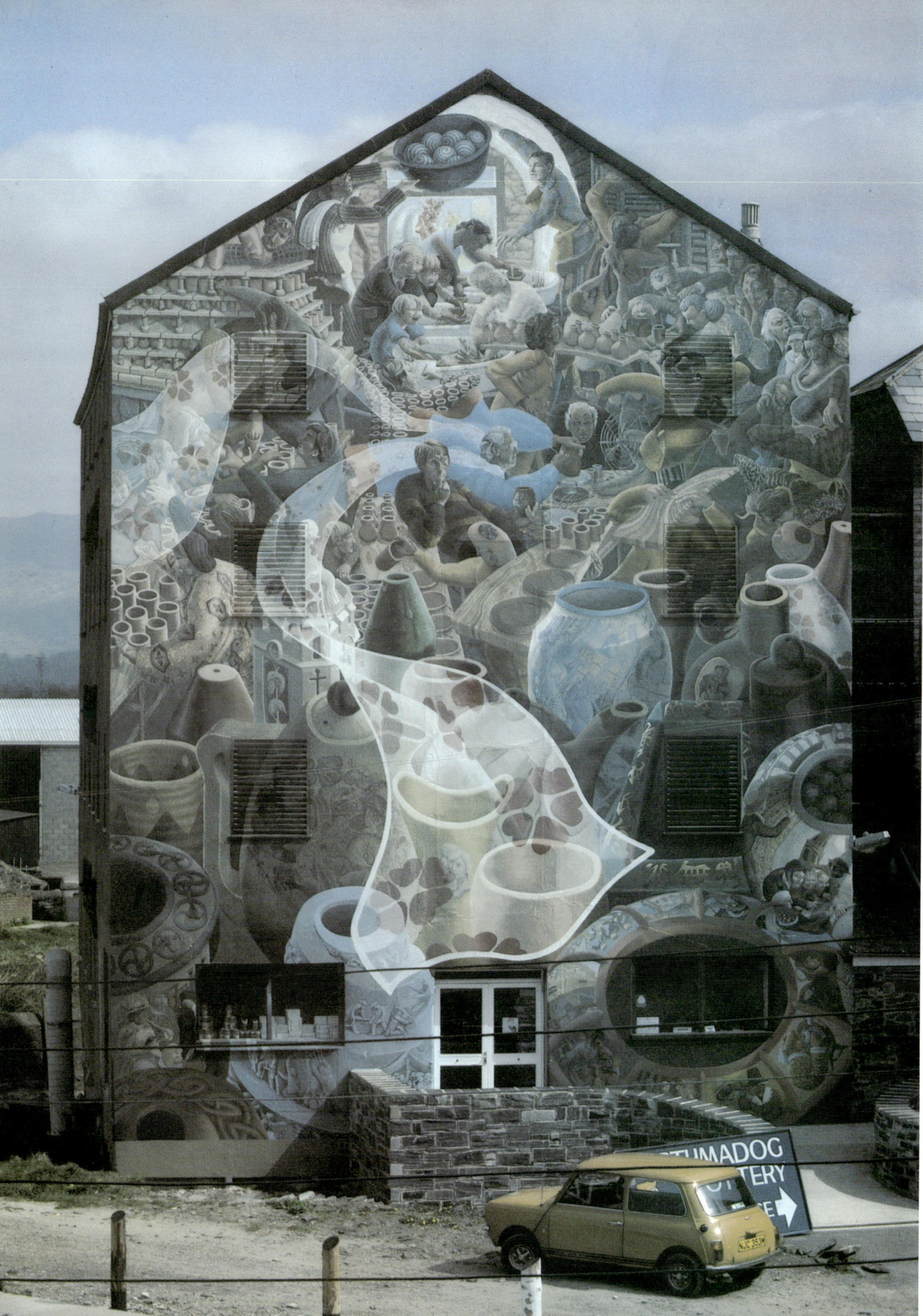

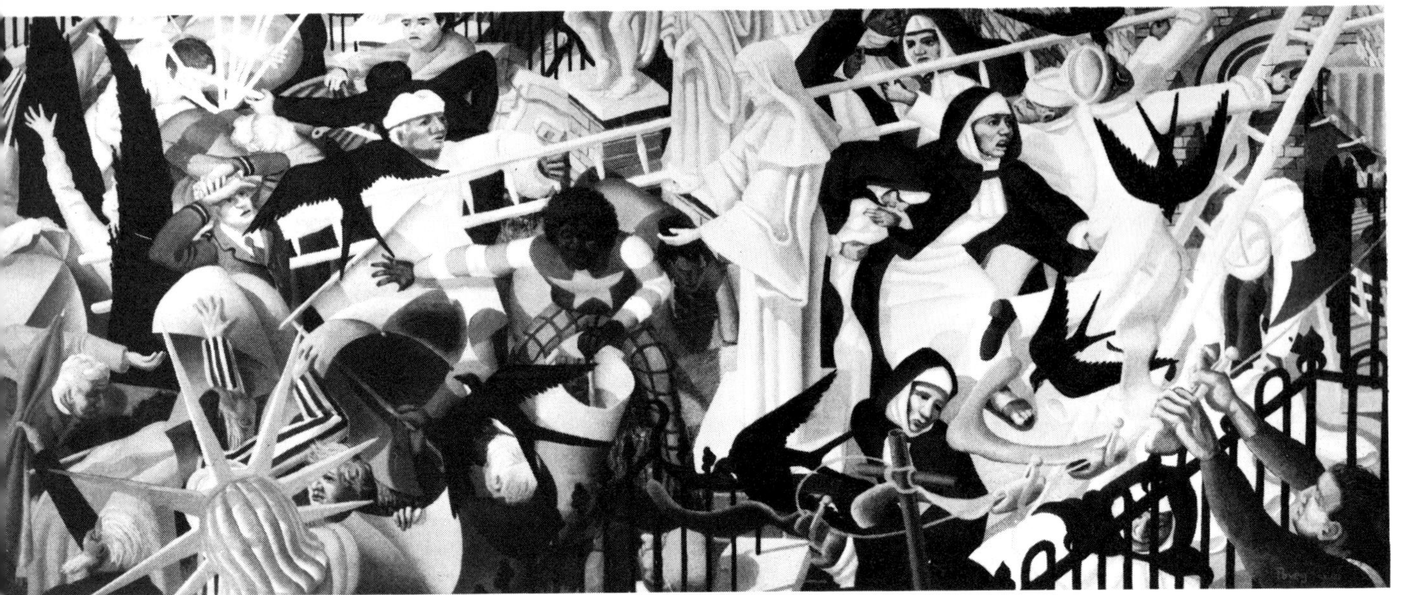

Y MISTRAL

rhwyddineb nas canfûm wrth beintio ar gynfas. Diau mai'r rheswm dros hynny yw'r sancteiddrwydd a gysylltwn o hyd â chynfas glân. Serch hynny, teimlaf erbyn hyn, wedi gorffen rhyw ddeg ar hugain o furluniau mawr, fy mod i'n abl i beintio mor rhwydd ar gynfas ag ar dalcennau tai. Mae'n bwysig pwysleisio nad mewn rhwyddineb trin paent y mae mynegiant llwyddiannus; llawforwyn i'r weledigaeth yw. Ond gyda medr digonol i drin paent, fe ellir yn well fynegi'r weledigaeth, heb orfod talu gormod o sylw i'r problemau technegol sylfaenol.

Y cwestiwn felly yw: Beth oedd y weledigaeth y tu cefn i'r murluniau? Yn sicr, trwy eu gwneuthuriad, deuthum yn nes ac yn nes at fy ngalon fy hun. Ar y cychwyn, peintiwn lysiau, clowns, mynyddoedd, a dihirod, tra ar yr un pryd 'roeddwn yn byw fy mywyd fy hun, yn gweddïo, gyrru 'nghar, codi 'mhlant a gwylio ffrindiau a chymdogion wrth eu gwaith. Hawdd yw olrhain datblygiad fy murluniau o un i un, o'r 'Llestri Pridd' i'r 'Freuddwyd' ym Mangor i'r 'Helter-Skelter' yng Nghaernarfon ac yn ddiweddarach i'r 'Crochanau' yng Nghrochendy Porthmadog. Yn yr un olaf yma, portreadais fy hunan bum gwaith ar wahanol adegau o 'mywyd, yn darlunio, crïo, gwarchod fy mhlant, a myfyrio; tra o'm hamgylch byrlyma gweithgarwch y crochendy.

Magodd y murluniau bwysigrwydd sylweddol i mi, am imi gofio fy mebyd difreintiedig, ac am imi deimlo bod yr hawl gan y dyn cyffredin i liw a phrydferthwch ar ben stryd. I'r dyn cyffredin, try'r murluniau yn ddrych trawsffurfiad. Y cwbl a wnaf yw dangos iddo ei fywyd ei hun, wedi dethol ohono'n ofalus, er mwyn cynnig iddo weledigaeth ystyrlon o bwrpas byw. I'r diben hwn, portreadaf gymeriadau lleol, adeiladau a gwrthrychau adnabyddus, ond o fewn fframwaith fy nychymyg fy hun.

Mewn geiriau eraill, fe ŵyr yr edrychydd am y manylion; y weledigaeth sy'n newydd, a'r trefniant yn ffres ac anarferol. Diau mai gormod yw disgwyl i Mr Jones, trwy gyfrwng fy murluniau, ailedrych ar ei fywyd, ond fe gyrhaeddant eu diben hyd yn oed os ei ddifyrru yn unig a wnânt.

Ymhen chwe mlynedd, gydag effeithiau gwynt a glaw ar ei ysgyfaint, daeth yr alwad i adael Bethesda, a'r llynedd mentrodd, fel y gwnaeth Paul Gauguin yn agos i ganrif o'i flaen, godi ei bac ac ymlwybro i wlad bell; nid i Tahiti, ond i Grenada yn y Caribî, a dyna lle y mae, ar hyn o bryd, yng nghanol y planhigfeydd banana a siwgr, yn ei elfen yn cyflawni comisiynau i'w noddwyr Cymreig mewn amgylchedd tra gwahanol i Wynedd.

Gwilym Prichard

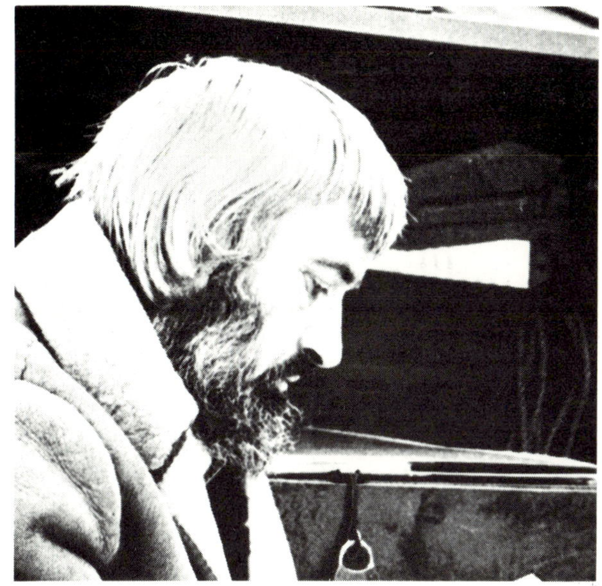

Ers deng mlynedd ar hugain bellach, cyplyswyd dau enw'n agos iawn â'i gilydd ym maes celfyddyd yng Nghymru; Gwilym Prichard a Claudia Williams.

O gofio mai pobl dibriod oedd Michelangelo, Joshua Reynolds, Richard Wilson, Edwin Landseer a llawer un arall, gellid tybio mai stâd i'w hosgoi yw priodas, os am fwynhau'r rhyddid hwnnw sy'n anhepgor i gynhyrchu gwaith creadigol o unrhyw safon! Ond darganfu Gwilym Prichard a'i briod ryw bartneriaeth gyfrin sydd wedi cyfoethogi'r naill a'r llall, a'r rhyfeddod yw eu bod, o ran naws ac arddull eu gwaith, mor annhebyg i'w gilydd.

Fel un arall o blant Llanystumdwy ar lannau'r Ddwyfor, derbyniodd Gwilym ei addysg yn Ysgol Ramadeg Porthmadog, gan fynd ymlaen yn ddiweddarach i'r Coleg Normal, a Choleg Celf Birmingham. Yn gynnar yn ei yrfa, enillodd wobr Saxon Barton, rhodd gan yr Academi Frenhinol Gymreig, a daeth hefyd yn ail ar gyfer y Fedal Aur yn Eisteddfod Genedlaethol Pwllheli yn 1955. Bu'n athro yn Llangefni am un mlynedd ar ddeg, ac yn ystod y cyfnod hwnnw bu'n arddangos ei waith yn rheolaidd, gan lwyddo hefyd i gwblhau amryw fosaigau, yn eu plith waith ar Sant Mihangel a gomisiynwyd gan yr Eglwys Gatholig yn Rhiwabon.

Yn 1964, symudodd i Goleg Ratcliffe, Caerhirfryn, gan ddychwelyd i Fôn i fyw pan apwyntiwyd ef yn bennaeth yr Adran Gelf yn Ysgol Friars, Bangor. Ymddeolodd oddi yno yn 1973, ac yn y flwyddyn ganlynol symudodd i ororau Cymru. Yn y flwyddyn honno hefyd fe'i comisiynwyd i weithio ym Melffast i'r Artileri Brenhinol; a derbyniodd gomisiwn i beintio ar Stâd Croft, gan yr Arglwydd Croft. Yn ystod gwanwyn 1978 dyfarnwyd ysgoloriaeth iddo gan Gymdeithas Celfyddydau Canolbarth Gorllewinol Lloegr i lunio cofnod o ardal yr Ymddiriedolaeth Genedlaethol o amgylch Tŷddewi. Yn 1979, aeth yn ôl i Ogledd Cymru lle mae ar hyn o bryd yn aelod rhan-amser o Adran Efrydiau Allanol Coleg Prifysgol Bangor a Chwfaint Sant Gerrad; y mae hefyd yn diwtor ym Mhlas Tanybwlch, y ganolfan ym Maentwrog. Fel ei wraig Claudia, y mae'n aelod etholedig o'r Academi Frenhinol Gymreig. Dyma eiriau'r Athro Bedwyr Lewis Jones amdano:

Bu Gwilym Prichard yn byw yn Birmingham, yng Nghaerlŷr ac yn ymyl Henffordd, ond i Wynedd Uwch Conwy y myn ddychwelyd o hyd ac o hyd. Oddi yma y daw ei ysbrydoliaeth, —o Ddwyfor lle magwyd ef, o Fôn lle gwnaeth ei gartref am ugain mlynedd, o Wyrfai lle mae'n byw ar hyn o bryd. Dyma'r darn daear y mae'n ei archwilio

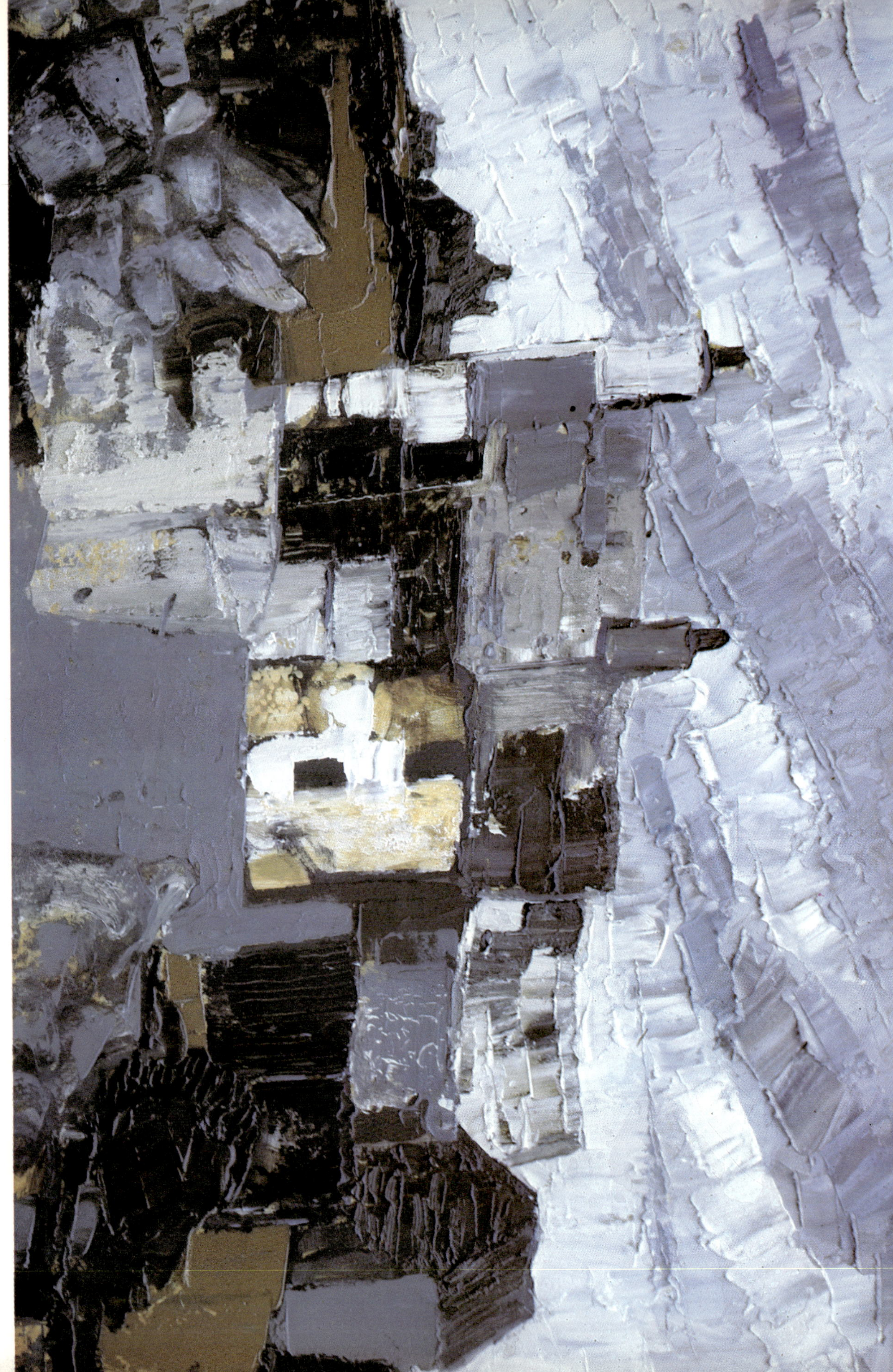

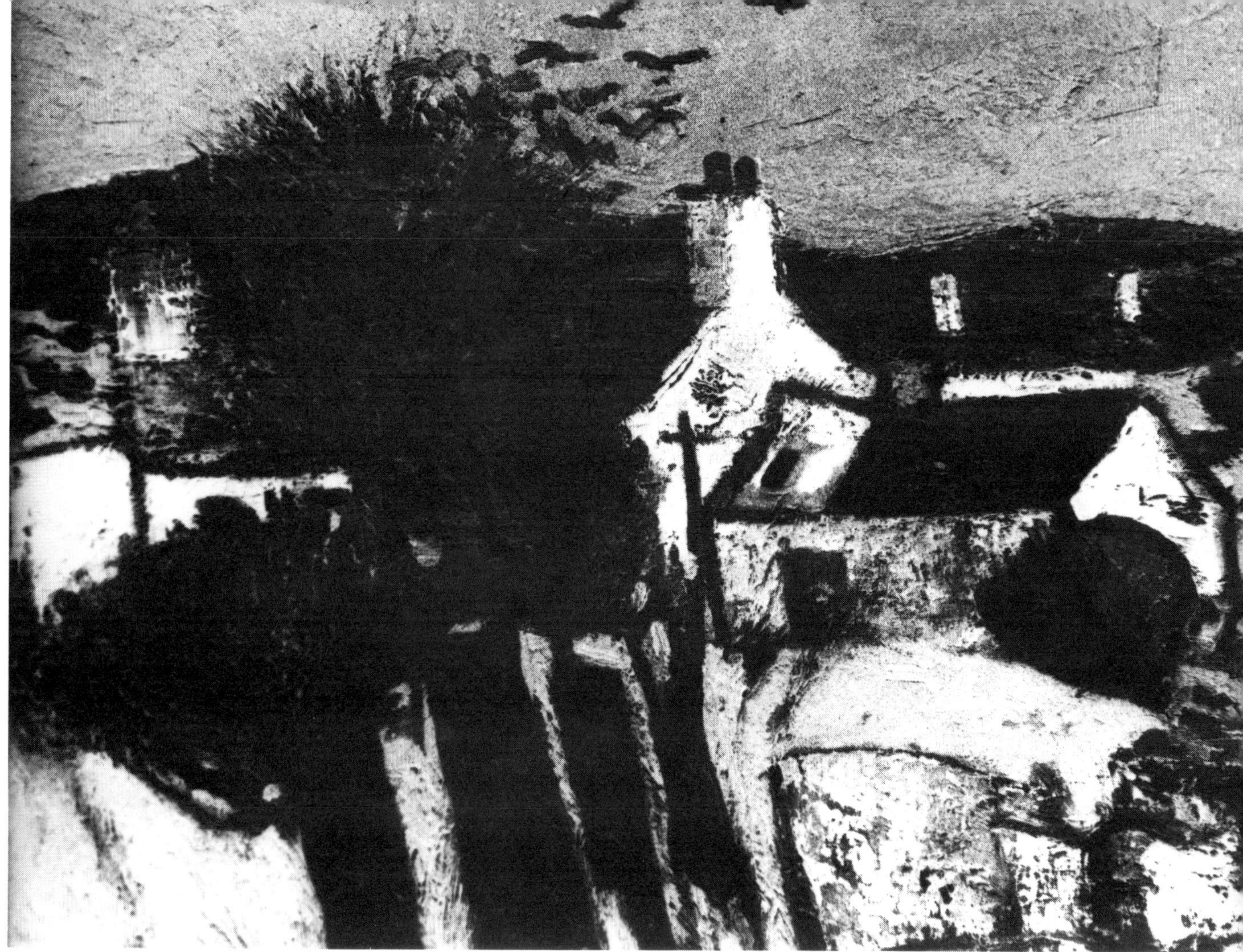

gyferbyn: SLING (olew) 1965

uchod: I FFWRDD Â CHI'R BRAIN! (olew) 1983

yn ei waith gan ganolbwyntio ar olygfa gyffredin ddi-nod —clwstwr o adeiladau fferm, wal gerrig a chen y blynyddoedd arni'n drwch— a chofnodi ei ymateb ef i wead a ffurf mewn cynfasau sy'n batrymau hy o wmber ac ocr a gwyn.

Anaml y gwelir pobol yn y golwg yn ei ddarluniau ond mae arwyddion o weithgaredd dynol ym mhobman, —yn y beudái, y waliau cerrig, drain cam sy'n gymaint rhan o'r tirlun ag yw'r clytiau rhedyn a'r creigiau sy'n brigo i'r wyneb trwy groen y tir.

Gweithio'n weddol gyflym yw ei ddull, a defnyddio cryn lawer ar gyllell yn ogystal â brws er mwyn dal uniongyrchedd ei ymateb yn y llun. Mae'n cyfansoddi wrth osod y paent. Mae ei ddarluniau wedi eu seilio ar olygfeydd go iawn, ond bod llygaid mwy treiddgar na'n heiddo ni yn dehongli'r olygfa yn y llun —yn dangos i ni ffurfiau'r tir, yn agor ein llygaid i'r cyfoeth lliw. Fel llinellau bardd mae'r darluniau'n tynnu'r cen oddi ar ein llygaid pŵl ni, yn ein deffro i ddirnad cymeriad golygfa oedd yn hanner cyfarwydd o'r blaen. Wrth wneud hynny mae'n cyfoethogi'n hadnabyddiaeth o ddaear ein gwlad.

Wedi clywed adwaith llenor, dyma eiriau'r artist ei hun:

'Chefais i fawr o anogaeth i beintio gartre nac yn yr ysgol; nid testun i'w gymryd o ddifrif oedd arlunio —neu 'ddroenio' ar lafar gwlad. 'Roedd yna ryw obaith i ddyn petai ganddo reddf daclus ac yn medru amlinellu'n gywir a graenus. Methiant oeddwn i yn y naill beth a'r llall.

Gadewais yr ysgol bron o dan orfodaeth, i

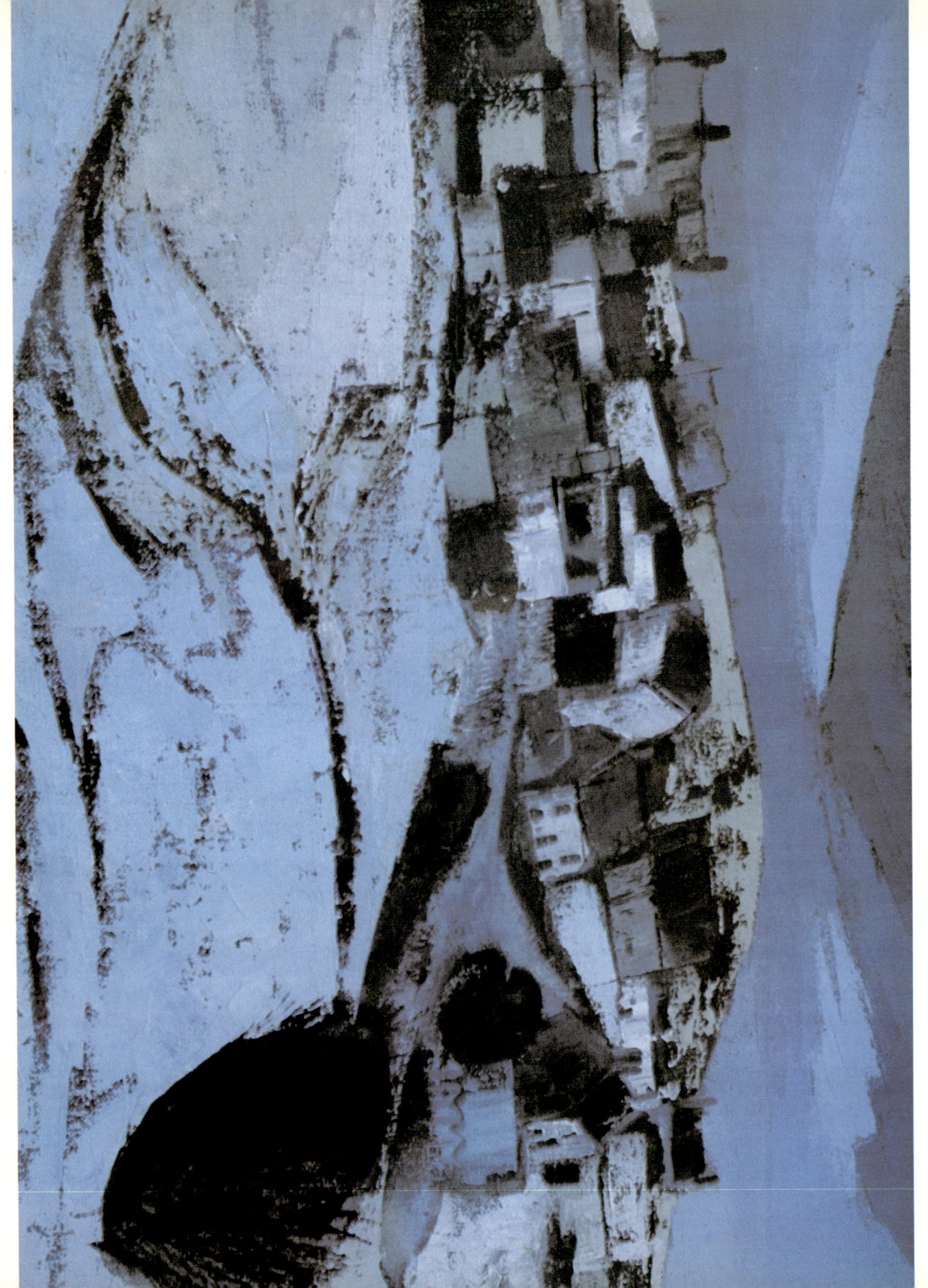

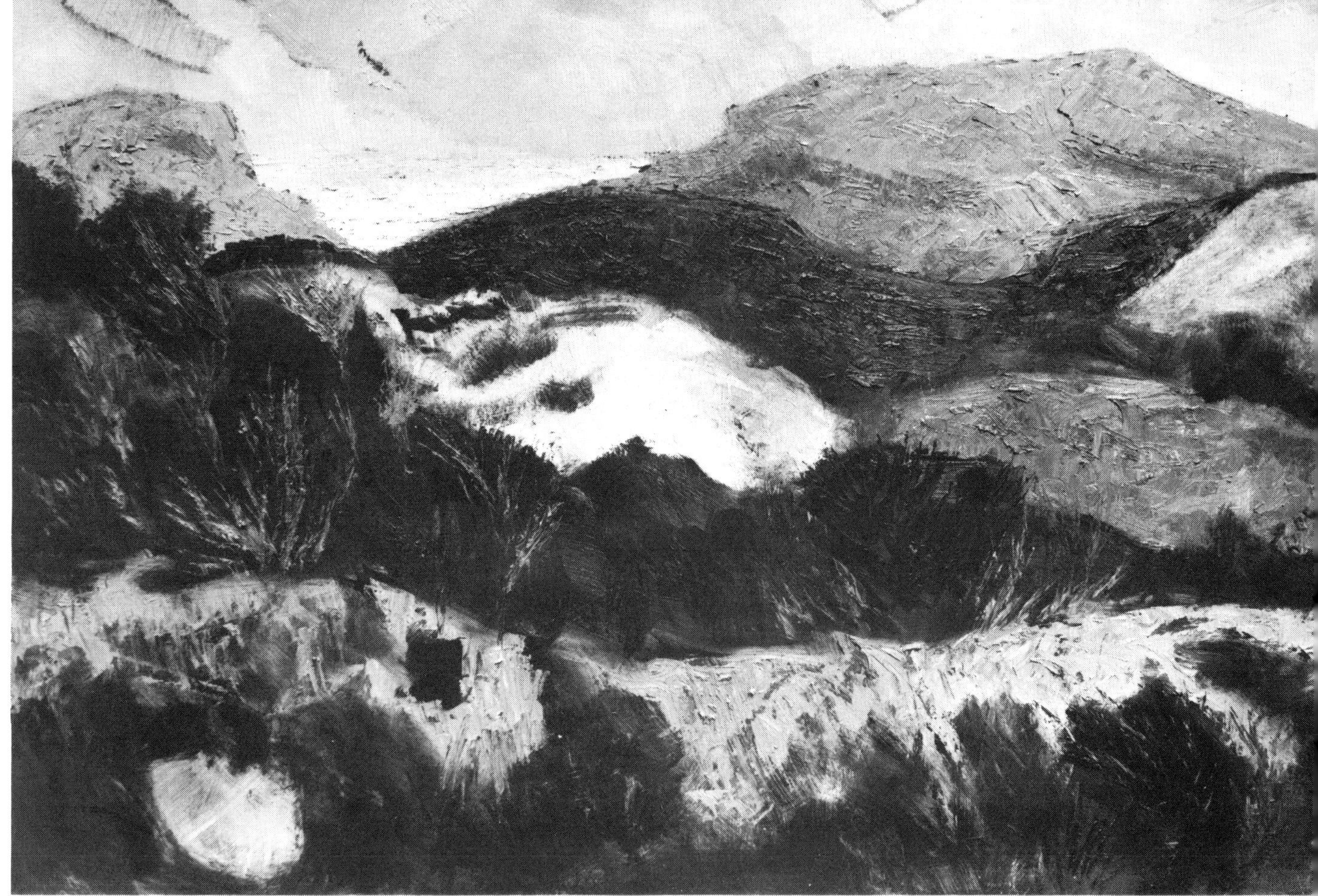

gyferbyn: OLION DEFAID YN YR EIRA (olew) 1981

uchod: PENTRAETH (olew)

wneud fy Ngwasanaeth Cenedlaethol fel Mecanydd Radar yn y Llu Awyr. Yn dilyn cael fy rhyddhau o'r fan honno, bron na ddywedwn mai rhyw ddrifftio i mewn i'r Coleg Normal a wnes, ac oddi yno i Birmingham. Fel i'r mwyafrif o rai tebyg i mi ar adael coleg celf, byd athro oedd yn fy aros; cefais brofiad helaeth o flaen dosbarth, a rhaid imi gyfaddef imi fwynhau'r profiad yn fawr iawn. Ond daeth yr ysfa drosof i neilltuo fy amser yn llawn i'm gwaith fy hun —ysfa a wireddwyd ymhen hir a hwyr.

Bûm yn ffodus i gwrdd â Claudia Williams, a oedd ar y pryd yng Ngholeg Celf Chelsea. Bu hi'n fodd imi feddwl yn ddwysach nag erioed o'r blaen beth oedd ystyr peintio yn ei hanfod. Tra yn Birmingham, crochenwaith a gwehyddu oedd fy astudiaethau, ac ychydig iawn o beintio a wneuthum. Cofiaf yn dda i un athro ddweud wrthyf, wedi syllu'n hir ar fy ngwaith: "Pam 'na beinti di affliw o dwll mawr?" I ffwrdd ag e, ac nis gwelais erioed wedi hynny, cyhyd ag y cofiaf. Cymerodd lawer blwyddyn imi ddeall yn iawn beth oedd arwyddocâd ei sylw. Credaf mai cyngor oedd ganddo ar imi ymgeisio creu effaith o ddyfnder ac o soletrwydd yn fy ngwaith. Hyd heddiw, fy ymgais yw i ymgyrraedd at y nod arbennig hon: cofiaf i Ceri Richards un tro wneud y sylw 'mod i'n peintio'r "esgyrn o dan y tirwedd".

Nid yw testunau fy lluniau wedi newid fawr ddim dros y deng mlynedd ar hugain; parhâf i beintio tirluniau a bywyd llonydd o flodau sych neu frigau drain. Ond mae fy agwedd wedi newid gyda throad y blynyddoedd. Hyderaf 'mod i'n gweld yn well, yng ngwir ystyr y gair, ac y mae mwy o sylwedd materol yn fy mheintiadau. 'Dydw i ddim yn fy holi fy hunan a oes gen i arddull, fel y cyfryw, a 'dyw hynny'n poeni dim arnaf. Weithiau bydd fy mhaent yn denau, bryd

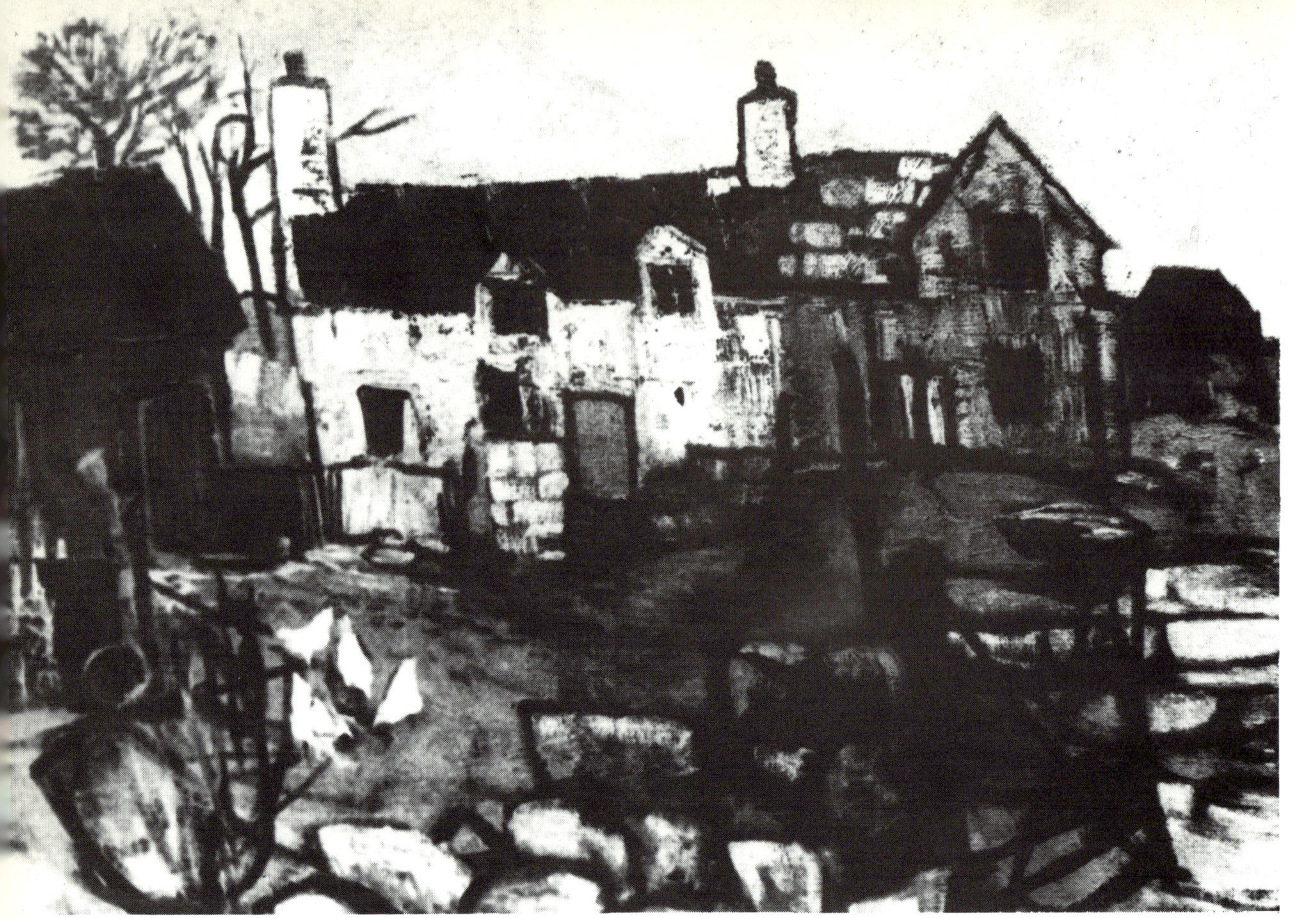

TŶ MAWR (olew)

arall yn dew, gydag ychwanegiadau o dywod neu o blastr. Fy nghonsyrn pennaf yw teimlad ac awyrgylch, ac i ymgyrraedd at hynny, 'dydw i ddim yn dilyn unrhyw ddull cydnabyddedig o beintio.

Yn awr ac yn y man, fe wêl darlun ei gychwyn yn y fan a'r lle, a'i orffen yn ôl yn y stiwdio, o ddarluniau ychwanegol. Wrth weithio fel hyn, fe gychwynnaf mewn dull rhydd iawn, gan adael i'r paent greu'r awyrgylch, ac ychwanegu ato hyd at y diwedd; hwn, ddwedwn i, yw'r elfen sy'n creu y problemau mwyaf.

Nid oes gen i hoff gyfrwng, fel yr honna rhai; dibynna'r dewis ar fy nheimladau ar y pryd, a hefyd ar y llecyn arbennig lle digwyddaf fod. Yr her a'r wefr i mi o hyd yw newydd-deb pob diwrnod a phob un darn o waith; nid oes dim yn cael ei ail-ddweud.

Y dylanwad mwyaf ar fy ngwaith yw fy ngwraig Claudia; er maint y gwahaniaeth yn ei harddull, y mae hi'n feirniad hirben ac adeiladol. Cydnabyddaf hefyd gynorthwy a chefnogaeth yn fy nyddiau cynnar oddi wrth Kyffin Williams a'r diweddar Charles Tunnicliffe.

Mae'n amheus gennyf a welir byth Ysgol Gymreig o beintio, ar linellau yr Ysgol Argraffiadol yn Ffrainc dros ganrif yn ôl; fedra i ddim dweud pam. O'm rhan fy hun, rhyw berson preifat wyf i, yn ymwrthod ag unrhyw fudiadau a phwyllgorau yn ymwneud â chelfyddyd; gwaith yr artist yw sicrhau bod ei gynnyrch yn siarad drosto.

Credaf mai cariad a dealltwriaeth rhwng pobloedd yw sail tangnefedd ar y ddaear a beth bynnag fo galwedigaeth dyn, gonestrwydd a thrylwyredd yw'r hanfodion. Os bywyd fel f'eiddo i yw'r nod, peidied neb â dyheu am gydnabyddiaeth gyhoeddus; ymatalied rhag atgasedd ac na cholled gobaith. Yr hyn sy'n bwysig yw barn pobl ymhen canrif; erbyn hynny ni fydd y farn honno o fawr werth i ni.

Will Roberts

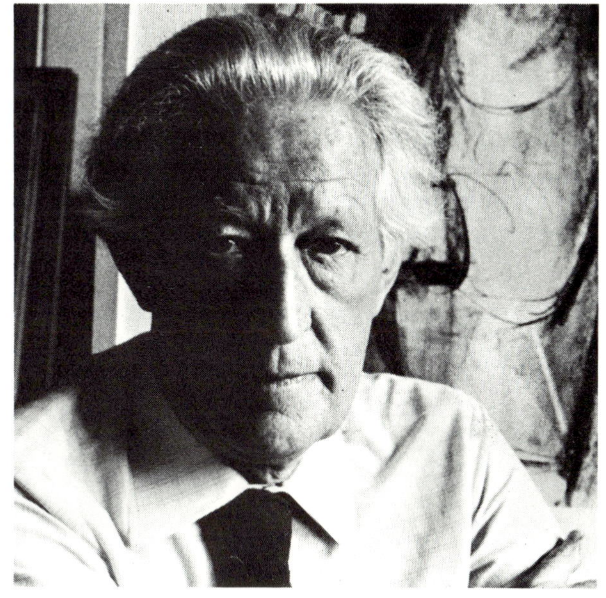

Brithir hanes y celfyddydau cain yn ystod y can mlynedd diwethaf gan fudiadau a ddaeth i fodolaeth yn aml iawn o dan arweiniad unigolion a welodd ymhellach na'u cyfoedion. Yna, cyn gynted ag yr hudwyd carfan o ddilynwyr gan yr efengyl newydd, 'roedd yna arloeswr arall ar y gorwel yn barod i gynnig efengyl arall.

'Does raid inni ond meddwl am Claude Monet a'r mudiad Argraffiadol; Picasso a Georges Braque a Chiwbaeth; Henri Matisse a Fauvisme. Fel yn hanes y Cristnogion cyntaf yn Antiochia, termau o wawd yn hytrach nag o barch oedd y teitlau hyn bron yn ddieithriad, wedi eu bathu gyda'r pwrpas o ddifrïo'r artistiaid a'u syniadau chwyldroadol. Ond o'r mudiadau yma, un sydd wedi eu goroesi i gyd, mewn gwahanol agweddau, ac sydd mor uchel ei barch heddiw ag erioed, yw Mynegiadaeth.

Anhawster mawr sgrifennu am beintio yw'r diffyg geiriau i gyfleu rhywbeth sydd yn ei hanfod yn gwbl weledol; pur anaml y ceir artist a fedr fynegi ei hun ar lafar i'r un graddau ag a wna â'i frws. Os bu un term celfyddydol erioed yn anodd ei barselu yn hylaw, yna Mynegiadaeth yw hwnnw.

Ar draul gor-symleiddio'r sefyllfa, fe ellid dweud bod yna ddwy ffordd sylfaenol o fynegiant mewn gwrthrych gweledig; naill ai gweld y byd yn gwbl wrthrychol, gan sefyll draw megis o ymrwymiad personol â'r hyn a bortreadir; neu ei weld yn oddrychol, yn ymdeimlo'n llwyr â'r emosiynau y ceisir eu portreadu, a cheisio tynnu'r edrychydd i mewn i rannu teimladau tebyg. Amlygwyd y ddau safbwynt yma dro ar ôl tro ar wahanol ffurf yn ystod treigl hanes celfyddyd yn y byd gorllewinol. Yn Ffrainc yn negawdau cynnar y ganrif ddiwethaf, fe'u hamlygwyd yn bwerus iawn o dan ddwy faner: y Clasurwyr o dan arweiniad Jacques Louis David ar y naill law, a'r Rhamantwyr o dan Eugene Delacroix ar y llall. Y Clasurwyr yn oeraidd, pell a dideimlad, a'r Rhamantwyr yn eu lliw a'u dull o beintio yn ceisio tynnu'r edrychydd i mewn megis i deimlo'r angerdd a'u hysbrydolodd.

Mae'r labelau hyn erbyn heddiw bron wedi diflannu o'r eirfa, ond mae'r ysbryd a gynrychiolwyd gan y ddwy garfan i'w deimlo o hyd. Gall llun cwbl haniaethol fod naill ai'n glasurol neu'n rhamantaidd ei arddull a'i genadwri.

Petaem yn ceisio dod o hyd i ryw linyn arian sy'n cyplysu'r amrywiol weddau ar Ramantiaeth, yna Mynegiadaeth yw'r term a rown i ar y llinyn annelwig hwnnw. I ddilyn trywydd y diffiniad hwn, fe ellir rhoi'r tocyn 'Mynegiadwr' ar nifer helaeth o artistiaid,

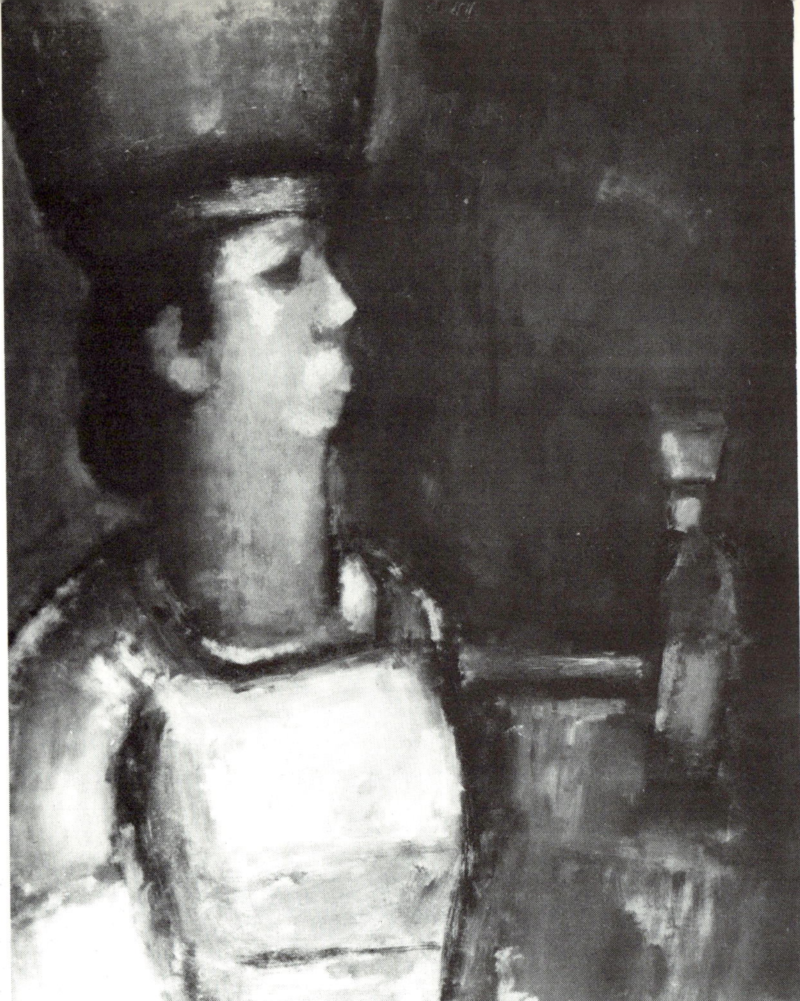

GWRAGEDD
Y COCOS,
PENCLAWDD
(olew)
1954

gwahanol iawn o ran cyfnod, natur a chynnyrch, ond ar y tir cyffredin eu bod nhw'n mynegi eu hangerdd mewnol yn eu gwaith, ac yn ein gwahodd i gydymdeimlo: Mathias Grünewald yn yr Almaen bedair canrif yn ôl yn ei bortread o boenau arteithiol y Gwaredwr ar y Groes; Vincent Van Gogh yn ei arddull ddiamynedd a'i liwiau llachar; Edvard Munch yn Norwy yn cyfleu angerdd unigrwydd enaid; Francis Bacon yn ein dyddiau ni yn ein brawychu gyda'i ddelweddau o gyrff maluriedig; Georges Rouault, Chaim Soutine, Oskar Kokoschka; fe ellid mynd ymlaen ac ymlaen.

Os oes yna un artist o Gymro sydd (yn fy nhyb i) yn llinach y cewri a restrwyd uchod, yna'n sicr Will Roberts o Gastell Nedd yw hwnnw.

Yn enedigol o Riwabon gerllaw Wrecsam, pentre a gysylltid yn y cyfnod hwnnw â chynhyrchu brics, fe gofia'r artist hyd heddiw y lliwiau brownfelyn a hydreiddiai'r clai, y deunydd a roddodd fod i'r diwydiant, a'r pyllau clai a ymdebygai i wyneb y lleuad. Mae'n anodd olrhain pob dylanwad sydd ar artist o'i febyd ymlaen, ond nid rhamantu yw tybio bod a wnelo rhai o'r argraffiadau cynnar hyn ag ansawdd ei waith creadigol yn ei aeddfedrwydd, ac â'i ddefnydd o liwiau cyfyngedig, lliw'r pridd.

Gweithiai ei dad ar y rheilffordd, a'r gwaith hwnnw a fu'n gyfrifol am symud y teulu i lawr i'r de, i Gastell Nedd. O ochr ei fam etifeddodd gariad tuag at gerddoriaeth, a hyd heddiw fe ymhyfryda mewn mesur o fedr ar ganu'r ffidil.

Yn gynnar yn y tridegau, derbyniodd ei hyfforddiant ffurfiol cyntaf yn y gelf o ddarlunio a pheintio, a hynny ar raddfa ranamser yng Ngholeg Celf Abertawe. Erbyn diwedd y degawd, medrai ymffrostio yng

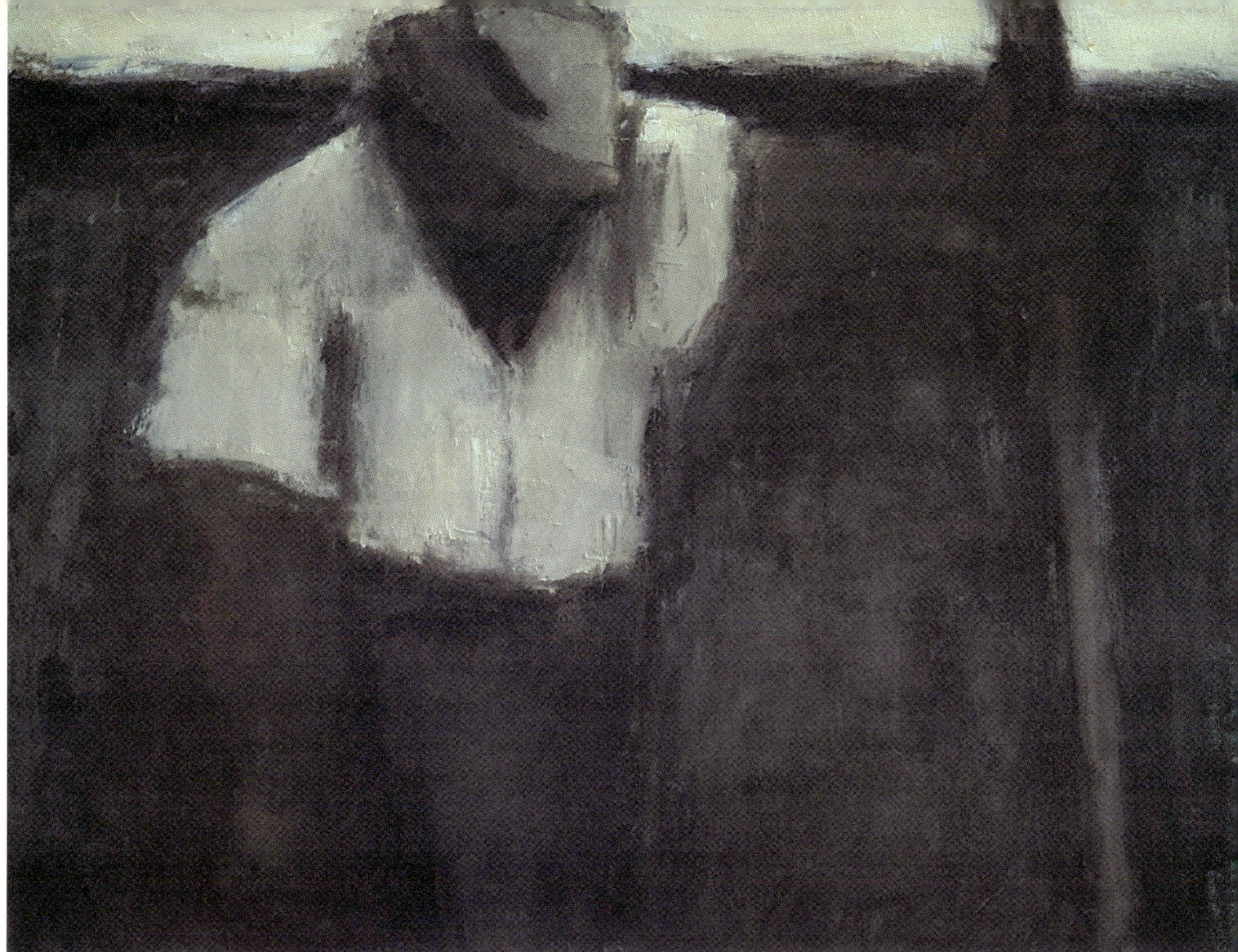

FFERMWR (olew) 1980

ngwerthiant ei ddarlun cyntaf, a hynny am ddwy gini!

Testunau ei ddarluniau cynnar oedd yr ardal ddiwydiannol ar gyrion Castell Nedd, gyda'r pwyslais ar y lliwiau lleddf a nodweddai amgylchedd o'r fath. Ond fel llawer i artist arall, mae'n gosod pwys ar un achlysur tyngedfennol yn ei fywyd, ac yn ei hanes ef, y flwyddyn 1945, yn union wedi'r rhyfel, oedd y pegwn arbennig hwnnw. 'Roedd e ei hunan wedi ei ryddhau o gyfnod yng ngwasanaeth y Llu Awyr erbyn hynny, a chyd-ddigwyddiad oedd dyfod yr artist Joseph Herman i ymgartrefu yn Ystradgynlais, yng Nghwm Tawe. Alltud o wlad Pwyl oedd Herman, wedi bwrw cyfnodau yn Brussels, Llundain a Glasgow cyn cyrraedd Cwm Tawe yn 1944. Fe'u hudwyd gan y fro lofaol a'i phobl, ac yno y treuliodd ddeng mlynedd ffrwythlon eithriadol, a thoddi i mewn i'w gymdeithas o dan yr enw "Joe Bach".

Fel Millet yn Ffrainc ganrif yn gynharach, canfyddai Herman fawredd y gweithiwr o dan y llwch a'r llaid, a dyna'r elfen a drosglwyddodd i Will Roberts. Hyd heddiw, yr elfen amlycaf yng ngwaith Roberts yw'r amlygiad hwn o gariad a chydymdeimlad tuag at ddynoliaeth a chefn gwlad heb ei threisio gan ddiwydiant. O fewn milltir sgwâr Fferm Ty'n-y-Waun y mae Will Roberts dros y blynyddoedd wedi tynnu ei ysbrydoliaeth.

Fe wêl heibio i'r tila a'r dianghenraid mewn bywyd, a chanfod islaw'r wyneb yr hyn sy'n sylfaenol a moniwmental. I gyrraedd ei amcanion, mae'n hepgor lliwiau llachar, gan

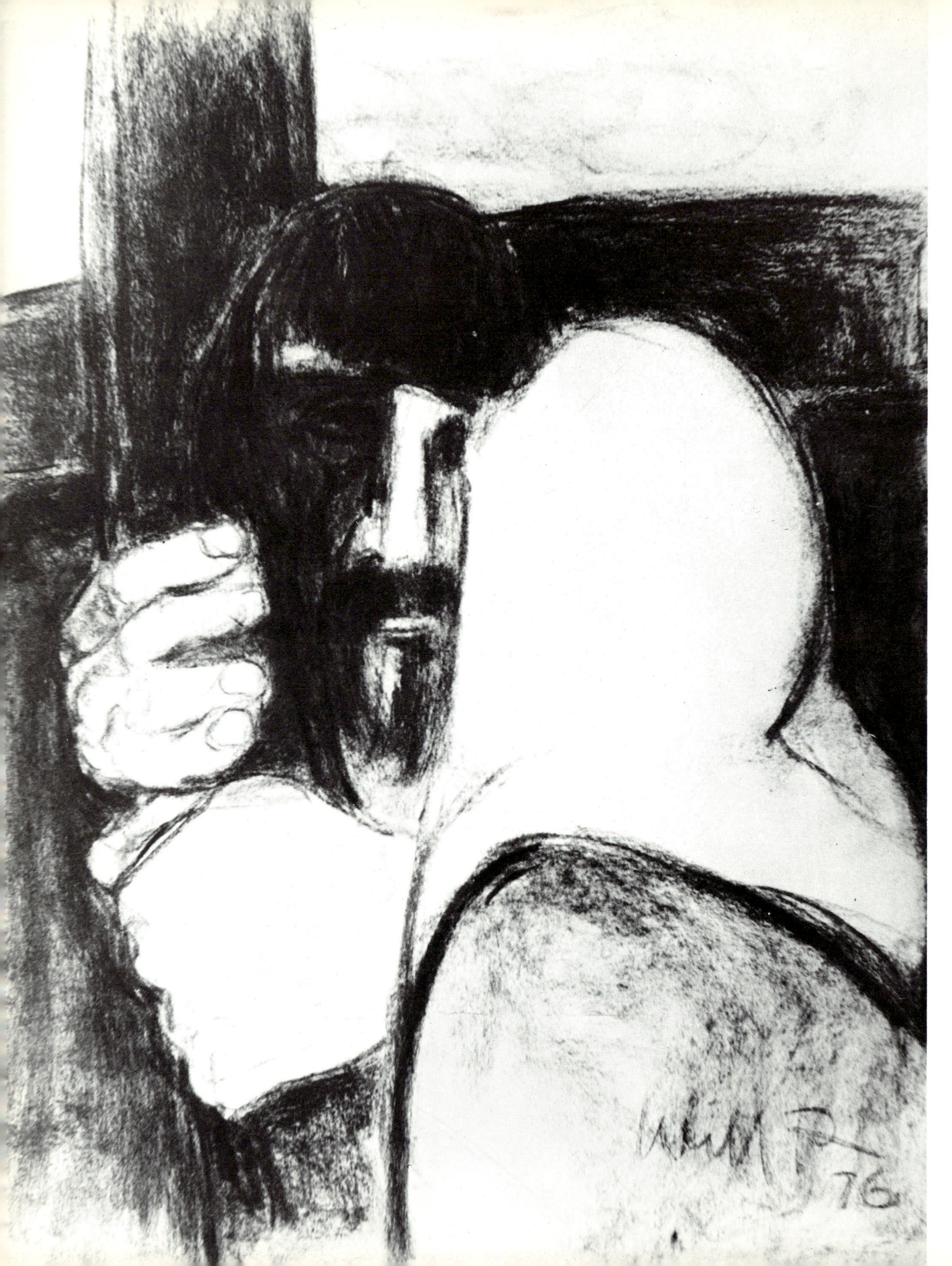

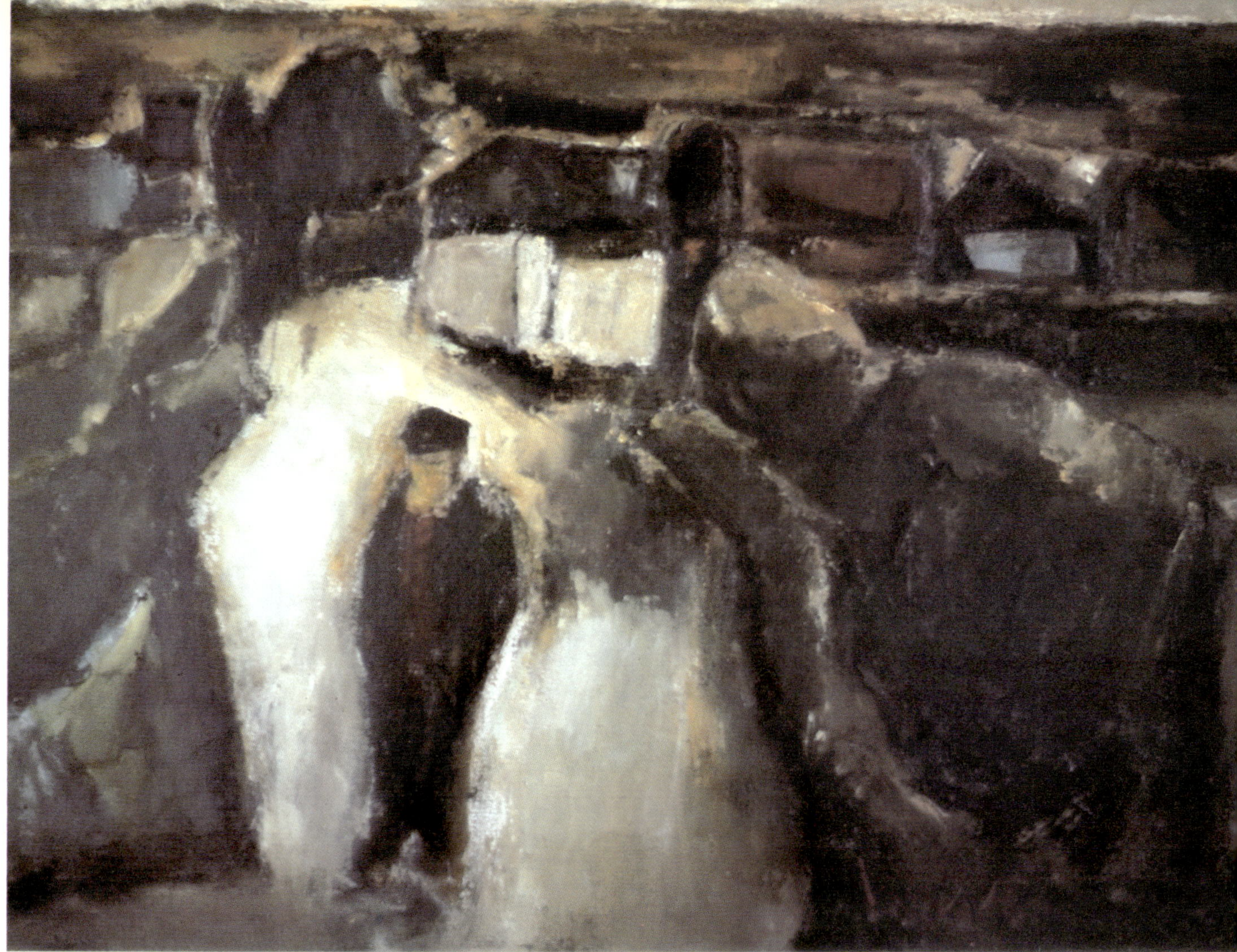

gyferbyn: Y DAITH I GALFARIA

uchod: TIRLUN (olew) 1981

wasgu i'r eithaf y posibiliadau sy'n deillio o gyfyngu ei balet i liwiau'r pridd: brown, melyn, du. O ganfod a dehongli ei amgylchfyd ar hyd y llinellau hyn, nid yw maint y darlun o bwys yn y byd, ac mewn atgynhyrchiad ar bapur, anodd dweud ai bychan ai anferth yw'r gwreiddiol.

Yn 1956, ar sefydliad y grŵp y rhoddodd y flwyddyn ei deitl iddo —y '56 Group'— gwahoddwyd Will Roberts i ymaelodi, ond ymhen deng mlynedd, teimlai fod ei waith yn anghydnaws ag amcanion digyfaddawd y grŵp, ac fe ymddiswyddodd.

Ni ddylid tynnu i ben hyn o ysgrif heb nodi un o'i weithgareddau diweddaraf, sef y gyfres honno o'i waith a seiliodd ar y Daith i Galfaria (Stations of the Cross). Yma, mi deimlaf, y daeth yr artist a'r Cristion at ei gilydd, ac fel pob uchelwaith ym myd celfyddyd, nid llunio digwyddiad arbennig ar adeg arbennig a wnaeth, ond crisialu ynddo holl boen a dioddefaint y ddynoliaeth.

Enillai Will Roberts ei fywoliaeth, yn y cyfnod cyn iddo fedru gwneud hynny trwy werthu ei beintiadau, ym myd gemwaith a chlociau, ac fe ddywed hynny lawer am ei ddawn i gyfuno'r ceinder angenrheidiol at waith o'r fath â gofyniadau mwy llawdrwm cyfrwng paent.

A dyna fesur maintioli Will Roberts: ymwrthod â darlunio'i Gymru a'i gyd-Gymry mewn dull plwyfol, slic, ond eu dehongli ar hyd llinellau ehangach, fel y gwnaeth ei arwr Rembrandt dair canrif o'i flaen, a Constant Permeke yng ngwlad Belg dipyn yn ddiweddarach.

Claudia Williams

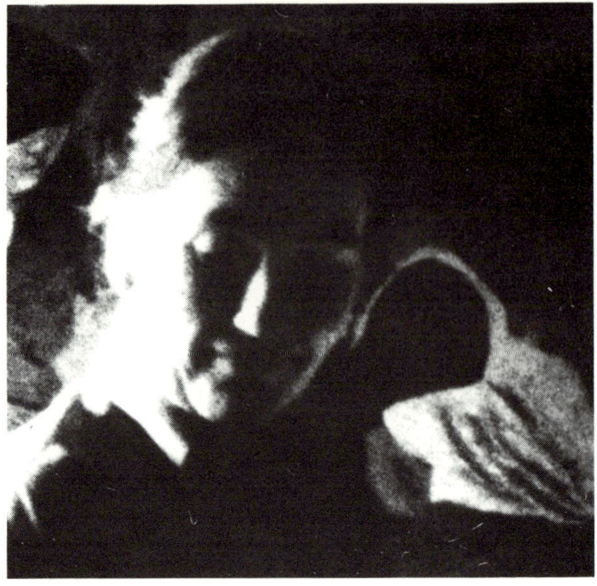

O'r pumdegau cynnar ymlaen, gwnaed camau mawr ym myd addysg gelfyddydol yn ein hysgolion, er i'r cyfleusterau a gynigiwyd ddirywio'n aml iawn i hybu rhyw fynegiant dilyffethair, gan esgor ar gynnyrch oedd yn fwy syfrdanol ei faint na'i sylwedd.

Law yn llaw â'r datblygiadau hyn o fewn yr ysgolion, tyfodd llu o gyfleusterau allanol, yn cynnig ffenest siop, megis, i'r goreuon o waith y plant, ac ni bu byd masnach yn araf i ddarganfod bod elw yn deillio o drefnu cystadlaethau ac arddangosfeydd o waith plant.

Un o'r rhai cyntaf yn y maes yn union wedi'r rhyfel oedd papur Sul tra adnabyddus, ac yn un o'r arddangosfeydd cynnar hynny y daeth enw Claudia Williams i'r amlwg. Dyfarnwyd iddi'r wobr gyntaf (y darlun oedd 'Godro') a hynny o dan feirniadaeth pobl o safon Syr Herbert Read a Syr John Rothenstein.

Tristwch pob athro celf yw darganfod talent eithriadol mewn plentyn, a'r dalent honno'n edwino'n fuan o ddiffyg ymrwymiad neu o ddiffyg dyfnder i ddatblygu ymhellach. Yn aml, nid yw llwyddiant cynnar mewn cystadleuaeth yn esgor ar ddim mwy na rhyw boblogrwydd byrhoedlog.

Ond nid felly yn hanes Claudia Williams; agor drws a wnaeth y llwyddiant cynnar hwn i yrfa o ymrwymiad a datblygiad cyson dros y blynyddoedd.

Ar droad y ganrif, ymddangosodd posteri anturus o dan y llofnod y 'Brodyr Beggarstaff'; enghraifft oedd hyn o ddau artist —William Nicholson a James Pryde— yn claddu eu personoliaethau eu hunain i greu arddull gyfansawdd. Rhywbeth fel hyn a allsai'n hawdd ddigwydd i ŵr a gwraig o artistiaid. Ond na: wedi priodi â Gwilym Prichard, parhaodd Claudia Williams i gynhyrchu ei gwaith o dan ei henw morwynol, ac y mae ei harddull heddiw mor wahanol i eiddo'i gŵr ag y bu erioed.

Dyma'r hyn a ddywed amdani ei hun:

Cefais bob cefnogaeth gan fy rhieni, wedi iddynt ganfod fy niddordeb mewn arlunio; mewn ffordd, 'roedd bod yn unig blentyn yn beth ffodus, am imi fedru treulio cryn dipyn o amser ar fy mhen fy hun yn ymarfer fy niddordeb. Eto i gyd, 'roeddwn i'n hoffi bod ymhlith pobl a threulio amser gyda chyfeillion. Tawel ddigon fu fy mhlentyndod ar wahân i rai agweddau o ddioddefaint yn ystod dyddiau'r rhyfel a brofais fel plentyn yn ne-ddwyrain Lloegr, nepell o Lundain.

Ond un peth da a ddaeth yn sgîl y rhyfel, a hwnnw oedd dod i gysylltiad ag un a oedd i ddylanwadu'n drwm iawn ar fy nyfodol. Christine Walker oedd honno, athrawes gelf a

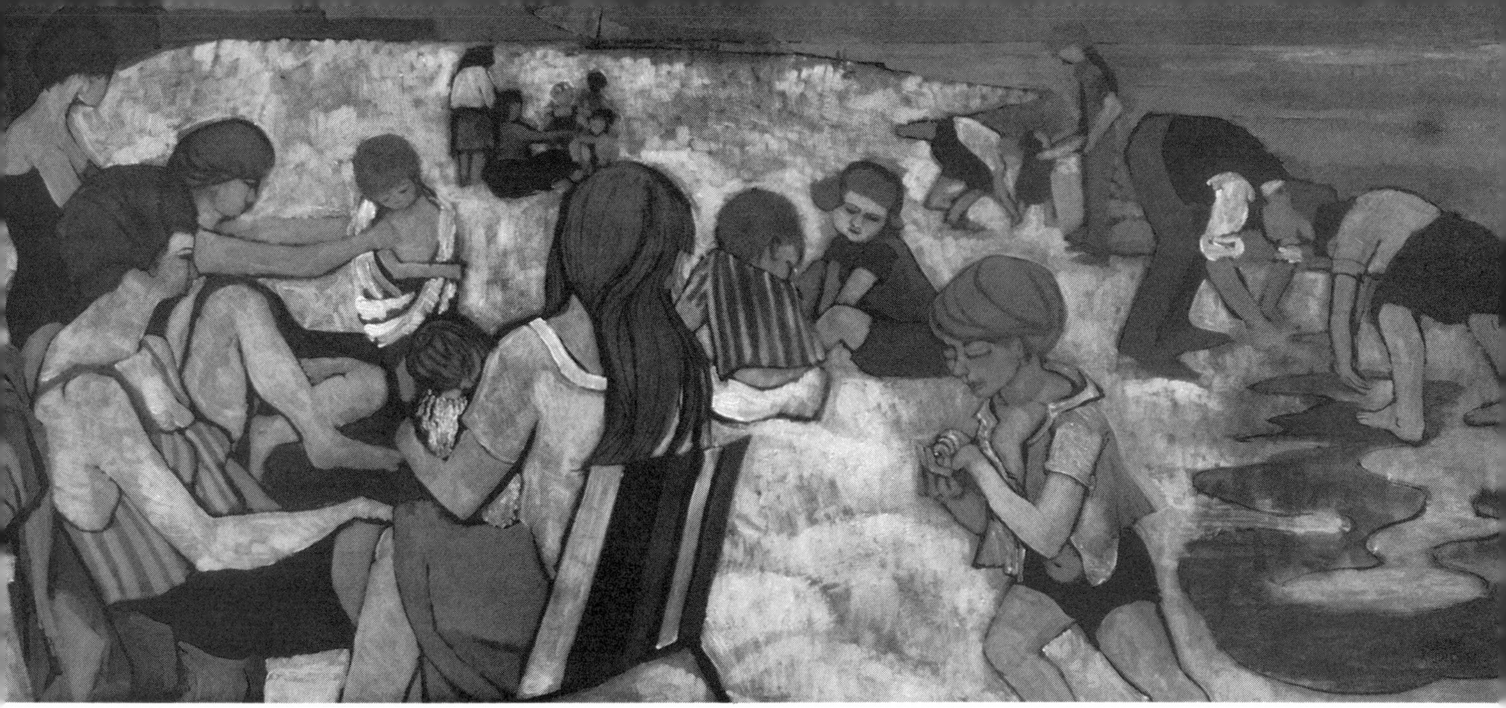

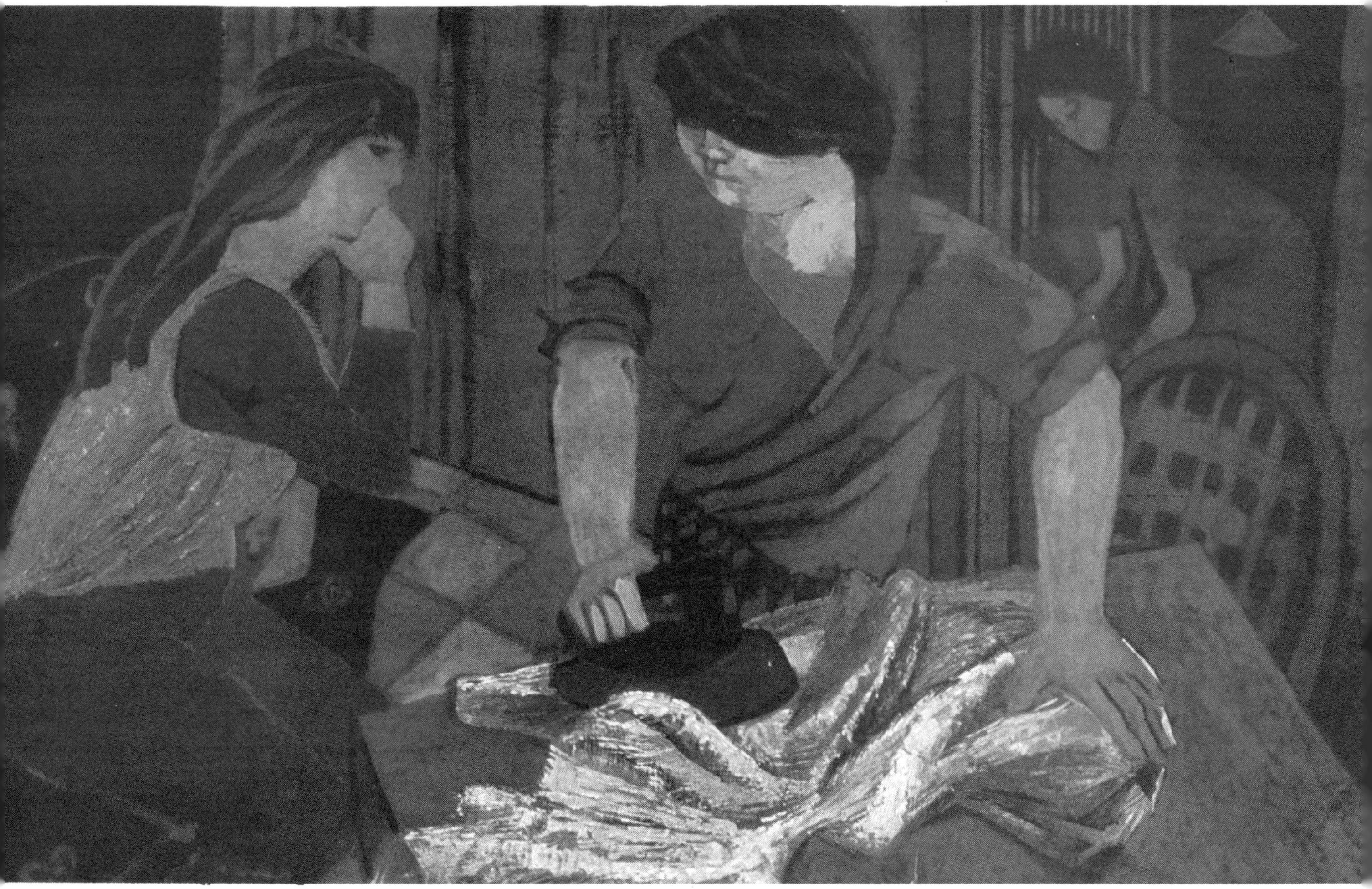

uchod: HEL CREGYN (olew)

isod: MERCHED YN SMWDDIO (olew)

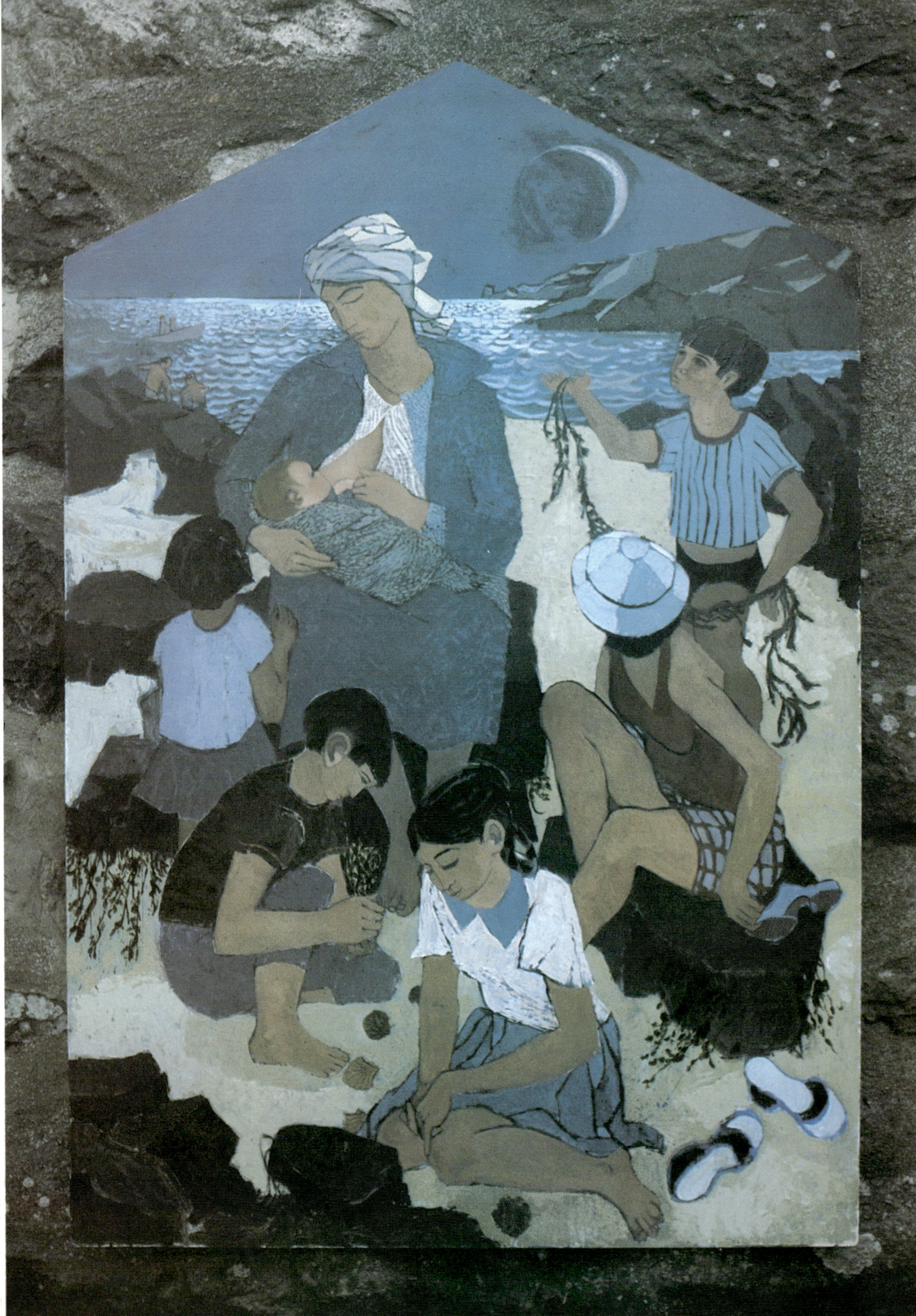

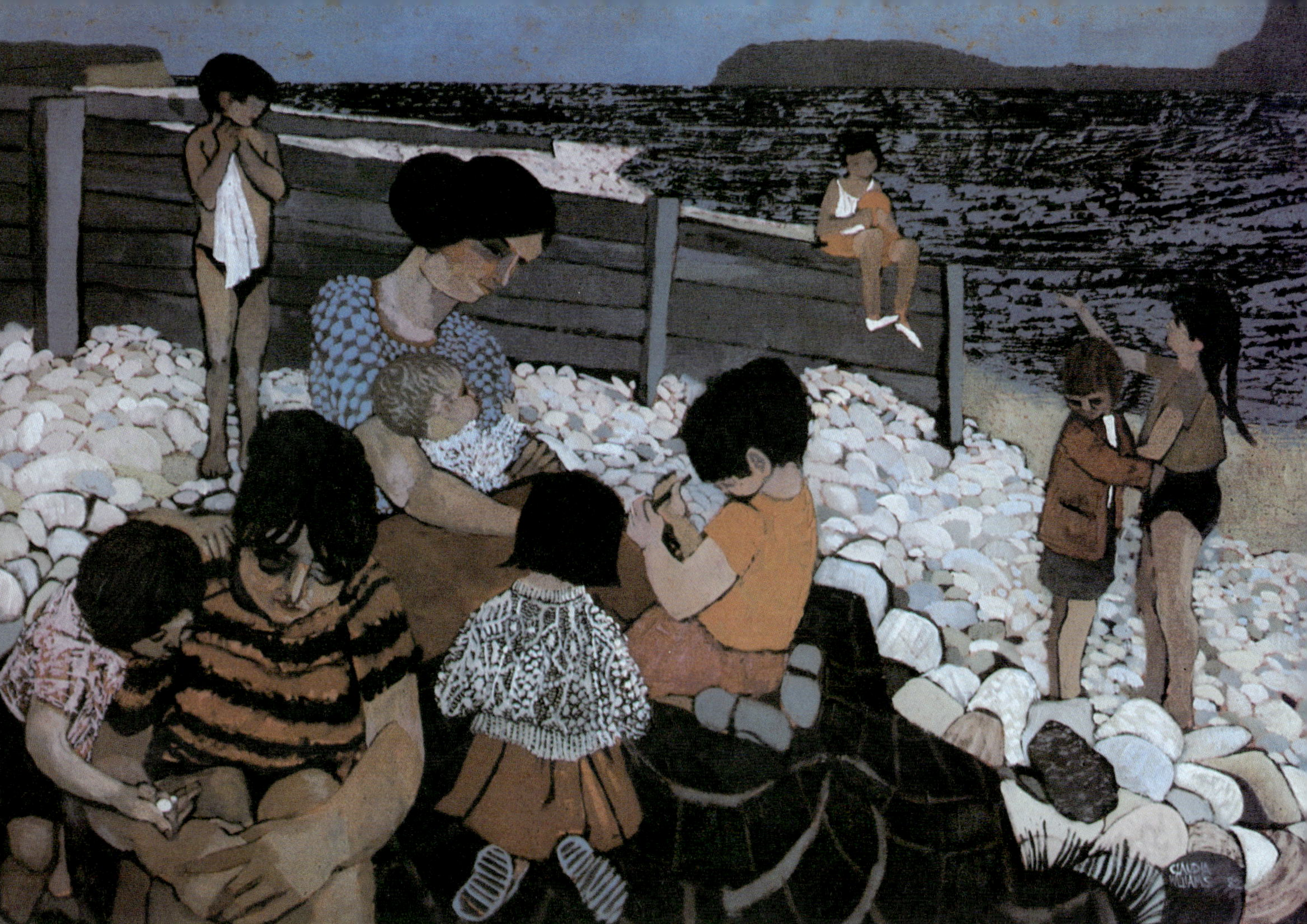

gyferbyn: Y WYRYF A'I BABAN, A PHLANT AR Y TRAETH (olew) CERRIG GWYNION (olew)

ddaeth i'r ysgol yn Caterham, swydd Surrey, ar y dechrau fel athrawes dros dro, ond wedi hynny yn sefydlog. Y gwersi celf oedd uchafbwynt yr wythnos i mi. Arferai'r athrawes gyflwyno gwaith ei disgyblion yn rheolaidd i gystadlaethau cenedlaethol, ac aeth nifer o'r rhai fu dan ei dwylo ymlaen i ddilyn gyrfaoedd ym myd celf.

Er nad oedd fy nhad yn artist proffesiynol, 'roedd yn grefftwr wrth natur a threuliai oriau hir yn cerfio coed. Talentau eraill, ym myd actio a chanu, oedd eiddo fy mam.

Fel pob merch ifanc, euthum drwy'r cyfnodau o ddarlunio merched mewn dillad crand, a cheffylau wrth gwrs. Ond o gylch oed y pumed dosbarth, trown yn aml i ddarlunio fy ffrindiau, a darganfod bryd hynny mai'r corff dynol oedd hoff destun fy narlunio a'm peintio.

Wedi straen y rhyfel, ymddeolodd fy rhieni i Lŷn, ardal sydd mor hyfryd heddiw ag erioed. Yno y cyfarfûm gyntaf â Gwilym, athro celf ifanc ar y pryd, ac wedi priodi, gwnaethom ein cartref ar Ynys Môn, a chodi teulu o bedwar. Darganfûm, drwy godi'n gynnar a noswylio'n hwyr, fod parhau i ddarlunio a pheintio o fewn terfynau posibilrwydd, hyd yn oed yng nghanol trafferthion codi teulu. A dweud y gwir, 'roedd y sefyllfa y cawn fy hun ynddi —o fod yng nghanol plant bach— yn ysbrydoliaeth i ymgymryd â chyfansoddiadau o blant yn chwarae, nodwedd barhaol yn fy ngwaith. Cofiaf ddarllen am yr artist Sgotaidd Ann Redpath, a dweud wrthyf fy hun, os medrai honno godi teulu a bod yn artist, yna felly roedd hi i fod yn fy

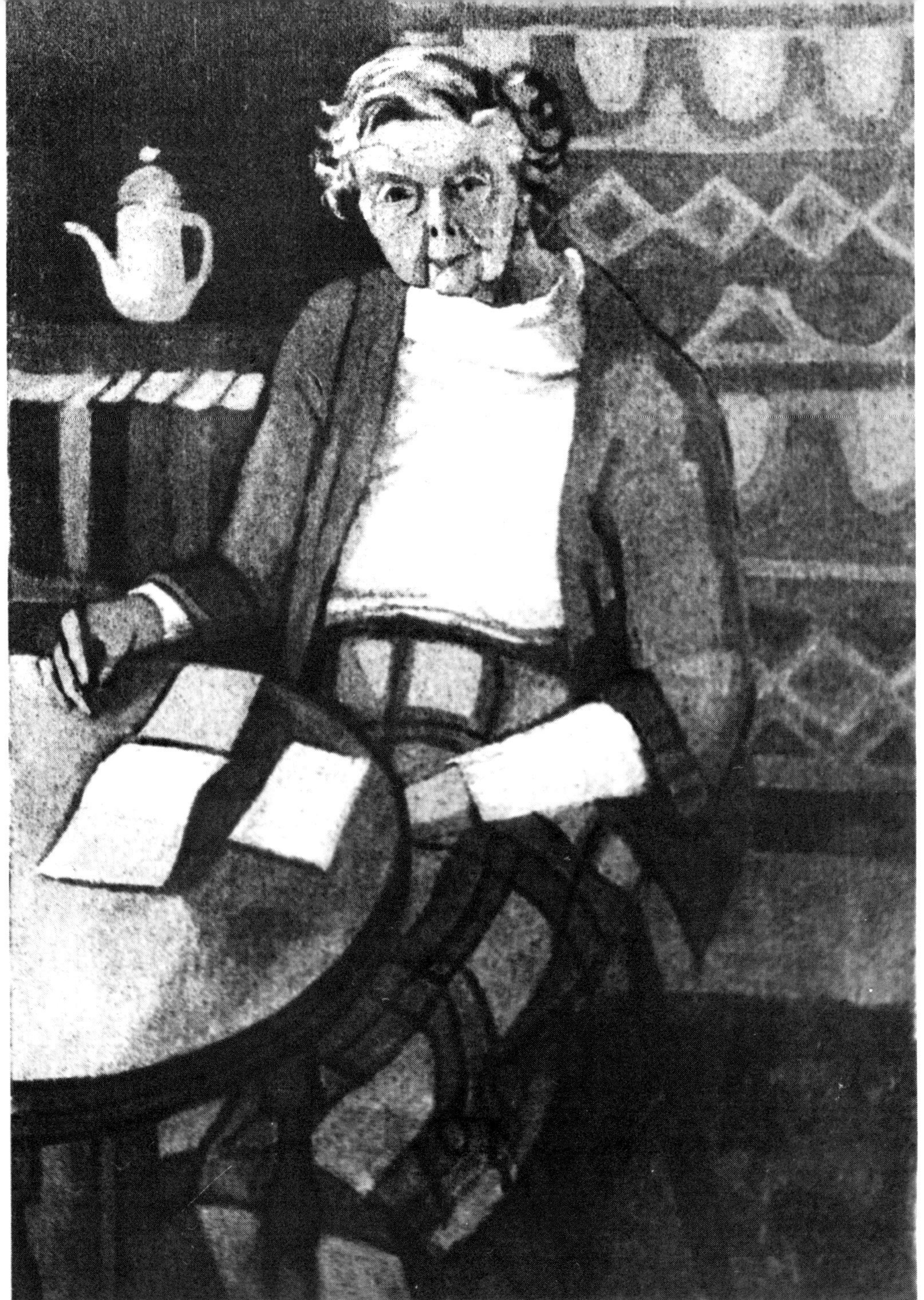

MRS DAWKINS (olew)

hanes innau.

Amcanaf ar bob achlysur gario llyfr bach, hwylus i'r boced, er mwyn fy ngalluogi i daro i lawr unrhyw beth a ystyriaf yn syniad i'w ddarlunio neu i'w beintio; mae'r brasluniau hyn yn ffynhonnell werthfawr o syniadau.

Pan wrthi'n gweithio ar gyfansoddiadau mawr, megis pobl ar y traeth, af drwy'r llyfrau i chwilota am ddeunydd addas, ac yna gweithio oddi ar y rhain. Pan na fydd y rhain yn ddigonol, yna model byw amdani. Anaml y byddaf yn peintio yn yr awyr agored, am nad yw tirwedd yn bwysicach i mi na fel

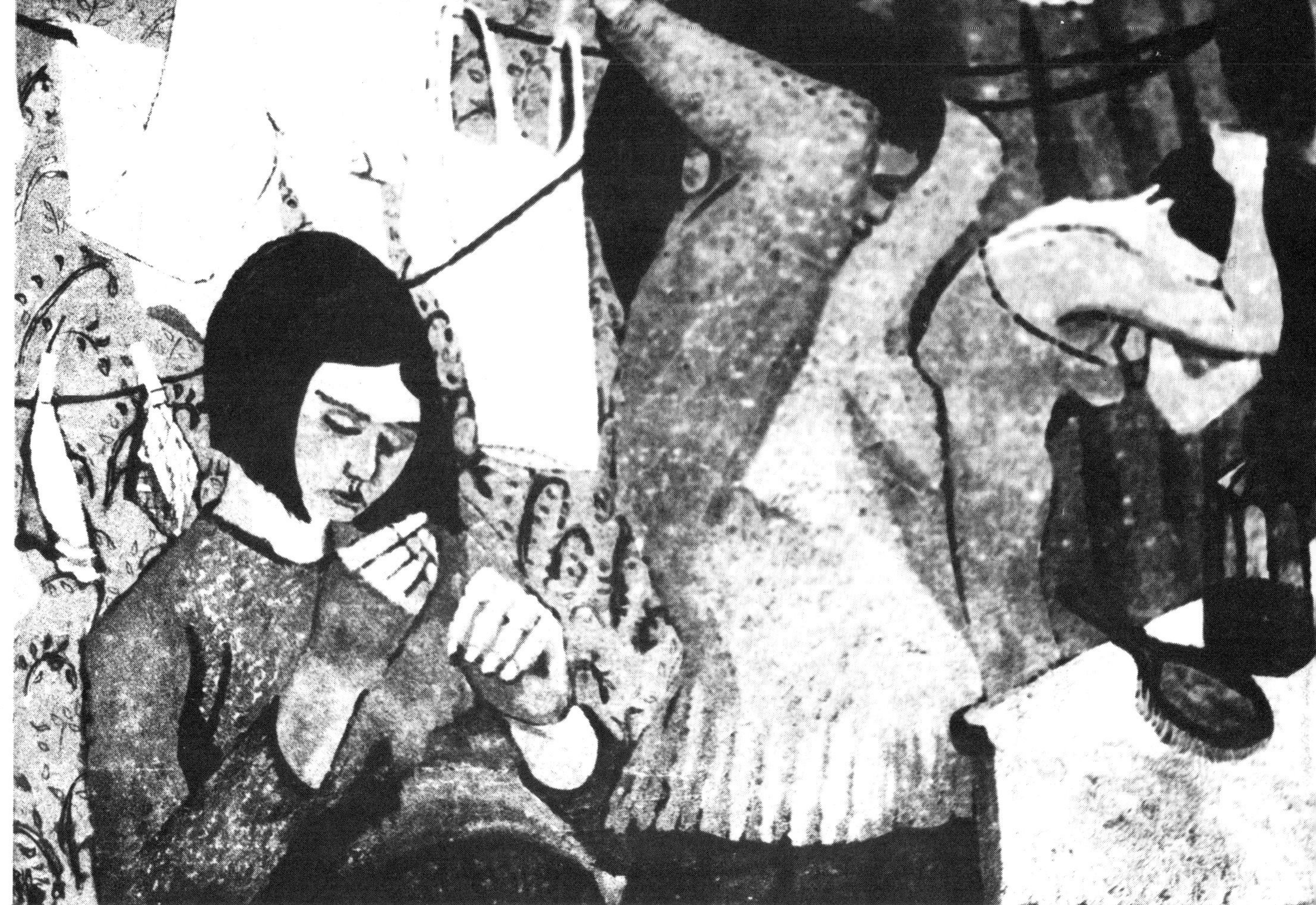

MERCHED MEWN "BEDSIT" (olew) 1982

rhyw lwyfan a chefndir i'r bobl sydd wedi'r cwbl yn brif destun fy narluniau.

Os yn gweithio ar bortread, gwell gennyf gychwyn ar y llun yng nghynefin y model; ceir gwell dealltwriaeth o berson pan gysylltir ef â'i amgylchfyd ei hunan. Wrth beintio plant, rhyfyg fyddai eu darlunio mewn unrhyw fan ond yn y cartre.

Fy hoff gyfrwng yw paent olew, er imi'n aml lunio gweithiau bychain mewn dyfrlliw, **gouache** neu bastel. Fel rheol, cyfyngaf fy lliwiau i nifer arbennig, er imi hoffi gwaith artistiaid o balet ehangach: Matisse, er enghraifft. O fyd yr hen feistri, go gatholig yw fy chwaeth: hoffaf Giotto, Duccio, Cezanne, Gauguin, El Greco, Velasquez, Degas a Henry Moore, ac y mae gen i fy rhesymau fy hun am bob dewis.

Yn ystod tymor fy addysg yn Chelsea, bûm yn ffodus i dderbyn hyfforddiant gan Bernard Meadows, un o ddisgyblion Henry Moore.

Ychydig o newid a fu yn fy nhestunau dros y blynyddoedd; mae hynny yn wir hefyd am fy arddull, ar wahân i'r aeddfedrwydd a'r feistrolaeth ar baent sy'n ddatblygiad naturiol o ymegnïo tuag at berffeithrwydd.

Gofid mawr imi yw gweld cyn lleied o ddefnydd o'r artist yn ein cymdeithas. Mae'n drist gweld y frwydr a gaiff llawer artist o dalent i fyw ar ei gynnyrch. Tristwch hefyd yw gweld pa mor gyfyng yw gwerthfawrogiad y cyhoedd o gelfyddyd, ac mor amherthnasol yw i'w bywyd. Hwyrach mai addysg sydd ar fai; yn sicr, fe ddylai gwerthfawrogiad o fyd celf gael lle amlwg yng ngyrfa addysg pob plentyn.

Un cyngor sydd gen i i artist ifanc: rhaid wrth weithio'n galed ac unplyg; mae astudio celf yn rhoi gwedd newydd ar fywyd. Mae'n dysgu inni sut i weld pethau yng ngwir ystyr y gair, ac i ganfod yr hyn sy'n dragwyddol mewn byd sy'n prysur newid.

Kyffin Williams

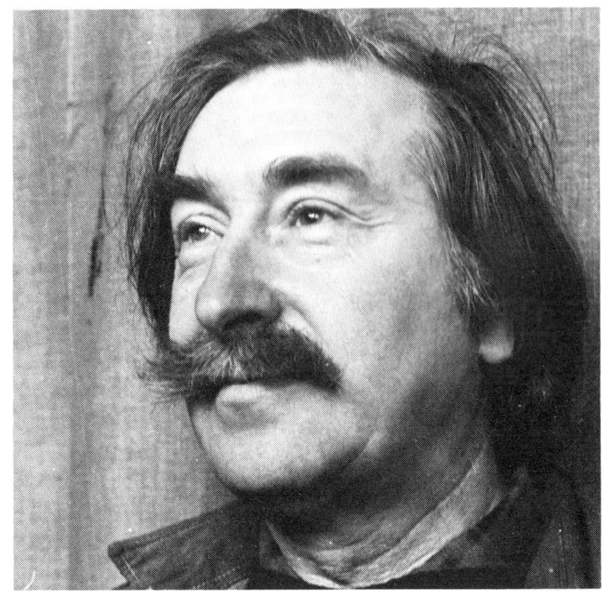

Erys fy etifeddiaeth Gymreig yn elfen gref yn fy ngwaith, am mai yng Nghymru yn unig y medra i beintio gyda'r elfen fwyaf o ryddid. Bûm yn peintio yn yr Iseldiroedd, yn Ffrainc, Awstria, yr Eidal a Groeg, ond ni chanfûm yn un o'r lleoedd hynny yr awyrgylch a fedr gyffwrdd â'r haen bruddglwyfus sydd yn rhan o'r Cymro —pruddglwyf sydd wedi ei wreiddio ynom o dan ddylanwad y bryniau tywyll, y cymylau trwm a'r niwl o'r môr sydd mor aml yn cau amdanom.

Datganwyd ychydig yn ôl mai clogyrnaidd fel rheol yw ymgais y mwyafrif o artistiaid i fynegi eu hunain mewn geiriau, a hynny am y rheswm digonol mai paent a phensil yw cyfrwng eu cyfathrebu; ond ym mherson Kyffin Williams, cyfunir y peintiwr a'r saer geiriau. Dyfynnwyd uchod o'i hunangofiant, Across the Straits, ac er mai Saesneg yw iaith hwylusaf ei gyfathrebu geiriol, eto i gyd yr amarch mwyaf iddo fuasai gwrthod ei gydnabod fel Cymro o'r iawn ryw. Siaradai ei dad yr heniaith yn rhugl, ond fel yng nghyfnod y Welsh Not uniaethwyd y Gymraeg ym meddwl ei fam â thaeogrwydd ac israddoldeb.

Yn ei lyfr olrheinia'i dras yn ôl, trwy rai o uchelwyr Sir Fôn, i ganol yr unfed ganrif ar bymtheg, ac fe noda'n gellweirus mai cwympo a wnâi hanner ddwyreiniol eglwys Llansadwrn oni bai am esgyrn niferus ei gyndeidiau a gladdwyd oddi tani!

Fel ei frawd hynaf Dic, derbyniodd ei addysg yn Ysgol Amwythig, ac am mai plentyn eiddil oedd e, dioddefai lawer o dan ddwylo'r bechgyn trahaus hynny sydd wedi britho ysgolion preifat erioed.

Fe'i ganwyd ar derfyn un rhyfel byd, ac erbyn iddo ffarwelio â'i lencyndod, taflwyd cysgodion rhyfel byd arall ar draws ei lwybr. Ymunodd â'r Ffiwsilwyr Cymreig, ond cyn iddo wneud dim ymarferol yn y frwydr fawr, darganfuwyd nam ar ei iechyd a'i rhwystrai rhag ymladd, ac hyd yn oed rhag parhau yn aelod o'r lluoedd arfog. Fel Paul, dioddefodd gydol ei fywyd â'r swmbwl yn y cnawd.

"Rydych yn abnormal —awgrymwn ichi ymgymryd â chelfyddyd," oedd cyngor y meddygon a'i archwiliodd yn 1941. Celfyddyd . . . byd yr artist . . . rhywbeth na chroesodd ei feddwl erioed. Cyfeddyf na wyddai'r nesaf peth i ddim am gelfyddyd, na meddu ar ddyhead i fod yn artist. Ond am fod yr amserau'n ddrwg, a'r ysgolion celf ar y pryd yn lloches yn bennaf i ferched, cymharol hawdd oedd i lanc nad oedd mo'i eisiau ar faes y gad i gael drws agored i gwrs o hyfforddiant mewn peintio ac arlunio.

Yn nyddiau tywyll dechrau'r rhyfel, 'roedd ysgol gelf enwog y Slade wedi cael lloches dros dro o'i chartref yn Llundain yn ninas

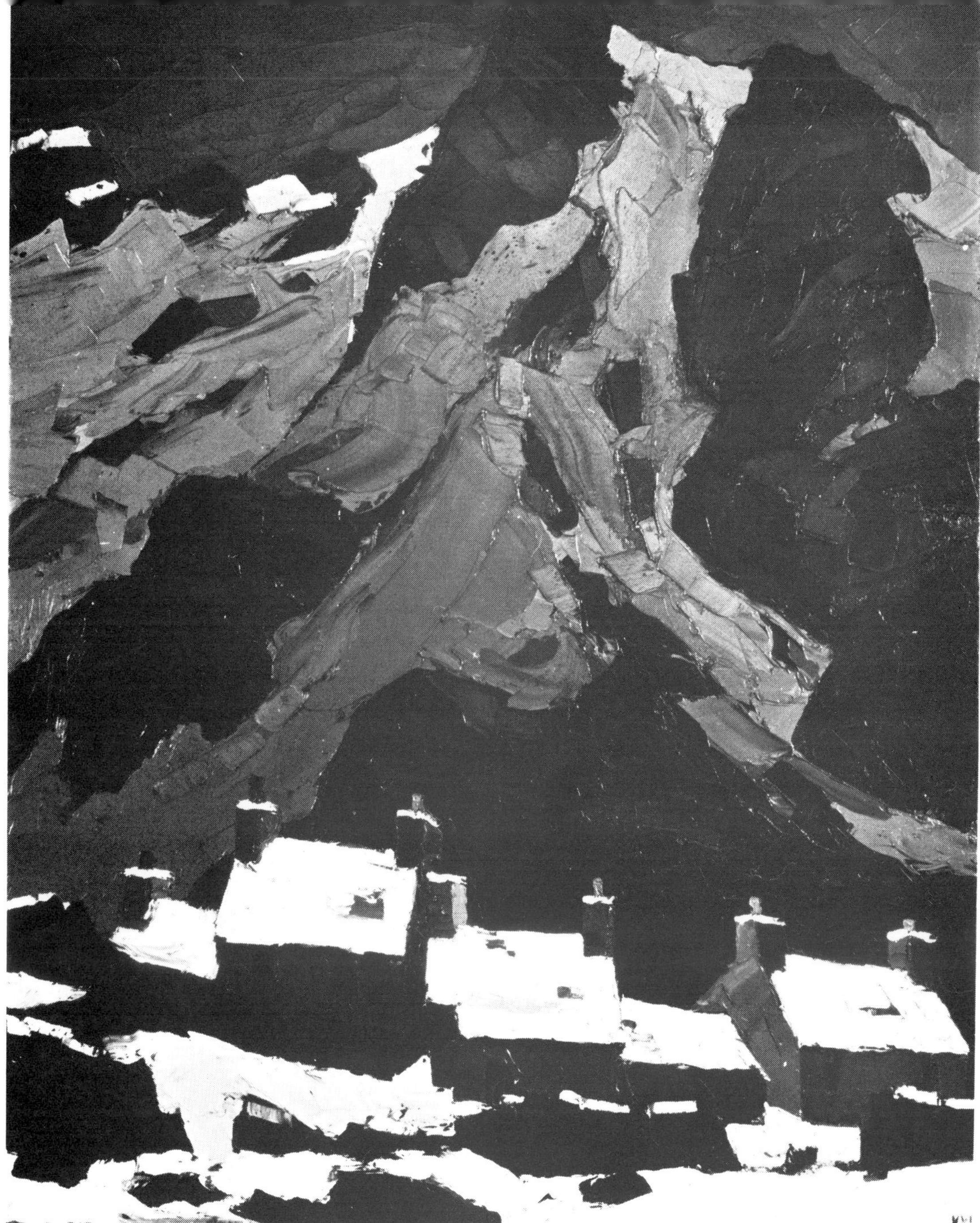

NANT PERIS DAN EIRA (olew) 1966

Rhydychen, ac yno, mewn stafelloedd yn Amgueddfa Ashmole, y bu Kyffin o dan yr athro enwog Randolph Schwabe. Ysywaeth, ychydig a feddyliai Schwabe am dalent ei ddisgybl, a chwestiwn a ofynnwyd iddo'n gynnar ar ei gwrs oedd, ''Pam mae dy gyrff dynol yn edrych fel boncyff coeden? 'Rwyt ti'n methu gwneud dim â phensil —tro dy law at beintio''. Mae'n ystyried y cyngor hwn, a darganfod mewn llyfr, bron ar yr un adeg, ogoniant gwaith yr Eidalwr Piero della Francesca o'r bymthegfed ganrif, yn dro-bwynt ei fywyd.

Darganfu mai paent olew, a'r modd y medr brws neu gyllell ei drafod a'i gyfieithu o stwff

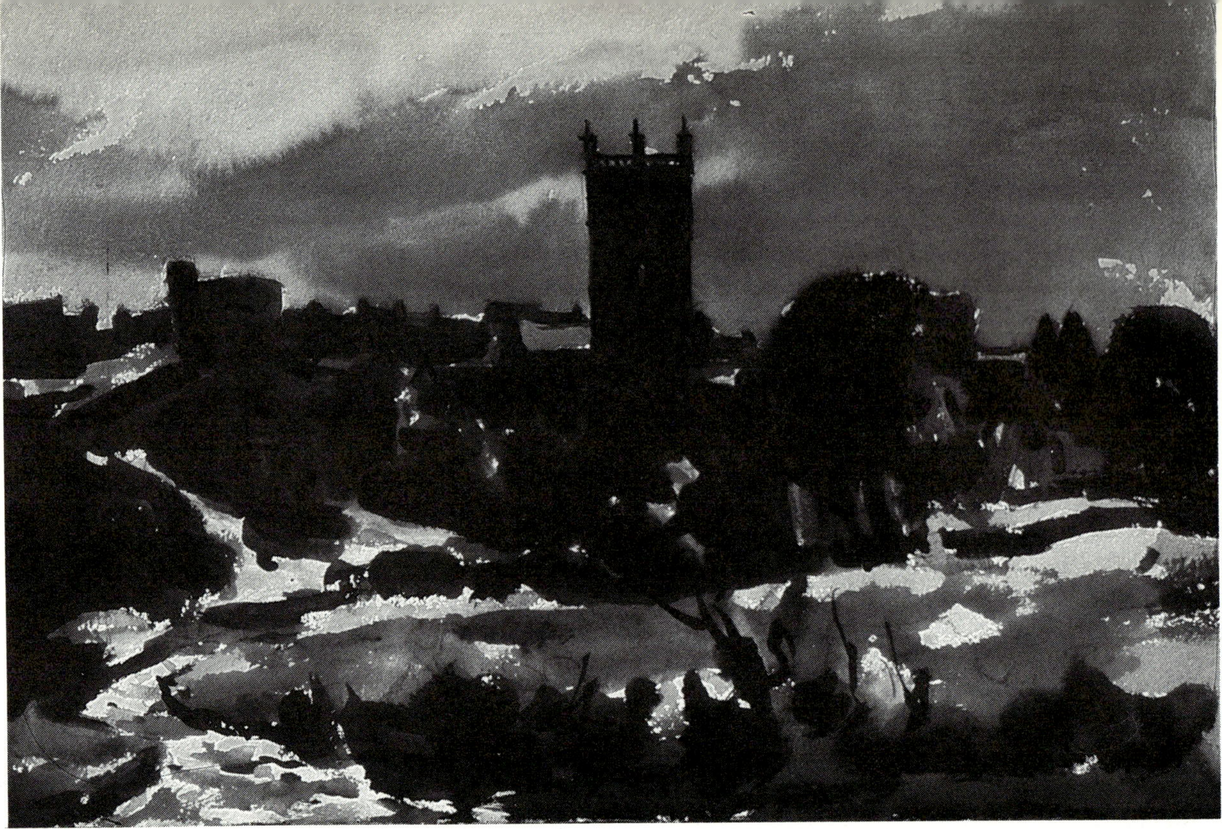

CADEIRLAN TYDDEWI (dyfrlliw) 1978

lliwgar i ddelwedd arwyddocaol, oedd y cyfrwng a fedrai orau ymgorffori'r hyn a ddymunai ei gyfleu. Daeth i ben â'i gwrs yn y Slade yn dal Ysgoloriaeth Arbennig yr ysgol, ac wedi ennill cyfeillgarwch mynwesol yr athro Schwabe.

Yn amharod i fentro byw ar ei gynnyrch fel artist proffesiynol, chwiliodd am swydd fel athro celf yng nghyffiniau Llundain. Aflwyddiannus fu cyfres hir o geisiadau, ac wrth olrhain ei hanes yn y cyfnod hwn, mae'n adrodd gyda blas un digwyddiad sy'n codi gwên ar ei wyneb hyd heddiw. Athro celf arall yn cwrdd ag ef ar stesion Horsham yn swydd Sussex; hwnnw'n wynepdrist yn dweud wrtho: "Os wyt am fod yn artist, da ti, ceisia osgoi dau beth —bod yn athro, a phriodi". Derbyniodd Kyffin yr ail ran o'r cyngor.

Ymhen hir a hwyr, daeth swydd —a honno'n un amser llawn— yn Ysgol Highgate, ysgol breifat i fechgyn yn Hampstead. Ymgodymodd â'r problemau oesol sy'n gyffredin i bob athro mewn dosbarth, ond ni laddodd y rheiny'r dyhead, yr obsesiwn, i fwrw 'mlaen â'i waith ei hun. Anodd serch hynny oedd cyfuno'r ddeubeth —dysgu amser llawn, a chynhyrchu gwaith personol— ond daeth golau dydd, trwy gyfaddawd ar ran ei brifathro, a gytunodd i gwtogi'r swydd i un ranamser.

Nid o gyrion gogleddol dinas Llundain y deuai'r ysbrydoliaeth, ond o fro ei febyd yn Sir Fôn ac Eryri. Dros y blynyddoedd, dyna'r golygfeydd a gysylltwn yn bennaf â'i waith —y rheiny, a phortreadau o Gymry blaenllaw a chymeriadau cefn gwlad, a'r oll yn yr arddull fras na fedrir ei chamgymryd am waith neb arall.

Dywedir yn aml mai sail haniaethol, yn y gwraidd, sydd i bob darlun da, beth bynnag fo'r testun, ac y mae hyn yn sicr o fod yn wir am waith Kyffin Williams. Mae'n creu o'r olygfa o'i flaen batrwm gwefreiddiol o dameidiau tywyll a golau; ac er nad yw'n honni iddo'i hun gystal medr mewn lliw ag a fedd llawer i artist arall, eto i gyd, cynildeb ei liw o fewn y patrwm hwn yw mesur ei ddawn. Ond yn bennaf oll, ymhyfryda yn yr ansawdd synhwyrus sydd i'r stwff hynod yma, mor farw yn nwylo artist o fedr llai.

Bellach wedi ymddeol ac yn cael amser i

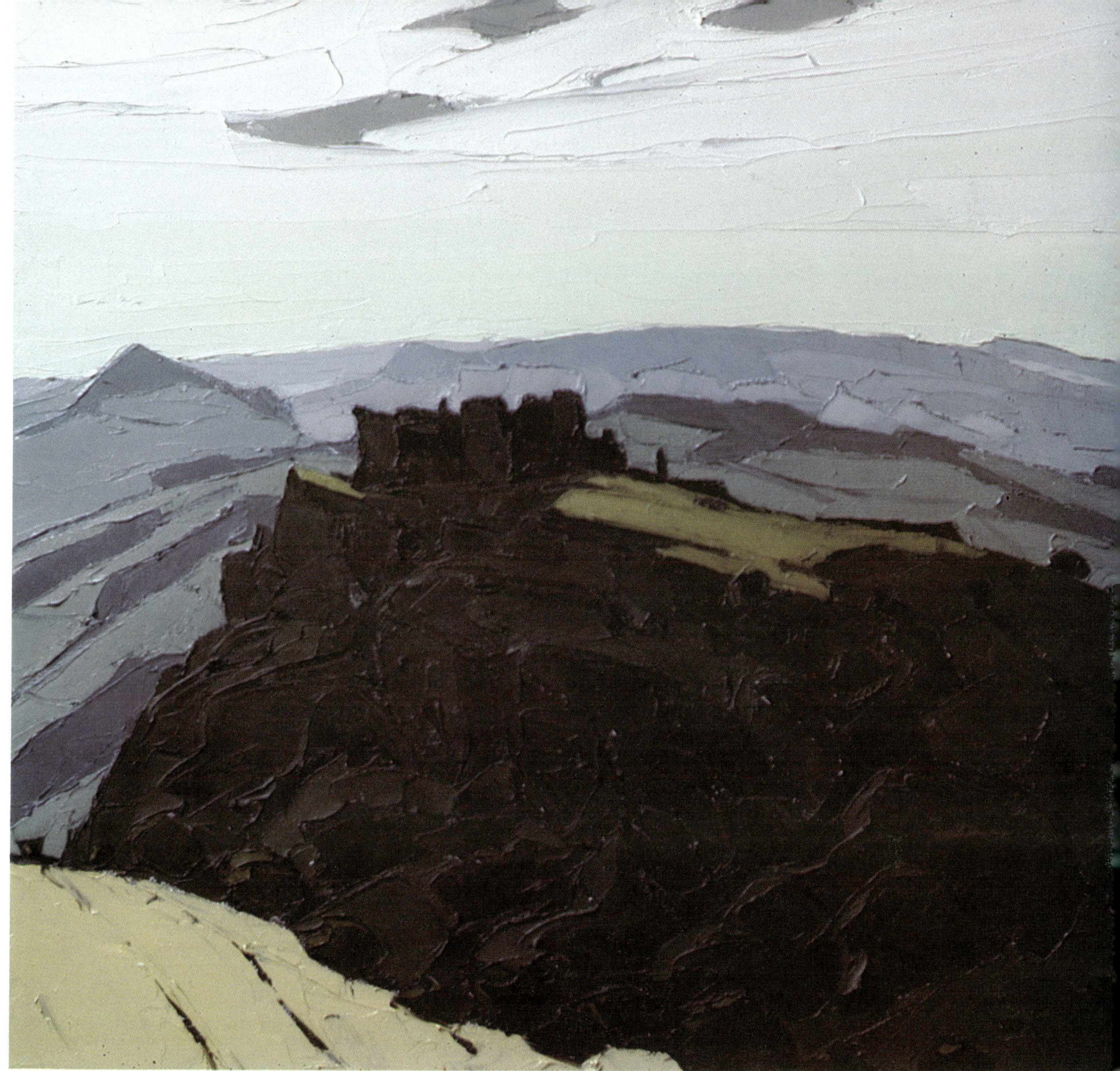

CASTELL CARREG CENNEN (olew)

ddilyn ei alwedigaeth ar raddfa lawn yn ei hoff amgylchedd ar lannau'r Fenai, fe'i caiff ei hun rhwng deufyd; yn cael anrhydedd a pharch ar y naill law (mae'n aelod llawn o'r Academi Frenhinol yn Llundain, yn gyn-lywydd o'r Academi Gymreig, ac yn 1968, fe'i hanrhydeddwyd ag ysgoloriaeth i ymweld â Phatagonia i lunio casgliad o ddarluniau a pheintiadau), ond ar y llaw arall yn cael ei anwybyddu gan yr elfen a eilw'n "Sefydliad" yng Nghymru.

Nid yw hynny'n ofid mawr iddo; yn wir, ymfalchïo y mae iddo gael y fraint o ddilyn ei lwybr ei hun heb alw ar yr un beirniad uchelael i ganu ei glod. Sieryd ei eiriau ei hunan yn well na'r un aralleiriad:

Lwc oedd imi gael fy ngorfodi, er mwyn fy iechyd, i fod yn artist. Golygai hyn nad

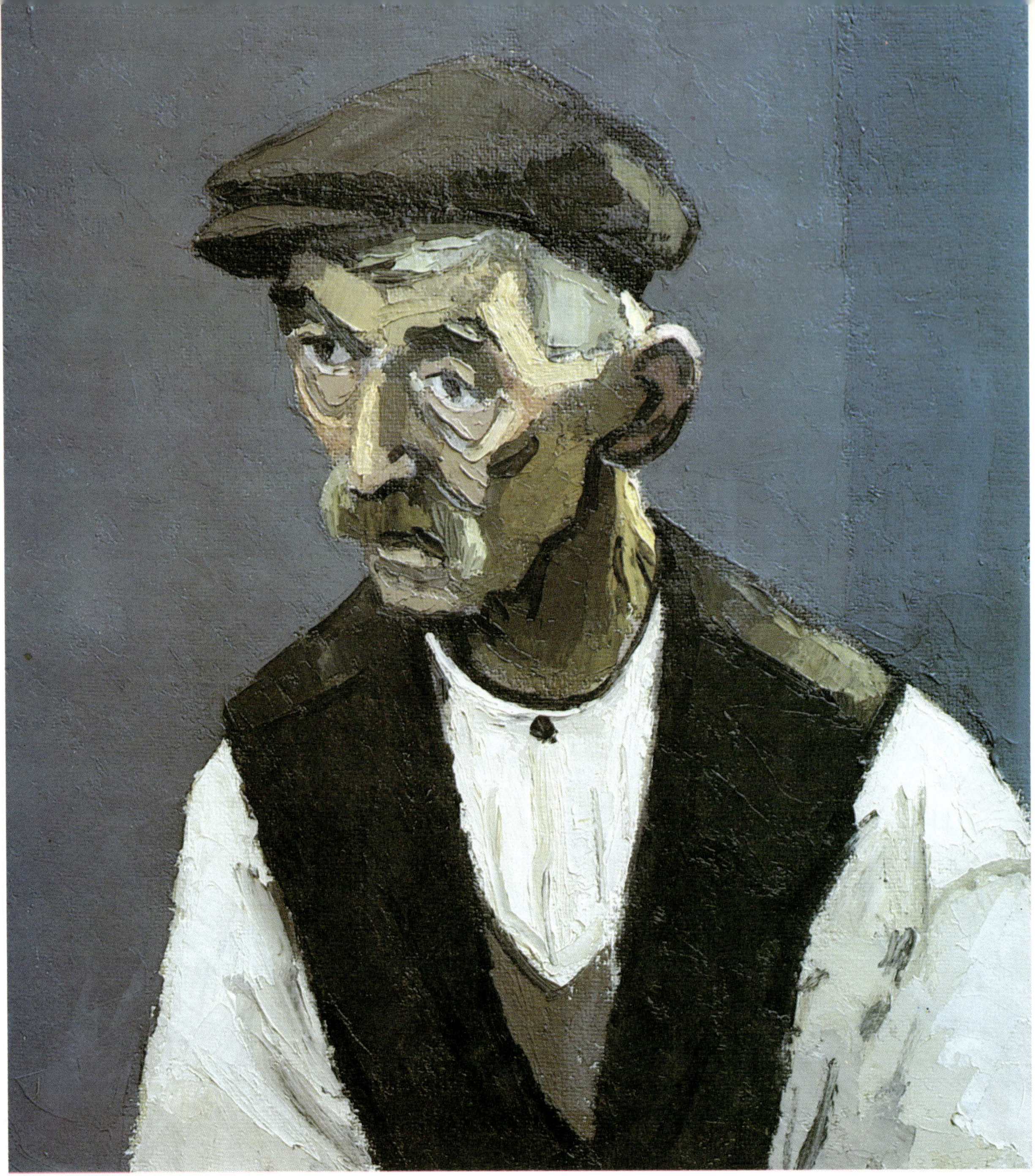

HUGH THOMAS (olew) 1950

oeddwn yn artist o'r groth, a hynny a'm galluogodd i beintio'n naturiol heb gymhlethdod, yn gwbl rydd o'r gorthrwm sy'n poeni'r unigolyn sy'n ymwybodol o'i ddawn, ac yn gorfod byw cyfuwch â'r ddelwedd a ddisgwylir ganddo.

Gwn erbyn hyn fy mod yn beintiwr, ond golyga hyn ryw wyrdro yn y meddwl i gydnabod y ffaith. Yn dra gwahanol i rai o'm cyfoedion, ni theimlais erioed unrhyw orfodaeth i newid fy arddull. Rhywbeth sy'n datblygu dros gyfnod hir o amser yw arddull, a'm hunig obaith yw 'mod i, gyda throad y blynyddoedd, yn gwella yn hytrach na newid. 'Rwy'n ymwybodol o derfynau fy noniau, a llafurio wnaf o fewn y terfynau hynny.

David Woodford

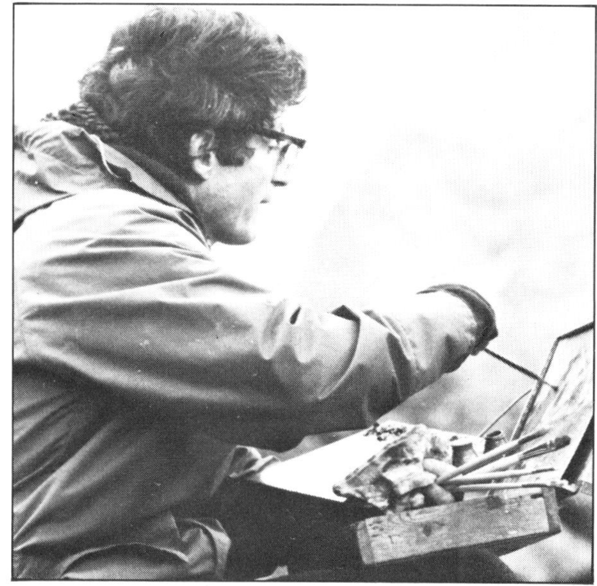

Hyd yn hyn, trafodwyd artistiaid naill ai a welodd olau dydd o fewn ffiniau Cymru, neu a ddenwyd yma gan yr hyn a welsant neu y clywsant amdano.

Er na honna David Woodford ei fod wedi ei eni yng Nghymru, eto 'roedd tirwedd Cymru ymhlith ei argraffiadau cynharaf, am iddo weld golau dydd o fewn ergyd carreg iddi yn Church Stretton ar y gororau.

Nid yw'n ymffrostio yn y galluoedd academig hynny sy'n arwain at dystysgrif swmpus (er, yn ôl pob tebyg, gallasai fod wedi gwneud enw iddo'i hun ar lwyfan petai wedi gwthio'i dalentau cerddorol). Derbyniodd ei addysg sylfaenol yng Ngholeg Lancing, Swydd Sussex, a'r cof gorau sydd ganddo o'i gyfnod yno oedd am gwmni athro celf o natur oedd yn gydnaws â'i natur ei hun. Dyna roi cychwyn ar ei yrfa fel arlunydd: cwrs o hyfforddiant yng Ngholeg Celf Gorllewin Sussex yn Worthing, gan gydnabod yn ddiolchgar y sylfeini academaidd hynny a aeth yn hen ffasiwn ar ôl ei gyfnod yno. Wedi gadael Worthing, ac ennill trwydded athro yn Leeds ar gychwyn y chwedegau, allan ag e i fyd addysg, a chael y cyfle i ehangu ei brofiad o ymdrin â phlant rhwng saith a deunaw oed.

I'r rhan fwyaf o rai tebyg, dyna fyddai diwedd ar yr hyn y gellid ei gofnodi o'i hanes; ond nid felly y bu. Fel mynach sy'n chwennych buchedd asgetig i buro'r enaid, yn hytrach na'r hawddfyd o ddilyn rhigol, dymunai berffeithio'i ddawn. Yn tynnu bellach at y deg ar hugain oed, yn ôl ag e i'r ystafell ddosbarth i dderbyn rhagor o hyfforddiant, y tro hwn yn Ysgol yr Academi Frenhinol yn Llundain.

Crybwyllwyd yr Academi Frenhinol fwy nag unwaith wrth drafod hwn a'r llall; gŵyr pawb am arddangosfa flynyddol yr Academi, ond nid pawb a ŵyr mai un o bwrpasau'r arddangosfa yw codi arian i gynnal Ysgolion yr Academi, a leolir o fewn muriau ei phencadlys yn Burlington House. Oherwydd hynny, gradd ddigonol o dalent, yn hytrach na moddion ariannol, yw'r tocyn mynediad. Yn unol â gweledigaeth ei sylfaenwyr yn ôl yn 1768, academig yn hen ystyr y gair yw'r hyfforddiant, a hawdd deall dyhead David Woodford am ddisgyblaeth o'r fath; hyd heddiw, mae'n datgan ei werthfawrogiad o'r blynyddoedd gwerthfawr hyn.

Fe'i darbwyllwyd yno "mai'r peth i wneud yw llafurio hyd at gwympo, ac yna ailgodi a pharhau, gyda'r posibilrwydd o gynhyrchu llun a ddaw i fodolaeth yn rhugl iawn; daw wedyn i'r golwg rywbeth sy'n tyfu'n naturiol yn hytrach na thyfu o or-gynllunio ymlaen llaw". Cydnebydd ei ddyled fawr i'r athro a

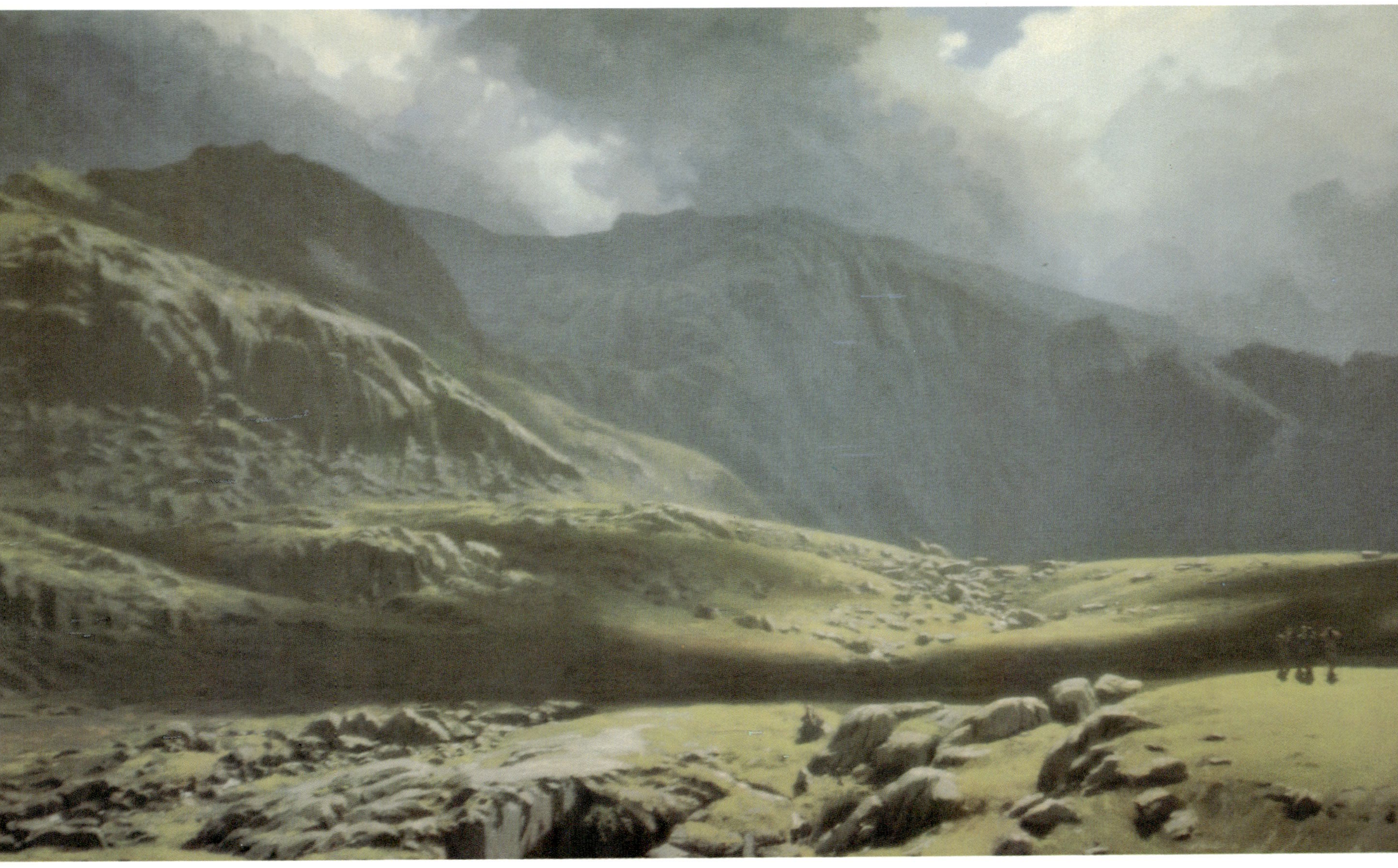

CWM IDWAL (olew)

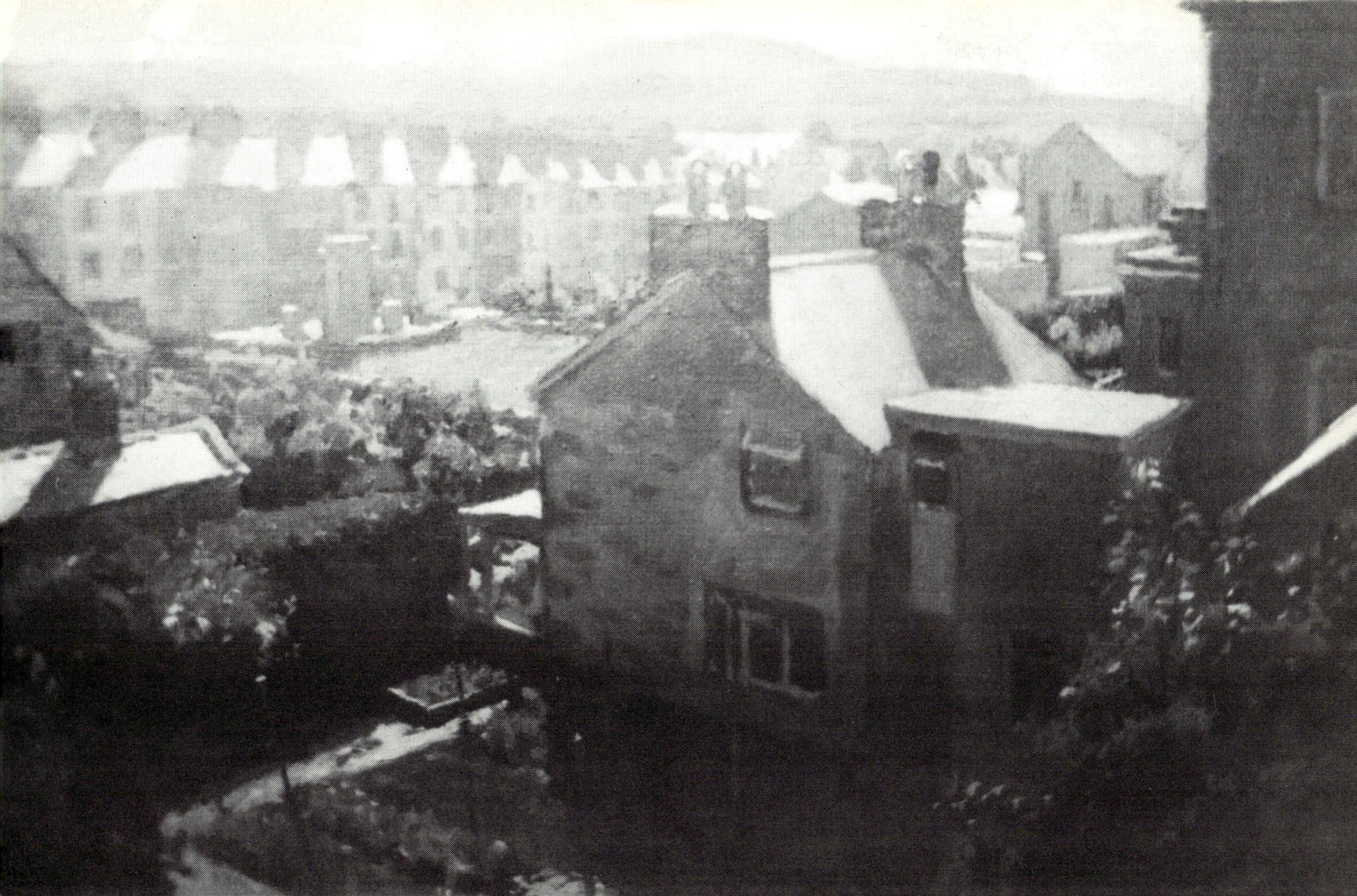

BETHESDA (olew)

ddysgodd iddo mai rhywbeth i'w gymharu â sgrifennu yw darlunio, ac y dylai fod yn weithred mor naturiol â thorri enw.

Allan i'r byd unwaith eto tua diwedd y chwedegau, priodi, ond ymdynghedu i beidio ag ailgydio mewn swydd athro. 'Roedd hudoliaeth mynydd-dir Cymru bellach yn rhywbeth na ellid ei hosgoi, ac am gyfnod o dair blynedd gwnaeth ei gartref ym mhentref Dinas Mawddwy, ar gyrion uchaf dyffryn Dyfi. Gwireddu breuddwyd i bob golwg, ond nid oedd gwerthu darluniau am ddwybunt yr un yn debyg o arwain at y crochan aur a fuasai'n dderbyniol iawn yn y blynyddoedd hynny, a theulu erbyn hyn ar yr aelwyd. 'Roedd teitlau'r darluniau cynnar hyn yn darllen bron fel map: Mallwyd, Dyffryn Cerist, Craig Maesglas, Craigllyn Dyfi.

Yma, yn nyffryn Dyfi, y sefydlodd ei ddull o weithio, sef llunio fersiynau bychain —pochades (yn ôl eto i eirfa'r Ffrancwyr)— yn y fan a'r lle cyn i effeithiau byrhoedlog y tywydd ddianc o'i olwg, ac yna gweithio ymhellach arnynt, neu ar fersiynau mwy o faint, yn ôl gartre o dan do. Nid gorchwyl hawdd mo hyn, a mesur llwyddiant David Woodford yn ei beintiadau yw'r ffresni sy'n dal drwy'r llafur i gyd. Pan ddymunai Claude Monet yn ei ddydd yntau risialu effeithiau tebyg, ei ddull ef oedd cadw cyfres o ddarluniau ar y gweill, a chydio ynddynt yn eu tro, pan ddychwelai'r effeithiau hynny eilwaith; daw i'r cof y gyfres o'r teisi gwair ac o Eglwys Gadeiriol Rouen.

Mewn atgynhyrchiad, yn arbennig mewn du-a-gwyn, bron na ddwedwn mai ffotograffau yw darluniau David Woodford; fe berthyn iddynt ryw elfen o *trompe l'oeil*. Mewn gwirionedd, cam â'i waith yw eu dangos ar ddalen mewn llyfr heb gymorth lliw. Er iddo ddatgan mai ei brif ddiddordeb yw'r eiliad mewn amser a gipiodd ei sylw, eto mae cyfrwng y

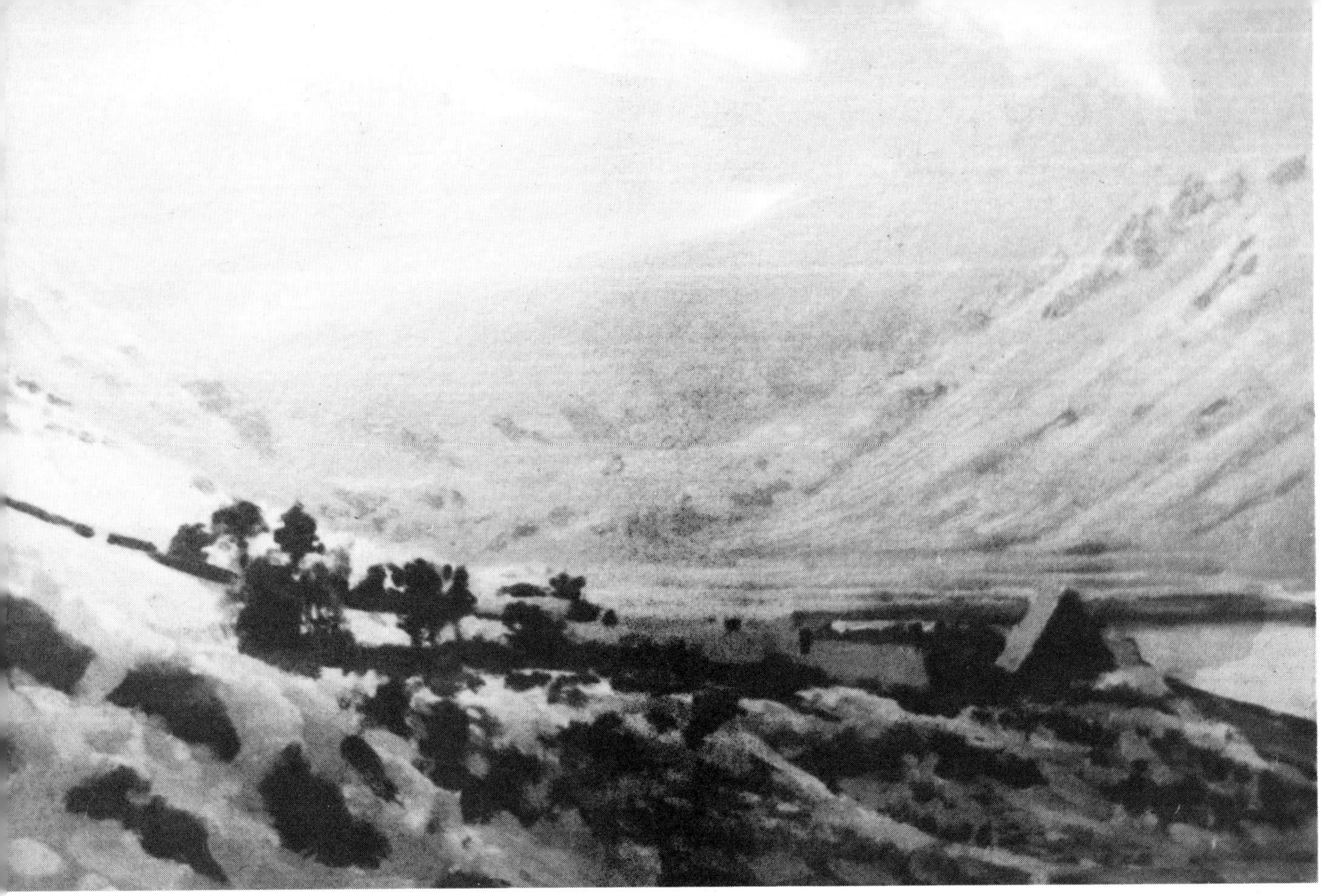

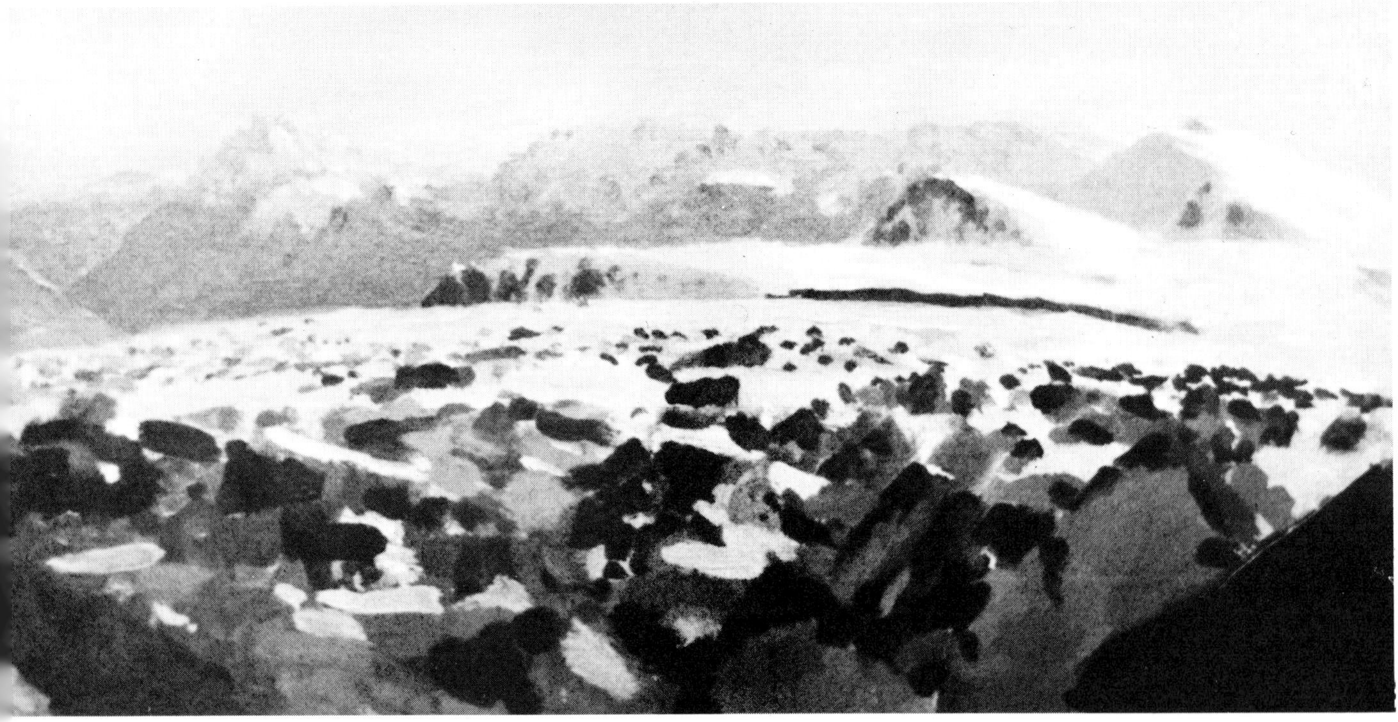

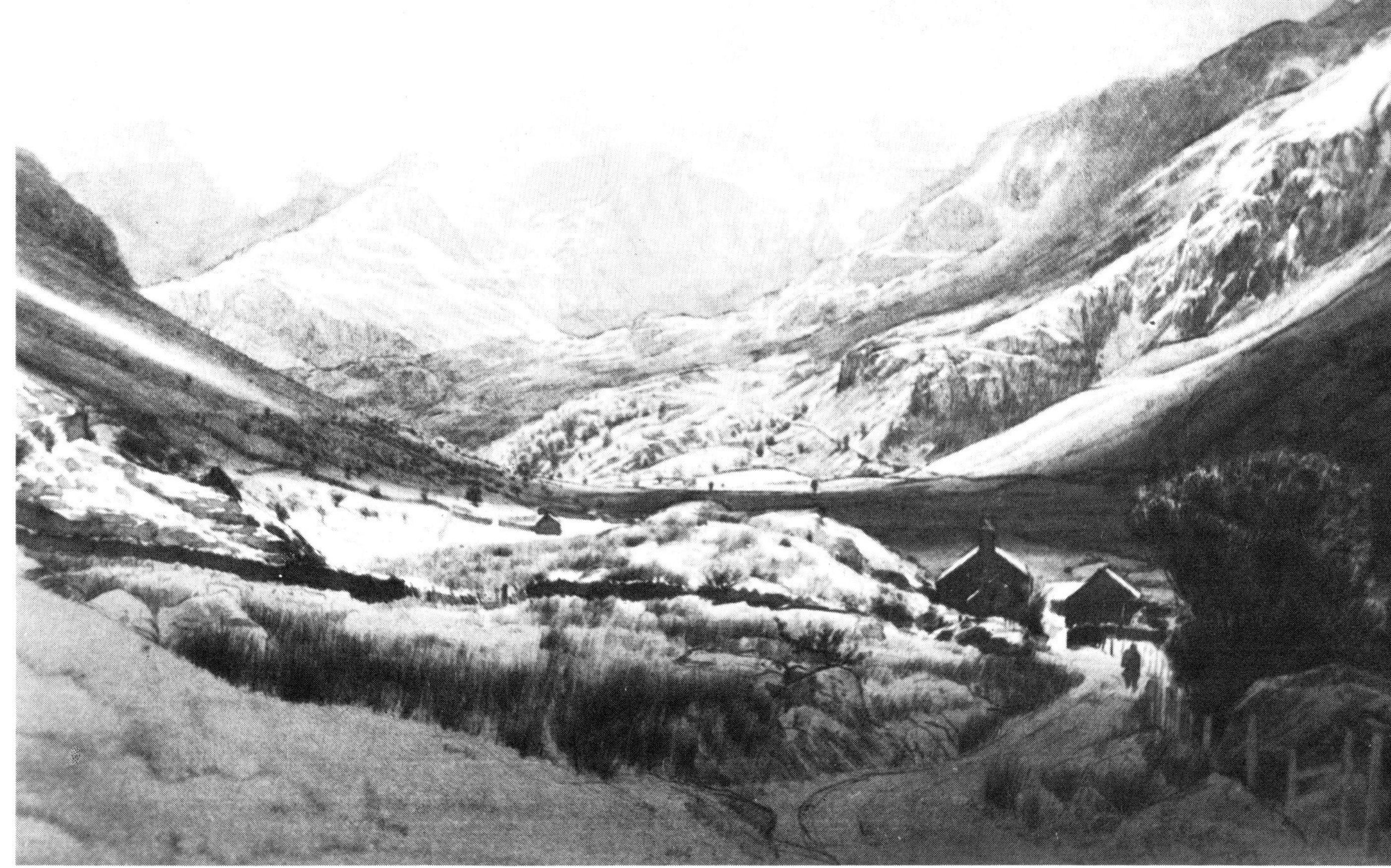

gyferbyn (uchod):
GANOL GAEAF,
NANT FFRANCON
(olew)

gyferbyn (isod):
AR Y TOPIAU
(olew)

uchod:
NANT FFRANCON (pensil a dyfrlliw)

dehongliad, boed ar bapur neu ar gynfas, yn bwysig iawn iddo, ac y mae marc ei frws paent yn esgor ar ryw galigraffi personol na all yr un camera ei gynhyrchu. Erbyn hyn fe dry, fel bo'r cymhelliad, i amrywiol gyfryngau i'w fynegi ei hun, ac mae'n cyfleu ei neges mor huawdl mewn pensil ag a wna mewn olew, dyfrlliw, pastel neu ysgythriad.

Mae bellach wedi ymgartrefu yn Nant Ffrancon ers dros ddeng mlynedd, a phan drefnwyd arddangosfa o'i waith yn Llandudno ryw flwyddyn yn ôl, dewis da o deitl oedd 'Enydau Goleuni'.

Mae David Woodford yn difrïo'r syniad o 'Gelfyddyd Gymreig'; cyfystyr yw hynny, medde fe, â 'mathemateg Gymreig'. Ystyria'r celfyddydau yn elfen ryngwladol, sy'n fodd i ddwyn pobl o gyffelyb ysbryd at ei gilydd, mewn cyfnod pan fo'r ymdeimlad o wreiddiau a'r agweddau gwahanedig hynny yn cerdded y tir. Yr hyn sy'n peri syndod iddo yng Nghymru yw'r paradocs o weld gwlad sydd bellach yn meddu ar gyflenwad mor eang o orielau anfasnachol, bach a mawr, yn gwasanaethu poblogaeth sydd at ei gilydd yn dra didaro ynghylch y celfyddydau cain.

Caiff gyfle fan hyn i siarad drosto'i hun:

Obsesiwn i mi yw goleuni; mae tonyddiaeth o'r herwydd yn bwysig i mi. Fy mwynhad yw dal ar y diflanedig, y byrhoedlog, sy'n deillio o fyd amser ac o ffynhonnell y golau; dyna ystyr realiti i mi.

Byd fy mheintio i yw byd heb bobl, a dweud y gwir; byd a barha fel arfer hebddynt, ac yn sgîl hynny fe adlewyrchir yr elfennau tragwyddol sydd yn y pen draw yn ddull cyfathrebu gwell na'r un.

Darganfu David Woodford ei 'Dir na-Nog' yn Nant Ffrancon, a chyhyd ag y cyfyd yr haul dros y Carneddau ac y chwythir cawod arall o law o gyfeiriad y Fenai, yna fe erys stôr ddihysbydd o enydau lledrithiol i gadw fflam ei ysbrydoliaeth i losgi'n llachar.

GEIRFA

Academi: Sefydliad i ddiogelu traddodiadau ac i roi hyfforddiant; erbyn heddiw dirywiodd yr ansoddair 'academaidd' i gyfleu dull gonfensiynol, farwaidd.
Acrylig: Cyfrwng a ddatblygwyd yn y chwedegau, y medrir ei ddefnyddio'n dew fel paent olew neu ei deneuo â dŵr, fel dyfrlliw; honnir na ddirywia'r paent gydag amser, fel a wna paent olew.
'Alla Prima' (yr Eidaleg am 'ar un eisteddiad'): Y dull modern o drin paent olew, tra gwahanol i'r dull llafurus a arferid gan Rembrandt a'i debyg.
Argraffiadaeth *('Impressionism')*: Dull o beintio heb or-fanylu ar fanion, a ddatblygwyd yn Ffrainc yn saithdegau'r ganrif ddiwethaf, yn nwylo Claude Monet ac eraill.
Arlliw *(Tint)*: Lliw o donyddiaeth rhwng llwyd a gwyn, e.e., lliw hufen neu binc.
'L'art pour l'art' (celf er mwyn celf): Slogan peintwyr Ffrainc yn y bedwaredd ganrif ar bymtheg, i ymhyfrydu yn y rhyddid i beintio heb gyfyngiadau.
Bauhaus: Yr Ysgol bensaernïol ddylanwadol a sefydlwyd yn yr Almaen yn 1919, ond a gaewyd gan y Natsïaid yn 1933.
Cartŵn: O'r Eidaleg 'cartone' am ddalen o bapur; y cynllun papur a ddefnyddir i drosglwyddo darlun mawr i wal neu gynfas; trwy amryfusedd, dynoda hefyd ddarlun digrif.
Celfyddyd Gymhwysol *('Applied Art')*: Ffurf ar gelf lle y mae cyfyngu ar yr artist i gydymffurfio â galwadau arbennig, h.y., heb ryddid pur y celfyddydau cain.
'Chiaroscuro': Y term Eidaleg am 'olau/tywyll', yn dynodi'r cydbwysedd o oleuni a chysgod mewn darlun; term a ddefnyddir yn aml i gyfleu rhagoriaeth gwaith Caravaggio a Rembrandt a'u tebyg.
Clasuriaeth: Agwedd wrthgyferbyniol i Ramantiaeth, lle rhoir y pwyslais ar drefn a ffurfioldeb, yn hytrach nag ar ryddid teimladau personol; ymgorfforir elfennau Clasuriaeth yn rymus iawn yng ngwaith Jacques Louis David (1748-1845).
Cyntefigaeth *(Primitivism)*: Diffiniad llac o waith peintwyr dihyfforddiant.
Darlun îsl: Llun unigryw wedi ei beintio mewn stiwdio, o'i gymharu â murlun sefydlog.
'Fauvisme': Y Ffrangeg am 'natur y bwystfil' —teitl sarhaus a roed ar waith grŵp o artistiaid Ffrangeg yn negawd cynta'r ganrif (Matisse, Derain ac eraill).
Ffiguroldeb: Ymestyniad o ystyr 'ffigur' i ddynodi'r corff dynol, i ddisgrifio agwedd weledol ddealladwy, y medrir ei gysylltu â gwrthrych arbennig; y gwrthwyneb i haniaetholdeb.
'Gouache' (ynganer 'gwash'): Term Ffrengig am ddarlun neu'r dechneg o ddefnyddio dyfrlliw, ond yn goleuo'r paent drwy ei gymysgu â gwyn yn hytrach na gyda dŵr.
Graffeg: Term i ddynodi'r agweddau ar gelf a ddibynna ar linellau yn hytrach nag ar liw a siâp, e.e., engrafiad, ysgythriad. Bellach yn eang iawn ei ddiffiniad.
Haniaetholdeb: Mynegiant gweledol ar ffurf siâp a lliw, heb gyfeiriad arbennig tuag at wrthrych pendant a dealladwy; efelychiad gweledol o'r rhyddid a fwynheir gan fiwsig.
Icon: Y Groeg am 'ddelwedd'; darlun ag iddo gysylltiadau crefyddol.
'Impasto': Paent olew wedi ei osod yn drwchus ar wyneb darlun; nodwedd arbennig o waith Rembrandt.
Isliw *(shade)*: Lliw o donyddiaeth rhwng llwyd a du, e.e., brown.
Lithograffi: Dull o atgynhyrchu darlun neu batrwm trwy brintio oddi ar wyneb llyfn carreg galch, o linellau a wnaed gan ddefnydd seimlyd. Erbyn heddiw, yn arbennig yn y byd masnachol, defnyddir plât sinc yn hytrach na charreg.
Lliwiau'r Pridd: Pigmentau naturiol o'r ddaear, megis ocr melyn, siena ac wmber (crai a llosg).
Mynegiadaeth *('Expressionism')*: Ymgais i gyfleu emosiwn bersonol drwy orbwysleisio elfennau lliw a ffurf; canfyddir amrywiol agweddau o Fynegiadaeth mewn gweithiau a wahenir yn ddaearyddol ac yn

hanesyddol.
Mynegiadaeth Haniaethol: Cyfuniad o Fynegiadaeth ac o Haniaetholdeb, lle dibynna'r gwrthrych gorffenedig yn aml ar elfen otomatig, e.e. trwy dywallt y paent o dan reolaeth lac. Gwelir y nodweddion yn rymus yng ngwaith yr Americanwr Jackson Pollock (1912-56); term cyfystyr yw Peintio Arweithiol ('Action Painting').
'Op': Dull o fynegiant a ddatblygwyd yn y chwedegau, yn ecsploetio'r triciau hynny sydd yn abl i dwyllo'r llygad, e.e., gwaith Bridget Riley a Victor Vasarely.
Paent Olew: Pigment wedi ei gymysgu ag olew had llin, a'i deneuo yn ôl yr angen ag oel tyrpant; cyfrwng a ddatblygwyd gyntaf yng Ngogledd Ewrob yn nechrau'r bymthegfed ganrif.
Palet: Y bordyn pren traddodiadol a ddefnyddir gan artist i gymysgu ei liwiau; datblygodd y term i gyfleu dewis yr artist o liwiau, e.e., palet tywyll, palet cyfyngedig.
Pastel: Pigment wedi ei gymysgu â gwm tenau, a'i foldio'n rholiau hwylus i'r llaw, fel sialc ysgol.
Persbectif: Y corff o wybodaeth sy'n angenrheidiol i atgynhyrchu delwedd gredadwy o'r hyn a wêl y llygad.
Pigment: Y deunydd lliwiedig sydd yn sail i bob cyfrwng; daw'r deunydd crai o amrywiol ffynonellau —byd yr anifail, llysiau, a mwynau organig.
Post-Argraffiadaeth: Teitl a fathwyd gan Roger Fry ychydig cyn y Rhyfel Mawr, i ddiffinio'r amrywiol lwybrau a ddilynodd y Mudiad Argraffiadol, yn nwylo artistiaid fel Vincent Van Gogh, Paul Cézanne, Georges Seurat ac eraill.
'Pop': Dull o fynegiant a gyrhaeddodd ei begwn uchaf yn nechrau'r chwedegau, yn gwneud defnydd helaeth o elfennau masnachol byrhoedlog, e.e., fel yng ngwaith Andy Warhol.
Prendoriad *(Woodcut)*: Dull o atgynhyrchu a gyrhaeddodd ei uchafbwynt yn nwylo Albrecht Dürer yn yr Almaen (1471-1528).
Prengrafiad *(Wood engraving)*: Dull o atgynhyrchu lluniau bychain oddi ar flociau o bren ceirios; cawr y cyfrwng oedd Thomas Bewick (1753-1828).
Pwyntiliaeth neu Raniadaeth *('Pointillisme'* a *'Divisionism')*: Ffurf o beintio mewn smotiau bychain o liw, a ddatblygwyd gan y Ffrancwyr Georges Seurat a Paul Signac.
Rhamantiaeth: Rhyddid dilyffethair i'r artist i fynegi ei deimladau; mudiad a gyrhaeddodd uchafbwynt yn negawdau cynnar y bedwaredd ganrif ar bymtheg yng Ngogledd Ewrob ym myd celf, llên a cherdd. Crisialir y nodweddion gweledol yng ngwaith Eugene Delacroix (1798-1863).
Serigraffi: Dull o atgynhyrchu printiadau gyda chymorth sgrîn o sidan neu ddefnydd arall o wead mân.
Tempera: Cyfrwng peintio, mewn bod cyn darganfod paent olew, yn defnyddio gwyn ŵy, neu'r melyn, i gymysgu â'r pigment. Peintiwyd fel rheol ar astell o bren wedi ei pharatoi â haen o blastr llyfn *('gesso')*.
Tonyddiaeth: Term i ddynodi'r lefel o oleuni neu dywyllwch mewn lliw neu ddarlun.
Topograffi: Darluniad neu beintiad gofalus o leoliad arbennig, yn gwbl wrthrychol, heb ramantu nac ymyrryd â chywirdeb yr hyn a ddarlunir.
'Trompe l'oeil': Y Ffrangeg am 'dwyllo'r llygad'; darlun mewn arddull realistig, ffotograffaidd.
Ymyl Galed: Term a fathwyd yn America yn y pumdegau i ddisgrifio'r lluniau o siapau pendant digyfaddawd y medrid eu cynhyrchu gyda phaent acrylig, gyda chymorth tâp gludiog.
Ysgol: Yng nghyd-destun y celfyddydau gweledol, golyga un o dri pheth: gwlad enedigol yr artist (e.e., Velasquez ac 'Ysgol' Sbaen), dilynwyr artist arbennig (e.e., 'Ysgol' Leonardo), neu fudiad arbennig (e.e., yr 'Ysgol' Argraffiadol yn Ffrainc).
Ysgythriad *(Etching)*: Dull o atgynhyrchu o wyneb plât copr, y llinellau angenrheidiol wedi eu hysgythru ar y wyneb gyda chymorth asid; cyfrwng a berffeithiwyd gan Rembrandt (1606-69).

CYDNABYDDIAETH HAWLFRAINT

Oni nodir yn wahanol, eiddo'r artistiaid yw'r hawlfraint.

tudalen	
y clawr	Oriel Mostyn, Llandudno
8	Amgueddfa'r Castell, Norwich
17,40,46,54,79 uchod ,87	Llyfrgell Genedlaethol Cymru
18	Oriel Gelf Herbert
19,20	Royston Lambert, Ysw.
22	Robert Morley, Ysw.
23	Cyngor Sir Gwynedd
24	Mrs Al-Torki, Cairo
25	Heiko Sihoenig, Yr Almaen
33	Cyngor Sir Gwynedd
34	D.Gwyn Evans, Ysw.
36	Cyngor Celfyddydau Cymru
39	Des Jones, Ysw.
41	Dr Key
48 (uchod)	*Imperial War Museum*
48 (isod)	A. Vincentelli, Ysw.
49	Terence Bennett, Ysw.
62,63,65,66	T.Bengtsson, Ysw.
68	Mr a Mrs Newsom
70	Dr Noel Ferrand
84	Witold Kay-Korzeniewicz
85	Mr a Mrs W.Wynn Williams
86	Nicholas Edwards, AS
88	Coleg y Brifysgol, Bangor